DE ONDERGRONDSE LEESCLUB

ANNIE LYONS

De ondergrondse leesclub

XANDER

Uitgegeven door Xander Uitgevers
www.xanderuitgevers.nl

Oorspronkelijke titel: *The Air Raid Book Club*
Oorspronkelijke uitgever: Headline Review
Vertaling: Nellie Keukelaar-van Rijsbergen
Omslag © Hachette UK
Omslagontwerp: Becky Glibbery
Bewerking omslag: Studio Jan de Boer
Omslagbeeld: Ildiko Neer/Trevillion Images,
Shomos Uddin/Getty Images, Shutterstock
Auteursfoto: Harriet Buckingham
Zetwerk: Michiel Niesen, ZetProducties

Eerste druk 2023

ISBN 978 94 0162 092 5 | NUR 302

Voor Helen, mijn geweldige vriendin, die ik ontzettend mis. Met eindeloze liefde en dank.

Er wordt vaak gezegd dat 'als het eenmaal in het bloed zit' boeken verkopen een ziekte is waarvan men nooit geneest.
Thomas Joy, *The Truth About Bookselling*

Lezen brengt ons onverwachte vrienden.
Honoré de Balzac

LONDEN, 1911

PROLOOG

Gertie Bingham stond bij slager Piddock in de rij naar orgaanvlees te kijken toen er een gevoel van verlangen door haar heen trok dat te vergelijken was met verliefd worden. Ze herkende dit gevoel direct, en het was pas de tweede keer in haar leven dat ze dat ervoer. Sommige mensen meenden dat verliefd worden geleidelijk ging, zoals het afrollen van een klosje garen, maar bij Gertie ging dat plotseling. Een bliksemschicht door het hart. Onverwacht. Meteen. Blijvend.

Haar blik gleed van de bakken met bordeauxrode schapenharten en paarsrode plakken varkenslever naar de winkel ertegenover, om precies te zijn naar het TE HUUR-bord. Gertie slaakte onwillekeurig een kreet van opwinding. De vrouw voor haar in de rij, mevrouw Crow, wat een passende naam was omdat ze van die kraaloogjes als een kraai had, liet luid een afkeurend 'ts ts' horen.

'Sorry,' riep Gertie, die uit de rij stapte en naar de deur liep. 'Ik heb het gevonden. Ik heb het gevonden!'

Dat 'het' was een hoedenmaker, en wel hoedenmaker Buckingham, of zoals er op de etalageruit stond: HOEDENMAKER BUCKINGHAM, ELEGANTE HOEDEN VOOR DAMES VAN STAND. In de hoofdstraat van Beechwood zaten twee hoedenmakers, een slager, een bakker en een kaarsenmaker, hoewel die winkel officieel bekendstond onder de overkoepelende term 'ijzerhandelaar'. Het geringe aanbod aan interessante winkels hier maakte Gertie moedeloos. Ze was opgegroeid in het centrum van Londen en vond het leven als getrouwde vrouw in deze zuidoosthoek van de hoofdstad soms behoorlijk saai. Ze verlangde naar een theater of een concertzaal of, nog beter, een boekwinkel voor wat culturele afleiding. Er was op zich niets mis met de winkels, maar ze waren voor praktische zaken. Je had een kleermakerij en een drogist en de snoepwinkel van mevrouw Perkins die, zo moest Gertie toegeven, de lekkerste toffees maakte die ze ooit had geproefd. Ze kwam ook graag bij Travers, de groentezaak van Gerald en zijn vrouw, Beryl, en meneer Piddock was een prima slager, maar Gertie verlangde naar meer, en op deze stralende ochtend in juni leek ze dat in het vizier te hebben.

Ze liep haastig de heuvel op naar de openbare bibliotheek waar haar man, Harry, werkte, om hem het goede nieuws te melden. Gertie stormde door de zware mahoniehouten deuren, wat haar op een fikse uitbrander kwam te staan van de bibliothecaris, mevrouw Snipp, die de indringer over haar knijpbril heen kwaad aankeek.

'Mag ik u eraan herinneren dat dit een bibliotheek is, mevrouw Bingham?' beet ze haar toe. 'Niet een van uw luidruchtige suffragettebijeenkomsten.'

'Sorry,' fluisterde Gertie. 'Ik zou Harry graag even spreken als dat kan.'

Mevrouw Snipp deed haar mond al open om te protesteren toen de deur van het kantoor van de hoofdbibliothecaris openging en Harry verscheen, met een kop-en-schotel en een roman van P.G. Wodehouse. Eerst zag hij Gertie niet en ze moest denken aan dat heerlijke bedwelmende gevoel dat ze had ervaren toen ze elkaar voor het eerst ontmoetten. Een toevallige toeschouwer zou Harry Bingham in het gunstigste geval als 'onbeholpen' omschrijven. Hij zag eruit als een man wiens armen en benen te lang waren voor zijn lichaam, waardoor hij stuntelig overkwam, als een veulen dat net leerde lopen. Zijn stropdas zat altijd scheef en zijn handen zaten onder de inkt, maar daardoor hield Gertie alleen maar meer van hem. Sterker nog, dat was een van de belangrijkste redenen geweest dat ze zich aangetrokken voelde tot deze verfomfaaide, charmante man toen hij jaren geleden haar vaders boekwinkel binnenstapte.

Gertie Bingham had het geluk dat ze uit een familie van progressieve denkers kwam. Haar vader, Arthur Arnold, had aan het eind van de voorgaande eeuw samen met zijn broer, Thomas, Arnold's Booksellers opgericht, in Cecil Court in Londen. Arthur en zijn vrouw, Lilian, hadden nooit verschil gemaakt in de opvoeding van Gertie en haar jongere broer, Jack. Een van de eerste boeken die haar moeder haar had leren lezen was *Original Stories from Real Life* van Mary Wollstonecraft. Lilian Arnold was een fanatiek strijdster voor vrouwenrechten en dus werd Gertie grootgebracht met een scherp intellect en een bloedhondeninstinct voor het opsporen van ongerechtigheid. Dat was allemaal leuk en aardig in huiselijke kring, waar debat en discussie heel normaal waren, maar toen haar moeder haar naar een meisjesschool stuurde, viel ze vaak uit de toon bij haar leeftijdgenoten, die het schokkend vonden dat ze niet verlangde naar een leven van huiselijkheid en onderdanigheid.

'Waar heb ik hersens voor gekregen als het niet de bedoeling is dat ik ze gebruik?' klaagde ze tegen haar moeder.

'Geduld, liefje. Niet iedereen denkt zoals jij.'

Het punt was dat Gertie weinig geduld had. Ze had altijd haast om een volgend boek te lezen, zich een nieuw idee eigen te maken en dat de wereld in te laten fladderen als een vlinder die uit een net wordt vrijgelaten. Haar moeder stelde voor dat ze naar de universiteit zou gaan, maar daar had Gertie geen tijd voor. Ze wilde leven, de wereld in. En dus vroeg ze aan haar vader of ze bij hem in de boekwinkel mocht komen werken en daar deed de gelukkige situatie zich voor dat ze Harry ontmoette.

'Gertie, we hebben een nieuwe medewerker,' zei haar oom Thomas op een dag. 'Wil jij hem wegwijs maken?' Gertie keek op van de kaartenbak en wist dat ze in de felblauwe ogen keek van de man met wie ze zou trouwen. 'Harry Bingham, Gertrude Arnold.'

'Zeg maar Gertie,' zei ze, terwijl ze opstond en haar hand uitstak.

Er verspreidde zich een rode vlaag vanaf Harry's kraag naar boven toen hij haar de hand schudde. 'Aangenaam kennis te maken,' zei hij. Hij trok zijn hand terug zodra hij dat met goed fatsoen kon doen en schoof zijn bril met grote ronde glazen, die van zijn neus was gegleden, weer omhoog. Die bril gaf hem een uilachtige uitstraling, en in combinatie met zijn lange, onhandige gestalte vond Gertie hem daardoor nog leuker. Hij was een verlegen leerjongen, maar Gertie kwam er algauw achter dat zodra ze het over boeken hadden, alle sporen van bedeesdheid verdwenen. Ze bleken beiden dol te zijn op Charles Dickens en Emily Brontë, en dat schiep een band. Na een tijdje zagen ze elkaar niet alleen op het werk, maar gingen ze ook naar avondvoorstellingen in het theater en wandelden ze in het weekend door het park. Gertie mijmerde weleens dat verliefd worden op Harry net zo gemakkelijk ging als dat in liedjes werd bezongen.

Ze trouwden een paar jaar later en gingen ten zuiden van de rivier wonen, waar Harry een baan als bibliothecaris kreeg. Het pasgetrouwde stel was ervan uitgegaan dat het niet lang zou duren voordat er kinderstemmen in hun knusse huisje te horen zouden zijn, maar na jaren van hartverscheurende teleurstellingen hadden ze zich erbij neergelegd dat dit niet zou gebeuren. De praktisch ingestelde, onverstoorbare Gertie ging verder met haar leven en probeerde er het beste van te maken en toen ze in de hoofdstraat het TE HUUR-bord bij hoedenmaker Buckingham zag, vatte haar ongeduldige geest dat op als een oplossing die hen beiden een spannende nieuwe toekomst zou bieden.

'Een boekwinkel?' zei Harry, terwijl ze haar arm door de zijne haakte toen ze tijdens zijn lunchpauze door de rozentuin naast de bibliotheek liepen.

'Waarom niet? Zoiets kunnen we met onze ogen dicht en lijkt het je niet heerlijk om ergens te werken waar je niet aldoor hoeft te fluisteren omdat Snipp anders tegen je uitvalt?'

'Zo erg is mevrouw Snipp nou ook weer niet, Gertie.'

'Maar ze haalt het niet bij je vrouw,' zei Gertie, die hem meetrok achter een eik, zodat ze uit het zicht waren, en hem vol op de mond kuste.

Harry glimlachte en kuste haar terug. 'Als ik jou toch niet had...'

'Dan zou je helemaal alleen zijn en een gebroken hart hebben,' zei ze.

Ze gingen hoogstpersoonlijk naar Maud en Violet Buckingham toe, de zussen die samen de hoedenmakerij dreven sinds hun vader dertig jaar daarvoor was overleden. De zussen leken zeer gecharmeerd van het jonge stel en complimenteerden Gertie met haar 'zedige doch stijlvolle hoed'.

'Wat een leuk stel, hè, Maud?'

'Zeg dat wel, Vi.'

'En wat willen jullie gaan verkopen?'

'Boeken,' zei Gertie.

'Ah, boeken. Geweldig. Is het niet geweldig, Vi?'

'Dat is zeker geweldig,' beaamde Violet.

Het was inderdaad geweldig, want Violet en Maud stemden er niet alleen mee in het huurcontract aan de Binghams over te dragen, ze werden ook vaste klant. Gertie vond het altijd fijn als ze een nieuwe liefdesroman naar de twee gepensioneerde dames in Suffolk kon opsturen. Ze stelde zich voor dat ze daar tevreden in hun knusse huisje zaten, met daaromheen een tuin vol lavendel, ridderspoor en grote, heerlijk ruikende rozen, wat paste bij de twee verstokte romantische zielen.

Op de dag dat ze de deuren van hun zaak openden, snoof Gertie de rijke geur van nieuwe boeken op, een geur die bedwelmender was dan Franse champagne. Ze kon zich niet voorstellen dat er een plek op aarde was waar ze liever zou zijn dan hier. Harry pakte haar hand en drukte er een kus op.

'Welkom bij Bingham Books, mijn schat.'

DEEL I

LONDEN, 1938

1

Van verre reizen onze daden met ons mee, en wat wij waren maakt ons wat wij zijn.
Middlemarch, George Eliot

Gertie kwam die ochtend vroeg aan bij de winkel. Ze sliep tegenwoordig zelden nog na vijf uur. Dat was vervelend, maar het was niet anders. Hemingway, de goedige blonde labrador, was er zoals altijd ook bij. Hij was min of meer een lokale beroemdheid geworden sinds hij zich vier jaar daarvoor bij het personeel had gevoegd. Het was Gertie opgevallen dat hij zelfs de stugste klanten een lachje wist te ontlokken, en er waren moeders die tijdens het winkelen speciaal een omweg maakten omdat hun kinderen graag een klopje op zijn beerachtige kop wilden geven.

Er was weinig veranderd in Beechwood sinds Harry en Gertie daar vele jaren geleden hun boekwinkel hadden geopend, Bingham Books. De bakkerij werd nog steeds gerund door de familie Tweedy en meneer Piddock, de slager, was pas vorig jaar met pensioen gegaan, had zijn feilloos scherpe messen overgedragen aan zijn zoon Harold, die volgens de lokale roddelkoningin, mevrouw Crow, te veel zenen in zijn runderschenkel liet zitten. Gertie keek de hoofstraat af. Haar schouders zakten toen ze de honingkleurige letters zag van de snoepwinkel, Perkins' Confectioners. Harry had steevast elke week een zak honingraattoffees bij mevrouw Perkins gekocht die ze dan 's avonds samen opaten als ze bij de radio zaten.

'Kom, Hemingway. Brave hond,' zei Gertie, die de hond de winkel in loodste. Ze was zoals altijd blij met de afleiding die hij bood.

De vroege zonnestralen wierpen licht door het raam en stofdeeltjes dansten en zweefden als vuurvliegjes door de lucht. Gertie bleef even staan om de heerlijke mogelijkheid van ongeopende boeken op te snuiven, zoals ze dat al bijna dertig jaar elke ochtend deed. Deze plek bracht haar al heel lang veel vreugde. Harry en zij hadden iets moois opgebouwd, hun eigen wereld vol ideeën en verhalen. Op een bepaald moment in haar leven had ze gedacht dat ze de wereld op een dynamische manier in het openbaar kon veranderen, maar ze was er algauw achter dat ze dat ook met boeken kon doen. Boeken hadden macht. Ze smeedden ideeën en inspireerden de geschiedenis.

Die vreugde begon nu echter af te zwakken. Ze keek naar de deur achter in de winkel en stelde zich voor dat Harry daar stond, zijn armen vol met boeken, en naar haar lachte. Automatisch stak ze haar hand uit en aaide een van Hemingways fluweelzachte oren toen de herinnering een steek in haar hart veroorzaakte. De hond keek met droevige ogen naar haar op.

Door zijn medische aandoening hoefde Harry tijdens de oorlog niet in het leger. Diezelfde aandoening had hem nu twee jaar geleden het leven gekost. Gertie was blij geweest toen Harry op medische gronden vrijstelling kreeg, ook al vertelde mevrouw Crow aan iedereen dat hij zijn snor gedrukt had. Als Harry zich al iets van die opmerkingen aantrok, liet hij dat in elk geval niet blijken. Hij meldde zich als vrijwilliger aan bij de luchtbeschermingsdienst en werd blokhoofd, wat Gertie deed glimmen van trots. Maar het leven heeft er een handje van om je uiteindelijk in te halen en de luchtwegaandoening, die hij al van jongs af aan had, betekende dat zijn lichaam niet in staat was om tegen de tuberculose te vechten, waaraan hij uiteindelijk overleed. Gertie kon het nog steeds niet bevatten. Hoe was het mogelijk dat hij er niet meer was? Ze hadden nog een heel leven voor zich gehad.

'Het is niet hetzelfde zonder hem, hè?' zei Gertie. Haar stem leek te luid in deze gewijde ruimte, alsof ze schreeuwde in een kerk. Hemingway zuchtte instemmend en Gertie veegde een traan weg. 'Maar goed, het heeft geen zin om te blijven hangen in dingen die je toch niet kunt veranderen. Kom. We hebben nog maar één exemplaar van Wodehouse en dat zou Harry vreselijk vinden.'

Tegen de tijd dat Betty – de boekverkoper die ze na het overlijden van Harry in dienst had genomen – aankwam, had Gertie voor openingstijd al gestoft, opgeruimd en de planken aangevuld.

'Ik moet zeggen dat het er pico bello uitziet, mevrouw B,' zei Betty, die haar jas uitdeed. 'Zal ik theezetten?'

'Graag. Ik ben uitgedroogd.'

Even later kwam Betty terug met twee niet bij elkaar passende kop-en-schotels. 'Ziezo. Ik loop trouwens nog te dubben welk boek we volgende maand bij de leeskring zullen doen. Hebt u een suggestie?'

Gertie wuifde die opmerking weg. 'Wat je ook uitkiest, het is prima.'

'Tja, ik zat te denken aan *Middlemarch*.'

'Goed idee,' zei Gertie. 'Ik zou niet weten wanneer we voor het laatst iets van George Eliot hebben gedaan.'

'Helaas vindt mevrouw Snipp dat geen goed idee.'

'Zit ze weer te zeuren dat we Thomas Hardy moeten doen?'

Betty knikte. 'Ik wil niet voor mijn beurt spreken, mevrouw Bingham, want hij is een geweldig schrijver, maar het is pas twee maanden geleden dat we *Tess of the d'Urbervilles* hebben gelezen, en sorry dat ik het zeg, maar sommige leden vonden de manier waarop mevrouw Snipp de discussie leidde niet prettig.'

Dat verbaasde Gertie niets. De communicatiestijl van mevrouw Snipp was nog het best te omschrijven als abrupt, op het randje van ongemanierd. Toen ze elkaar net kenden was Gertie ervan uitgegaan dat mevrouw Snipp haar niet mocht. Ze kwam er algauw achter dat mevrouw Snipp aan vrijwel iedereen een hekel had, behalve dan aan Harry. Maar goed, iedereen hield van Harry. 'Aha, en welk boek wil zij dan dat jullie gaan lezen?'

'*De onbeduidende Jude*.'

Gerties gezicht betrok. 'Lieve help.'

'Meneer Reynolds was helemaal overstuur door wat er met Tess gebeurde. Ik weet niet of hij dit wel aankan.'

'Ik ga wel met mevrouw Snipp praten.'

Betty haalde opgelucht adem. 'Als u dat zou willen doen, heel graag, mevrouw Bingham, want ik maak me zorgen om de leeskring. Ik weet dat we ook leden hebben die het boek per post toegestuurd krijgen, maar vorige maand was de opkomst heel laag. Meneer Reynolds zei dat er vroeger, toen meneer Bingham en u de leeskring nog deden, zelfs mensen moesten staan. Ik wil u niet teleurstellen.'

Gertie schonk haar een geruststellende glimlach. 'Och, Betty. Je stelt me niet teleur. De wereld is veranderd en mensen hebben momenteel andere dingen aan hun hoofd. Ik zal met mevrouw Snipp gaan praten. Trek het je niet aan. Over de leeskring hoef je echt niet in te zitten.' Gertie kon niet zeggen wat ze werkelijk dacht. Haar wereld was veranderd en ze had andere dingen aan haar hoofd, kon zich er niet toe zetten om over de leeskring na te denken. Sinds Harry was overleden, was ze niet meer geweest. Sterker nog, Gertie was doelbewust niet gegaan, omdat ze het niet aankon om daar zonder hem te zijn.

Ze hadden de leeskring samen opgericht en geleid, hadden genoten van de maandelijkse uitdaging om het ideale boek te kiezen en stimulerende discussies te leiden. Meneer Reynolds had gelijk. Mensen waren er speciaal voor uit omringende dorpen gekomen.

Ze hadden zelfs auteurs over de vloer gehad om hun eigen werk te bespreken en hadden min of meer een literaire coup gepleegd toen ze Dorothy L. Sayers uitnodigden, wat een zeer levendige bijeenkomst werd.

Dat leek nu voor Gertie een verre herinnering. Weg was de gedrevenheid die door haar hoofd gonsde als Harry en zij zorgvuldig het volgende boek voor de leeskring uitkozen. Ze kon het tegenwoordig amper opbrengen om een boek open te slaan en het ontbrak haar aan enthousiasme om iets nieuws of origineels te lezen. Om die reden had ze de leeskring aan Betty overgedragen. Betty was een gretige lezer met veel meer jeugdig elan dan Gertie.

Betty was niet alleen een aanwinst voor het personeel van Bingham Books, ze diende ook als aangenaam tegengif voor mevrouw Snipp, die haar leven gewijd had aan een succesvolle carrière in boeken en klagen. Harry was uiteraard degene die erop had gestaan haar in dienst te nemen toen ze bij de bibliotheek met pensioen ging.

'Ze weet bizar veel over boeken, Gertie,' had hij gezegd. 'Ik ken niemand die geschikter is om boeken voor onze klanten in te kopen.' Hij had natuurlijk gelijk, maar Gertie was nog steeds blij dat mevrouw Snipp tegenwoordig nog maar twee ochtenden per week in de boekwinkel werkte en het grootste deel van haar tijd doorbracht in het geïmproviseerde kantoor in een hoek van het magazijn.

De moed zonk haar in de schoenen toen ze mevrouw Snipp met een zuur gezicht bij de deur zag staan alsof ze op een citroensnoepje zoog. Ze besloot Harry's vriendelijke houding aan te nemen terwijl ze een beetje misselijk was door het gesprek dat ze moest gaan voeren.

'Goedemorgen, mevrouw Snipp,' zei Gertie zo vrolijk mogelijk. 'Hoe gaat het met u?'

'Nou, niet zo goed,' antwoordde mevrouw Snipp met gefronst voorhoofd. 'Ik heb ontzettend veel last van mijn slechte heup.'

'O, wat vervelend,' zei Gertie. 'Hebt u al magnesiumsulfaat geprobeerd?'

'Natuurlijk, maar het komt door dat ellendige natte weer,' zei ze op beschuldigende toon, alsof dat op de een of andere manier Gerties schuld was.

'Tja, daar valt niets aan te doen.'

'Hmm, nee. Zeg, mevrouw Bingham, kan ik u even spreken?'

'Natuurlijk.'

Mevrouw Snipp schoof haar bril omhoog. 'Het gaat over de leeskring.'

'O,' zei Gertie met een toenemend gevoel van angst.

Mevrouw Snipp sloeg haar armen over elkaar. 'Ik zal mijn functie als voorzitster moeten neerleggen.'

'Voorzitster?' zei Gertie verbaasd.

Mevrouw Snipp knikte. 'Het wordt me gewoon te veel op mijn leeftijd, en eerlijk gezegd zijn de mensen die tegenwoordig naar de bijeenkomsten komen al mijn moeite niet waard.'

'Ach, wat jammer.'

Mevrouw Snipp staarde in de verte en schudde haar hoofd. 'Ze weten het kaliber van onze grootste schrijvers niet te waarderen. Ik kan hen niet helpen.'

'Och, heden.'

'Zeg dat wel. Het lijkt me beter dat mevrouw Godwin de leiding neemt.'

'Aha. Tja, als u denkt dat dat het beste is...'

Mevrouw Snipp keek met een scherpe blik op. 'Ik moet zeggen dat u dit wel heel luchtig opneemt, mevrouw Bingham.'

Gertie zuchtte met naar ze hoopte voldoende ernst. 'Geloof me, mevrouw Snipp, ik vind het ontzettend jammer, maar ik sta volledig achter uw besluit.'

Mevrouw Snipp keek haar over haar halvemaanbrilletje aan. 'Ik moet maar eens aan de slag,' zei ze, en ze liep moeizaam naar het achterste gedeelte van de winkel.

'Goedemorgen, mevrouw Snipp!' riep Betty toen ze elkaar in de deuropening tegenkwamen.

'Laat dat goede er maar af,' mompelde ze voordat ze in het magazijn verdween.

'Is alles in orde met haar?' vroeg Betty, terwijl ze naar de toonbank liep.

'Er is niets aan de hand. Ze heeft zojuist al haar verantwoordelijkheden voor de leeskring aan jou overgedragen, dus deze maand wordt het George Eliot. Ik hoop dat je je daarin kunt vinden.'

'Ik zal u niet teleurstellen, mevrouw B.'

Gertie gaf een klopje op haar hand. 'Dat weet ik, liefje.'

De dag leek zich voort te slepen als een lepel door de stroop totdat de bebrilde Barnaby Salmon, de jonge vertegenwoordiger van de uitgever, halverwege de ochtend naar binnen stapte. Het was Gertie niet ontgaan dat Betty altijd wat rechterop ging staan, haar jurk gladstreek en haar haar fatsoeneerde als hij binnenkwam, en ze dacht ook dat het geen toeval was dat hij altijd uitgerekend langskwam op dagen dat Betty moest werken.

'Goedemorgen,' zei Gertie.

Barnaby tikte als groet tegen zijn hoed. 'Goedemorgen, mevrouw Bingham, mevrouw Godwin.'

'Meneer Salmon,' zei Betty, die leek te groeien onder zijn blik.

Gertie wendde zich tot de jongeman. 'Meneer Salmon, zou ik u vanochtend in de vaardige handen van mevrouw Godwin mogen achterlaten? Ze neemt de laatste tijd meer verantwoordelijkheden op zich en dat stimuleer ik graag.'

Meneer Salmon keek alsof hij de sleutels tot het koninkrijk had gekregen. 'Maar natuurlijk, mevrouw Bingham. Dat zou me een groot genoegen zijn.' Hij richtte zich tot Betty. 'Ik heb een geweldig nieuw boek van George Orwell en ik weet zeker dat u dat mooi zult vinden, mevrouw Godwin.'

'Fantastisch,' zei Betty met een glinstering in haar ogen.

Gertie glimlachte. Ze genoot ervan hoe hun aandoenlijke bibliografische romance zich ontvouwde. Het deed haar denken aan de tijd dat Harry en zij elkaar net kenden. Zulke fijne herinneringen. O, wat miste ze zijn verfomfaaide aanwezigheid.

Ze was blij dat Betty alle extra verantwoordelijkheden gretig aannam. Ze hield zichzelf voor dat het belangrijk was de jongere generatie aan te moedigen, maar diep vanbinnen wist Gertie dat ze zich terugtrok. Boeken verkopen was haar wereld geweest, maar zonder Harry was de magische glans eraf. Dat gold in feite voor alles in haar leven. Zijn afwezigheid was Gerties trouwste metgezel. Ze betrapte zichzelf erop dat ze twee kop-en-schotels klaarzette voor de thee, of ze hoorde iets belangrijks of zorgwekkends op de radio en dan draaide ze zich om omdat ze het daar met hem over wilde hebben, of een klant vroeg of ze een boek kon aanraden en dan dacht ze direct aan Harry. Hij had aangevoeld welk boek bij een klant paste, van een jongetje dat dol was op piraten tot een oudere gepensioneerde man met een voorliefde voor Shakespeare. Gertie voelde dat ook wel aan, maar Harry was een natuurtalent geweest. Ze hadden de taken zo verdeeld dat zij de uitgevers en hij de klanten deed. Twee jaar na zijn dood kwamen er nog steeds mensen in de winkel die hem wilden spreken en dan schrokken als ze vertelde dat hij was overleden. Ze wist hoe die mensen zich voelden. Soms liet Gertie haar handen over de ruggen van de boeken op de planken glijden, omdat ze Harry in elk boek, op elke pagina, in elk woord zag. Dat bood troost, maar veroorzaakte ook een scherpe steek van verdriet. Gertie hield van hun winkel, maar dan toch vooral met Harry erin.

'Mevrouw B, hebt u gehoord wat ik zei?'

Gertie knipperde met haar ogen, ontwaakte uit haar dagdroom. 'Sorry, wat zei je?'

Betty gniffelde. 'U was ver weg, mevrouw B. Ik zei net dat meneer Salmon nu weggaat. Wilt u de bestelling controleren? Het lijkt me leuk om flink uit te pakken met dat nieuwe boek van George Orwell. Ik kan een speciale etalage inrichten als u dat wilt.'

Gertie wierp een vluchtige blik op het bestelformulier, blij dat iemand anders de beslissingen voor haar nam. 'Dit ziet er prima uit. Allebei bedankt.'

Meneer Salmon maakte een beleefde buiging. 'Dank u wel, mevrouw Bingham. Tot zaterdag, mevrouw Godwin.'

Betty hield zijn blik vast. 'Ik verheug me erop.'

'Fijne dag nog verder, dames,' zei hij. Hij bleef in de deuropening staan en gaf Betty een knikje als afscheid.

'Zaterdag?' zei Gertie toen hij weg was.

Betty knikte. 'Hij heeft me meegevraagd naar de bioscoop. We gaan naar die nieuwe film met James Stewart. Normaal gesproken val ik in katzwijm van hem, maar hij kan me nu geen lor schelen.'

'Ik ben heel blij voor je, liefje.'

Betty slaakte een gelukzalige zucht. 'Het is toch geweldig als je iemand vindt die van dezelfde dingen houdt als jij? Barnaby en ik...'

'Zo, zo, noem je hem al bij de voornaam?'

Betty keek schuchter. 'Tja, meneer Salmon klinkt wel erg formeel, niet dan? We leven niet meer in de negentiende eeuw. We zeiden net nog tegen elkaar dat boeken verkopen toch wel het allermooiste beroep is. Het is een balsem voor de ziel. Neem P.G. Wodehouse. De fascisten grijpen de macht in heel Europa en hij creëert Roderick Spode, waardoor ze een stel oelewappers lijken.'

Terwijl ze Betty's theorie aanhoorde dat elke auteur van Charlotte Brontë tot Charles Dickens het leven had verbeterd, kreeg Gertie een idee. Betty en Barnaby waren de nieuwe generatie. Zij hadden de passie waar het haar tegenwoordig zo duidelijk aan ontbrak. Misschien werd het tijd om het stokje over te dragen, zoals meneer Piddock dat met zijn bedrijf ook had gedaan.

Gertie liep daar al een paar maanden over te dubben, maar nu leek het zo voor de hand liggend. Het was tijd om verder te gaan met haar leven, misschien zelfs te verhuizen. Ze zou graag in Rye wonen, of eventueel in Hastings. Ze liep tegen de zestig en ook al beweerde meneer Chamberlain van niet, het leek erop dat het land opnieuw op een oorlog af koerste. Gertie wilde veilig uit Londen weg zijn tegen de tijd dat het misging. Ze kon het niet aan om weer een oorlog in Londen mee te maken. Ze wist sowieso niet of ze een volgende oorlog wel aankon. Maar het grootste punt was dat ze er niet meer voortdurend aan herinnerd wilde worden dat Harry er niet meer was en dat de pijnlijke realiteit was dat ze zonder hem moest leven.

2

Het heden en verleden vormen mijn terrein van onderzoek, maar wat een mens in de toekomst kan doen, is een moeilijker kwestie.
De hond van de Baskervilles, Arthur Conan Doyle

Thomas Arnold was een levende legende in de boekenwereld. Op zijn achtenzeventigste had hij nog steeds de leiding over Arnold's Booksellers en hij had zichzelf uitgeroepen tot oudste boekverkoper van Londen. Hij was zo fit als een hoentje, wat hij toeschreef aan het feit dat hij dagelijks in de Serpentine zwom, plus het feit dat 'ik zo verstandig ben geweest om nooit te trouwen'.

Thomas had samen met zijn broer, Arthur, in de vorige eeuw Arnold's Booksellers opgericht, had de afgelopen vijftig jaar alle valkuilen en drama's overleefd, en was een van de succesvolste boekwinkels in het land geworden. Hij stond bekend om zijn opvliegendheid en zijn vriendelijke aard. Vooraanstaande uitgevers in Londen hadden hem óf in hoog aanzien staan óf zagen hem als een lastpost met goede bedoelingen. Schrijvers en kunstenaars probeerden bij hem in de gunst te komen in de hoop uitgenodigd te worden voor een van zijn legendarische literaire lunches. Van welke kant je het ook bekeek, Thomas Arnold werd bestempeld als een geweldige excentriekeling en een gewiekst zakenman. Dit werd misschien wel het best geïllustreerd door het telegram dat hij in 1932 naar Hitler had gezonden, waarin hij vroeg of hij de boeken kon overnemen die Hitler van plan was te verbranden.

'Dat is toch doodzonde!' had hij tegen Gertie en Harry gezegd tijdens een van hun maandelijkse zondagse wandelingen door Greenwich Park.

Gertie was dol op haar oom. Doordat ze haar broer en haar ouders had verloren, was hij de enige familie die ze nog had en hij vervulde die rol met verve. Hun maandelijkse wandelingen waren heilig voor Gertie, en na het overlijden van Harry hechtte ze daar nog meer waarde aan. Dan spraken ze over zaken, boeken en de familieleden die ze misten.

'Als ik een dochter had gehad, zou ik gewild hebben dat ze net zo was als jij,' zei hij toen ze de steile heuvel naar het hoogste punt van het park beklommen, waar hun inspanningen beloond zouden worden met een prachtig uitzicht over Londen dat zich als het doek van een oude meester voor hen ontvouwde.

'Dat is lief van u,' zei Gertie, die even bleef staan om op adem te komen.

'Maar ik ben een vervelende oude zeur, dus ik zou een vreselijke vader zijn geweest. Daar komt nog bij dat ik kinderen niet kan uitstaan. Dat is altijd al zo geweest en dat zal altijd zo blijven.'

'U bent voor mij alleen maar heel lief geweest.'

'Ja, maar jij bent anders, Gertie. Jij bent een schat.'

Ze gingen op een bankje zitten om van het spectaculaire uitzicht te genieten, terwijl stralen goudkleurig zonlicht de lucht precies mooi aanlichtten. Achter de heuvel en de Queen's House en de militaire academie, meanderde de rivier de Theems in de richting van St Paul's Cathedral en verder. Het was alsof de hele stad aan hun voeten lag. 'Ik ben het eens met dr. Johnson: iemand die Londen zat is, is het leven zat,' zei Thomas. 'Die tekst wil ik op mijn grafsteen. Zul je dat onthouden, lief nichtje?'

'Ik weiger over uw heengaan te praten,' zei Gertie. 'U bent de enige familie die ik nog heb.'

Thomas pakte haar hand en drukte er een kus op. 'Ach schat, het was niet mijn bedoeling je van streek te maken. Dat moet je een oude man maar vergeven.'

'Het is in orde. Ik ben vandaag een beetje chagrijnig.'

'Wat is er, Gertie? Je ziet bleek. Slaap je wel goed?'

Oom Thomas was geobsedeerd door slaap. Hij vond dat iedereen – man, vrouw, kind – per nacht exact acht uur moest slapen. Niet meer en niet minder.

'Er is niets aan de hand,' zei ze. 'Ik ben alleen vermoeider dan anders.' Dat was uiteraard gelogen, maar het had geen zin dat hij zich zorgen zou gaan maken over het feit dat ze vaak 's nachts lag te piekeren, dat haar gedachten maar door haar hoofd bleven malen. Er waren nachten dat ze wel sliep, maar dan werd ze wakker, draaide zich vrolijk op haar zij en werd dan geconfronteerd met Harry's lege plek. De meeste ochtenden was ze opgelucht dat Hemingway er was, die haar dwong om in beweging te komen.

'Hoe staat het met de handel?'

'Goed, ik mag niet klagen.'

'Wat is er dan, lieve kind?'

Gertie schraapte haar keel. 'Ik overweeg de zaak te verkopen en naar de kust te verhuizen, bijvoorbeeld naar East Sussex.'

'Aha.' Thomas keek naar de rivier. Gertie was de woede-uitbarstingen en opvliegende reacties van haar oom gewend. Ze bereidde zich daar al op voor, maar hij keek zwijgend voor zich uit.

Ze haalde diep adem en sprak verder. 'Ik denk dat het tijd is dat ik met pensioen ga. Harry en ik deden de winkel samen en nu hij er niet meer is, weet ik niet of ik wel in mijn eentje door wil gaan. Ik zou graag op een rustige plek wonen. Hemingway zou genieten van de strandwandelingen en u mag natuurlijk altijd komen logeren. Het zal u goeddoen af en toe eens uit Londen weg te zijn.'

'Is dat wat je wilt?' vroeg Thomas. 'Uit Londen weg?' Hij klonk bijna beledigd.

'Ik weet het niet. Ik ben moe, oom Thomas. En ik mis Harry. Ik weet niet hoe ik zonder hem moet leven.' De tranen prikten in haar ogen.

Thomas pakte een groene zijden zakdoek en stak die haar toe.

'Ach, meisje toch. Ik heb met je te doen. Ik snap het. Het punt is dat ik je zal missen. Het is egoïstisch van me. Vergeef me mijn knorrigheid.'

Gertie pakte de zakdoek aan en drukte die tegen haar ogen. 'Maar we zien elkaar dan nog steeds. Ik kan in Londen bij u op bezoek komen.'

Hij gaf een klopje op haar hand en liet zijn blik over de stad glijden. 'Ik kan het je niet kwalijk nemen dat je Londen wilt ontvluchten, Gertie. Het vooruitzicht van een volgende oorlog beangstigt me.'

'Denkt u dat er weer oorlog komt?'

Thomas haalde zijn schouders op. 'Iemand moet het tegen die gek opnemen. Het is schokkend wat er met de Joden in Duitsland gebeurt. Winkels kapotgemaakt en geplunderd, synagogen in brand gestoken, mannen die als beesten worden opgepakt. Het is monsterlijk.'

Gertie knikte. 'Het is afschuwelijk. Ik wilde dat ik meer kon doen om te helpen.'

Thomas keek haar aan. 'Je moet doen wat voor jou het beste is, liefje. En als dat met pensioen gaan is, dan is dat zo.'

Gertie zuchtte. 'Toch voelt het alsof ik het opgeef. Ik had dit nooit van mezelf verwacht. Toen ik jong was, had ik zoveel vechtlust.'

Thomas gniffelde. 'Je had inderdaad veel pit. Het kostte je vader en moeder moeite om je bij te benen. Je had zoveel ideeën en opvattingen. Genoeg om de wereld te veranderen.'

'U weet net zo goed als ik dat de realiteit van het leven mensen murw maakt.'

'Maar lieve Gertrude, je bent negenenvijftig, geen negenentachtig.'

'Dus u vindt dat ik moet blijven?'

'Ik zeg alleen dat je geen overhaaste beslissingen moet nemen waar je misschien spijt van krijgt. Er is storm op komst, daar ben ik van overtuigd. En we zullen mensen als Gertie Bingham nodig hebben om stand te houden en te vechten.'

'Ik weet niet of ik dat wel in mijn eentje kan.'

'Ik ben er, Gertie.'

'Dat weet ik en daar ben ik dankbaar voor.' Ze boog zich naar hem toe en gaf hem een zoen op zijn wang, waarna ze haar arm door de zijne haakte. 'Vertel eens wat roddels uit het boekenwereldje.'

Thomas' ogen glinsterden. 'Nou, er is een schrijfster wier man echtscheiding heeft aangevraagd nadat ze met een beroemde Shakespeare-acteur in een compromitterende situatie was betrapt.'

Het begon net te regenen toen Gertie zich later die middag via de voordeur binnenliet. Ze schudde de paraplu uit en liet die in het portaal staan. 'Het komt met bakken uit de hemel,' zei ze tegen Hemingway, die op haar af sjokte om haar te begroeten. Ze drukte een kus op de zachte vacht van zijn grote kop. 'Heb je een leuke dag gehad, mijn schat?' Mensen zouden denken dat ze gek was, maar ze wist dat deze lieve reus voor haar tegenwoordig een van de weinige redenen was om door te gaan. Het was een aanlokkelijk idee om met hem naar een schattig huisje aan de kust te verhuizen, hun dagen daar te slijten, samen trage wandelingen te maken en naar de zee te kijken.

'Ik zou kunnen gaan schrijven,' zei ze, toen ze in de woonkamer de haard aanstak. Hemingway hield zijn kop schuin alsof hij aandachtig naar haar luisterde. 'Dan kan Georgette Heyer wel inpakken.' Gertie glimlachte. Het was in alle opzichten een romantisch idee, maar wat was het alternatief? Hier blijven in de beklemmende stilte van een huis dat veel te groot voor haar was of naar een rustigere plek verhuizen waar ze haar gedachten op een rijtje kon zetten en niet aldoor aan Harry's afwezigheid werd herinnerd? Ze ging theezetten, zette een ketel met water op het fornuis en pakte een kop-en-schotel uit het dressoir. 'Kijk eens, jongen,' zei ze tegen de hond, toen ze eten in zijn bak deed. Hemingway rook eraan, waarna hij met een zucht naar haar opkeek. 'Ik weet precies hoe je je voelt,' zei ze, en ze krabde over zijn kop. 'Ik heb ook geen trek.' Ze wilde net thee inschenken toen er op de deur werd geklopt. Hemingway gromde halfslachtig. 'Je moet je vaardigheden als waakhond misschien eens bijspijkeren,' zei ze tegen hem, terwijl ze een blik op de klok wierp. Het was bijna zes uur en het was buiten aardedonker. Gertie liep naar de woonkamer en gluurde door de vitrage. Haar gezicht ontspande toen ze zag wie het was.

'Meneer Ashford, ik heb al eens eerder tegen je gezegd dat ik na zonsondergang geen heren ontvang,' zei ze, toen ze de voordeur opendeed. Charles Ashford was de oudste vriend van haar man. Ze hadden bij elkaar op school gezeten en toen Harry aan zijn carrière in boeken begon, had Charles zijn eerste stappen in de bankierswereld gezet. De periode dat hij als officier in het leger had gezeten had zijn kijk op de mensheid voorgoed veranderd en hij was als een ander mens teruggekeerd. Hij verliet de financiële wereld en ging voor het internationale comité van het Rode Kruis werken, waarna hij ook functies bij andere humanitaire organisaties had bekleed. Harry zei altijd dat Charles een van de eerlijkste en aardigste mensen was die er bestond.

Gerties hart maakte een sprongetje toen ze deze innemende man voor haar deur zag staan. Zijn haar werd dun bij de slapen, maar zijn gezicht was nog even open en vriendelijk als altijd. Hij deed haar op de best mogelijke manier aan Harry denken, herinnerde haar aan de geweldige tijd in hun jonge jaren toen ze een vrolijk drietal hadden gevormd. Ze brachten vele heerlijke avonden door in het theater of ze gingen met z'n drieën uit eten. Charles vond het altijd erg vermakelijk als Gertie hem probeerde te koppelen aan een vrouw die ook maar even met haar oogleden naar hem knipperde.

'Ik geef de voorkeur aan mijn eigen gezelschap,' zei hij dan altijd. 'Of aan dat van jou of van Harry. Ik ben veel te egoïstisch om een goede echtgenoot te zijn.'

Vanavond was Charles, in tegenstelling tot zijn gebruikelijke joviale manier van doen, ernstig. 'Sorry dat ik zo laat nog bij je op de stoep sta, Gertie. Mag ik binnenkomen? Ik moet met je praten.'

'Natuurlijk,' zei ze, en ze ging hem voor naar de woonkamer. 'Is alles in orde?'

'Niet echt,' zei hij. Hemingway sjokte de woonkamer in en kwispelde toen hij zag wie er op bezoek was. Charles gaf hem een klopje op zijn kop. 'Hallo, ouwe dibbes.'

'Ik was net thee aan het zetten. Wil je ook een kopje?'

'Je hebt zeker geen whisky in huis?' In de halfduistere woonkamer zag Charles er mager en moe uit.

'Ik denk dat er nog wel ergens een fles van Harry staat,' zei Gertie. Ze maakte de drankkast open en schonk twee glazen in. 'Ga zitten. Je ziet eruit alsof je erg geschrokken bent. Wat is er?' Ze gingen naast elkaar op de bank zitten. Gertie nam een slokje, was blij met de scherpe warmte.

Charles draaide de amberkleurige vloeistof rond in zijn glas voordat hij een grote slok nam. 'Ik neem aan dat je gehoord hebt wat er met de Joden in Duitsland gebeurt?'

Gertie huiverde. 'Ja, natuurlijk. Dat is vreselijk.'

'Ik ga ernaartoe om ze te helpen.'

Gertie keek hem aan. 'Helpen? Hoe dan?'

Charles nam nog een slok whisky. 'Volgende week gaat er een delegatie met premier Chamberlain en de minister van Binnenlandse Zaken praten. Ze willen zoveel mogelijk kinderen redden. De Britse overheid zal het vrijwel zeker goedvinden dat ze hierheen komen.'

'Tjonge, Charles. Maar is het niet gevaarlijk voor je om daarnaartoe te gaan?' Gertie kon de gedachte niet verdragen dat ze misschien nog een dierbare zou verliezen.

Charles zat er met een stalen gezicht bij. 'Niet zo gevaarlijk als het voor die arme kinderen is om onder de macht van Hitler en zijn aanhangers te blijven.'

Gertie knikte. 'Uiteraard. Hoelang blijf je weg?'

'Zolang het duurt.'

Ze legde haar hand op zijn arm. 'Wat fijn dat er mensen zoals jij zijn, Charles. Hoe kom je aan onderdak voor die kinderen?'

Hij wierp een zijdelingse blik op haar. 'Ik vraag aan iedereen die ik ken om een kind in huis te nemen.'

Gertie keek hem even aan, wist niet wat ze moest zeggen. 'Maar, Charles, ik ga binnenkort met pensioen.' Ze wist dat het loze woorden waren, dat het zelfs egoïstisch klonk. Deze man zou binnenkort zijn leven op het spel zetten voor een groep onbekenden en zij was gefixeerd op haar eigen pietluttige behoeften.

Charles keek haar nog steeds strak aan. 'Weet je wat ik dacht toen Harry je jaren geleden aan me voorstelde?'

'Houdt ze nou nooit eens haar mond?' zei Gertie met opgetrokken wenkbrauwen.

Charles lachte. 'Ja, dat ook, maar ik dacht vooral dat Harry een geluksvogel was dat hij iemand gevonden had met zoveel passie en vechtlust.'

Gertie keek naar haar whiskyglas. 'Ik ben te oud om te vechten, Charles.'

'Niemand is te oud om te vechten, Gertie, en jij bent veel te jong om het op te geven.'

Gertie fronste haar wenkbrauwen. 'Wie zegt dat ik het opgeef? Ik maak alleen plannen voor de volgende fase van mijn leven.' Haar gedachten gingen terug naar het gesprek dat ze eerder die dag met haar oom had gehad.

Neem geen overhaaste beslissingen waar je misschien spijt van krijgt.

'Laat ik het zo zeggen, ik zie Gertie Bingham niet voor me als een gepensioneerde vrouw die passief toekijkt terwijl de wereld haar nodig heeft,' zei Charles.

Gerties oog viel op de foto van Harry en haar op hun trouwdag. Ze stonden te giechelen toen de fotograaf de foto nam. Je zag de glinstering in hun ogen. Ze popelden om hun leven samen te beginnen. 'Ik ben moe, Charles. Ik heb er geen zin meer in.'

Charles volgde haar blik. 'Je mist hem. Zo is het toch?'

Het verbaasde Gertie hoe vlug de tranen kwamen. 'Natuurlijk. Hij was een geweldige man.'

Charles pakte haar hand en drukte er een kus op. 'En jij bent een geweldige vrouw. Daarom vraag ik je ook om dit te doen.'

Gertie veegde een traan weg. 'Dit is toch geen huis voor een kind?'

Charles keek de kamer rond, keek naar de planken vol met boeken, de brandende haard en de hond die zacht snurkend aan Gerties voeten lag. 'Ik kan me geen betere plek voorstellen,' zei hij. Hij nam nog een slokje whisky. 'Ik vraag je alleen om er serieus over na te denken. Er staat iets vreselijks te gebeuren. De vraag is wat wij doen: kijken we toe of bieden we hulp?'

Gertie keek naar het haardvuur. Ze wist dat hij gelijk had en als ze dertig jaar jonger was geweest, zou ze direct ja hebben gezegd. Maar hoe somberder de wereld om haar heen werd, hoe meer Gertie het gevoel had dat haar eigen bestaan verkrampte. Ze voelde zich niet sterk of vaardig of eigenwijs genoeg zoals in haar jonge jaren. Het leven had haar beschadigd en ze wist niet of ze wel de wilskracht had om iemand, laat staan zichzelf, hoop te geven.

3

Jij bent een deel van mijn bestaan, een deel van mezelf.
Jij was in iedere regel die ik ooit heb gelezen.
Grote verwachtingen, Charles Dickens

'En in welke branche zat u ook alweer, meneer Higgins?'

De lijvige man streek over zijn forse baard. Hij deed Gertie denken aan een beer. 'Ik ben hovenier en zaadhandelaar, mevrouw Bingham,' zei hij tegen haar. 'Maar ik denk meer in het grotere geheel en zie mezelf als een natuurmens.'

'Aha,' zei Gertie. 'Zoals onze beroemde oud-inwoner meneer Darwin.' Ze pakte een exemplaar van *Over het ontstaan van soorten* van de plank en stak het hem toe.

'O, ja. Een geweldige man,' zei meneer Higgins met een dromerige blik.

'Dan gaat u zeker alles verkopen wat de amateurtuinder nodig heeft?'

Er verscheen een ernstige uitdrukking op het blozende gezicht van meneer Higgins. 'O nee, mevrouw. Mijn passie is taxidermie.'

'Taxidermie?'

Hij knikte. 'Ik ben daar zeer bedreven in. Mensen willen hun overleden huisdier namelijk graag bij zich houden.'

Hemingway jankte onbewust vanaf zijn plek achter de toonbank, waar hij languit op de vloer lag. 'Juist ja,' zei Gertie, die zou willen dat Harry dit kon horen. Ze stelde zich voor dat zijn ogen twinkelden van ondeugendheid om de wending die het gesprek had genomen.

'Ik verkoop ook droogshampoo voor honden,' voegde hij er vrolijk aan toe. 'Kijkt u eens, u mag het gratis uitproberen.' Hij haalde een donkerbruin flesje uit zijn zak en gaf het aan Gertie.

'Dank u wel,' zei Gertie, en ze pakte het flesje glimlachend aan.

Meneer Higgins tikte tegen zijn hoed. 'Dan ga ik maar. Ik neem aan dat het contact verder via mevrouw Crisp verloopt?'

'Ja, dat klopt. Bedankt dat u de moeite hebt genomen om langs te komen.'

Gertie slaakte een zucht van verlichting zodra hij vertrokken was. 'Nou, dat geeft stof tot nadenken, niet dan, jongen?' zei ze, terwijl ze naar Hemingway keek. 'Wat zullen de plaatselijke bewoners wel niet denken van iemand die dieren opzet? Maar goed, het heeft ook even geduurd voordat ze aan mij waren gewend.'

Dat was beslist waar. En dan was 'excentriek' nog een van de vriendelijkste benamingen die Gertie had horen mompelen toen Harry en zij Bingham Books openden. Mensen keken haar achterdochtig aan alsof ze hen elk moment kon vervloeken met een toverspreuk die nieuwe ideeën in hun hoofd plantte. Gertie verbaasde zich er telkens weer over dat, hoewel ze maar zo'n tien kilometer verderop was opgegroeid, het wereldbeeld van de mensen hier volkomen anders was, alsof ze op de maan woonden. Uiteindelijk waren de meeste mensen bijgedraaid, maar er waren er ook, zoals mevrouw Crow, die nog steeds met een grote boog om de winkel heen liepen.

Gertie keek op toen de bel boven de winkeldeur klingelde en er een oudere vrouw, leunend op een stok, naar binnen kwam. Mevrouw Constantine was een gelijkmoedige, statige dame die Gertie aan koningin Mary deed denken. Ze had altijd een parelketting om en haar haar was opgestoken in een elegante chignon. Toen hij mevrouw Constantine zag, verrichtte Hemingway de aanzienlijke inspanning om te gaan staan en kwispelend naar haar toe te lopen.

'Ach, mijn lieve Hemingway. Ik heb iets lekkers bij me voor je,' zei ze, en ze stak hem een zak met sappige stukken kip toe. 'Ik krijg een hele kipfilet nooit in mijn eentje op, dus die deel ik graag met een vriend,' zei ze tegen hem, en ze keek tevreden toe terwijl hij zijn traktatie binnen een paar seconden verslond.

'Die hond is door en door verwend,' zei Gertie.

'Hij verdient het,' zei mevrouw Constantine. 'Zo is het toch, Hemingway?' De hond blafte bevestigend. 'En hij is heel slim, net als Hercule Poirot. Dat herinnert me eraan waar ik voor kom. Is mijn boek al binnen, mevrouw Bingham?'

'Jazeker,' zei Gertie, die een exemplaar van *Ontmoeting met den dood* van de plank pakte. 'Dit boek zal u zeker aanspreken. Ik vond het beter dan *Moord op de Nijl*.'

'Dat is een groot compliment, liefje,' zei mevrouw Constantine, die het boek vasthield om het te bewonderen. 'Zo'n geweldige auteur. Ik probeer altijd te raden wie het heeft gedaan, maar ik heb het altijd mis!'

Gertie glimlachte. Mevrouw Constantine was een van de klanten die ze zeker zou missen. Ze was bijna twintig jaar geleden hier in de buurt komen wonen. Er gingen geruchten dat ze van Russische adel was en tijdens de Russische Revolutie uit Moskou weg had moeten vluchten. Gertie bedacht altijd dat ze haar levensverhaal graag zou willen lezen. 'Dat is toch wel hét kenmerk van een uitstekende misdaadauteur,' zei ze.

'Het was uw dierbare Harry die me op het spoor heeft gezet van de formidabele mevrouw Christie,' zei mevrouw Constantine.

'Hij was er goed in lezers aan hun ideale boek te koppelen,' zei Gertie. Haar ogen glommen bij de herinnering.

De oudere dame keek haar aandachtig aan. 'Hoelang is het geleden, liefje?'

Sommige mensen zouden die vraag bemoeizuchtig vinden,

maar Gertie kende mevrouw Constantine lang genoeg om te beseffen dat ze dit uit oprecht medeleven vroeg. 'Twee jaar. Dat is een lange tijd.'

Mevrouw Constantine schudde haar hoofd. 'Dat zijn slechts minuten als het om een verloren dierbare gaat. Geloof me, ik kan het weten.' Ze stak een in een handschoen gestoken hand uit en gaf Gertie een klopje op de arm voordat ze vertrok. 'Wij vrouwen hebben veel kruizen te dragen. Probeer er niet onder te bezwijken, liefje.'

Gertie wist dat ze gelijk had. Toch achtervolgde het verdriet haar als een combinatie van de drie geesten uit de kerstvertelling van Dickens, die van het verleden, het heden en de toekomst. Ze had geen idee hoe ze die kon verdrijven.

Klokslag half twaalf klingelde de deurbel toen mevrouw Alfreda Crisp de winkel binnenstapte. Gertie mocht mevrouw Crisp. Ze was jong en ambitieus. Haar vader had kort voor de oorlog, toen zijn vrouw in verwachting was van hun eerste kind, zijn makelaarskantoor opgericht. Het lot wilde dat hij daarna in de ongunstige situatie belandde dat hij de ene na de andere dochter kreeg. Hij liet zich niet uit het veld slaan en Crisp & Daughters werd een van de meest vooraanstaande makelaarskantoren voor verkoop en verhuur in de regio. Het personeel bestond uit meneer Crisp zelf en drie van zijn vijf dochters. Alfreda was de jongste dochter en had een jeugdige vitaliteit waar Gertie grote bewondering voor had. Ze had Gertie beloofd er alles aan te doen om een geschikte kandidaat te vinden om 'uw geweldige boekwinkel' over te nemen.

'Goedemorgen, mevrouw Bingham,' zei de jonge vrouw met een enthousiast maar zuinig lachje. 'Hoe is het gesprek met meneer Higgins verlopen?'

Gertie aarzelde. Ze zou willen dat ze met Harry kon overleggen, kon uitzoeken of haar gevoel in overeenstemming was met de feiten. 'Tja, hij is beslist charmant.'

‘O, beslist,’ herhaalde mevrouw Crisp. ‘Heel charmant.’

‘Eerlijk gezegd had ik gehoopt dat er iemand zou komen die de winkel zou laten zoals die nu is.’

‘Dat het een boekwinkel blijft?’

‘Precies.’

Het gezicht van mevrouw Crisp betrok. ‘Het spijt me ontzettend, mevrouw Bingham, maar dat zal, gezien de huidige omstandigheden, een uitdaging zijn. Het is toch al een hele toer om een bestaand bedrijf over te nemen, zelfs een goedlopend bedrijf als dit, zeker nu we geen idee hebben hoe het land er over een half jaar voor zal staan.’

‘Maar wat moet ik anders?’ riep Gertie met toenemende wanhoop. Ze had direct spijt van die woorden.

Mevrouw Crisp trok haar wenkbrauwen op. ‘Ik blijf uiteraard rondkijken. Je weet het nooit, maar ik voel me verplicht om eerlijk tegenover u te zijn.’

‘Natuurlijk,’ zei Gertie, die zich schaamde dat ze zich zo had laten gaan.

‘U kunt erop vertrouwen dat ik mijn uiterste best voor u zal doen.’

‘Dank u wel.’

Mevrouw Crisp schonk haar de meelevende blik waar Gertie de afgelopen paar jaar aan gewend was geraakt. Zo keken mensen als ze zich herinnerden dat ze weduwe was. Weduwe. Wat een somber, deprimerend woord. Zo definitief ook. ‘Geef de moed niet op, mevrouw Bingham,’ zei ze voordat ze wegging.

‘Daar is het een beetje te laat voor, denk je ook niet, Hemingway?’ zei Gertie. De hond keek naar haar op en gaapte. ‘Ik ben het met je eens. Verdriet is oersaai.’ Ze wierp een blik op de klok. ‘Kom, we kunnen beter afsluiten. Betty komt zo voor de leeskring. Ze doen vandaag Dickens.’ Hemingway gaapte opnieuw luidruchtig. ‘Voor een literaire hond zou je wel wat meer respect mogen tonen, wist je dat?’

'Hoi, hoi, mevrouw B,' riep Betty, die als een komeet door de deur naar binnen schoot.

'Hallo, liefje. Hemingway en ik gingen net afsluiten. De winkel is helemaal voor jou.'

'U hoeft zich voor mij niet te haasten. Sterker nog, ik zou het fijn vinden als u bleef voor de boekbespreking. *Grote verwachtingen* is een heerlijk boek.'

'Dat is het zeker,' zei Gertie, 'maar we gaan op maandag altijd naar Harry.'

Betty sloeg haar hand tegen haar voorhoofd. 'Ja, natuurlijk. Sorry, mevrouw B. Ik ben soms zo'n sufferd.'

Gertie wuifde haar opmerking weg. 'Verwacht je een goede opkomst?'

'Ik weet het niet. Meneer Reynolds is zwaar verkouden en mevrouw Constantine had al een andere afspraak. Ik hoop dat mevrouw Pettigrew komt, al is het lastig om haar iets anders te laten lezen dan de boeken van Georgette Heyer. Dus dan blijven alleen nog...'

'Goedemiddag,' zei mevrouw Snipp dof toen ze in de deuropening verscheen. 'Waar is iedereen?'

'Sommigen van onze trouwe leden kunnen vandaag niet,' zei Betty.

'Och, heden,' zei mevrouw Snipp. 'Daar was ik al bang voor nu meneer Bingham, God hebbe zijn ziel, niet meer onder ons is.'

Gerties rug verstijfde van verontwaardiging. *Niet happen, Gertie.* Ze stelde zich voor dat Harry een troostende hand op haar arm legde en ging de kassa tellen.

De winkeldeur ging opnieuw open en ditmaal stond er een muisachtig vrouwtje met een kersenrode baret naar hen te kijken alsof het haar zelf ook verbaasde dat ze daar was. 'Mevrouw Pettigrew. U bent toch gekomen! Wat fijn dat u er bent,' riep Betty zo dolenthousiast dat mevrouw Snipp haar wenkbrauwen fronste. 'Kom verder. Ik ga wat stoelen uit het magazijn halen. We zijn vandaag met een klein clubje, dus dat is ideaal voor een boekbespreking.' Betty zette de stoelen bij de afdeling Poëzie neer en pakte haar eigen exemplaar van het boek. 'En, wat vond u ervan?' vroeg ze.

Gertie keek met een bezwaard gemoed naar Betty, die haar best deed om de ijzig kijkende mevrouw Snipp en een verbijsterd kijkende mevrouw Pettigrew aan het praten te krijgen. Mevrouw Snipp slaakte een diepe zucht. 'Ik moet zeggen dat ik het altijd een nogal slap verhaal heb gevonden.'

'O,' zei Betty. 'Hoe dat zo?'

'De personages spreken me niet aan. Pip is een lafaard en Estella is een schaamteloze vrouw.'

Gertie zag irritatie over Betty's gezicht trekken, wat zelden gebeurde. 'Ja, maar wat vond u van het verhaal? Dat is heerlijk dramatisch en Pips karakter maakt een hele ontwikkeling door. En dan heb je ook nog mevrouw Havisham en het liefdesverhaal met Estella. En wat vond u van het eind van het boek?'

'Mag ik iets vragen?' zei mevrouw Pettigrew.

'Jazeker,' antwoordde Betty, die duidelijk blij was met de onderbreking.

'Wanneer gaan we het over *Oliver Twist* hebben?'

Mevrouw Snipp keek vertwijfeld omhoog. '*Oliver Twist*?' zei Betty.

Mevrouw Pettigrew knikte. 'Je zei dat we Dickens deden en dus heb ik *Oliver Twist* gelezen. Ik ben dol op Dodger, de zakkenroller. Wat een ondeugende jongen.'

Betty wierp een blik op Gertie, die een meelevend gezicht trok.

'Nou, daarmee is alles gezegd,' zei mevrouw Snipp met duidelijke voldoening.

Betty keek paniekerig tot ze een inval kreeg. 'Nee, dat maakt niets uit. We gaan het over Dickens hebben. Mevrouw Pettigrew, vertel eens wat u van *Oliver Twist* vond.'

Gertie schonk Betty een bemoedigende glimlach. Ze wist dat het laf was om te vertrekken, maar voor haar gevoel had ze geen andere keuze. Gertie kon zichzelf niet toestaan om in de leeskring en de boekwinkel te investeren als ze van plan was ermee te stoppen. Ze pakte haar spullen en zwaaide vrolijk naar Betty, waarna ze de deur uit glipte en met haar hond door de hoofdstraat liep.

Haar oog viel op het plaatsnaambord van Beechwood, met een galopperend wit paard en een beuk, en ze vroeg zich af hoe het zou voelen om een plek te verlaten die zo lang haar thuis was geweest. Beechwood was een charmant dorp. De winkeleigenaren waren er trots op dat hun winkelpuien brandschoon waren en er keurig uitzagen onder de felgekleurde canvas luifels.

Twee jongetjes stonden met hun neus tegen de winkelruit van drogisterij Stevens gedrukt, waar in de etalage spannende, met vloeistof gevulde, kegelvormige flesjes in de vorm van een regenboog stonden. Ze wachtten tot hun moeder naar buiten zou komen. Toen Gertie langsliep, draaiden ze zich om. 'Hallo, mevrouw Bingham. Hallo, Hemingway de hond,' zei de oudste van de twee. 'Mogen we hem aaien?' Dat was Gertie gewend. Hemingway had in hun kleine dorp de status van hoogwaardigheidsbekleder, wat betekende dat ze vaak moest stoppen, zodat kinderen en volwassenen hem konden aaien.

'Natuurlijk mag dat,' zei Gertie, die toekeek terwijl de jongens de dankbare hond met liefde en aandacht overlaadden.

'Kijk, hij lacht,' riep de jongste van de twee, waarna hij een kus op Hemingways kop drukte. 'Je bent de beste hond van de wereld.'

Gertie wierp een blik op de grote vierkante klok die aan de gevel hing bij Robinson, de schoenmaker. 'Sorry, heren, we gaan weer verder want Hemingway en ik zijn op weg naar een afspraak.'

Gertie was bekaf toen ze de heuvel op liep. Toen ze bij het hek van de begraafplaats kwam, bleef ze even staan om op adem te komen en om zich heen te kijken. Als laatste rustplaats was het een prachtige plek, met goed onderhouden bloemperken en aan alle kanten omringd met beuken en paardenkastanjes. De takken waren nu bijna kaal, er hingen nog maar een paar blaadjes aan die het hardnekkig volhielden en als oranje en rode vlaggen wapperden in de saffierblauwe lucht. Gertie sloot haar ogen en hief haar gezicht op om de kostbare warmte van de zon op haar gezicht te voelen. Ze had altijd een hekel gehad aan de herfst, had veel liever de felle hoop van de zomer als de wereld vol leven leek, het in de tuinen barstte van kleur en het in parken en op het strand druk was met vrolijke mensen. In de herfst verdween de wereld onder de grond, teerde weg en ontbond voor haar ogen. De herfst was uiteraard Harry's favoriete jaargetijde geweest.

'Maar alles gaat dood,' klaagde Gertie dan.

Harry stak zijn hand naar haar uit en nam haar mee de tuin in. 'Nee, mijn schat,' zei hij dan, en hij wees naar de strak dichtgevouwen knoppen van de magnolia. 'Alles slaapt, rust tot het voorjaar wordt en de wereld weer opnieuw begint.'

Gertie deed haar ogen open en liep naar zijn graf. 'Het punt is,' zei ze toen ze er waren, 'dat jij in de herfst bent overleden maar dat je nooit weer opnieuw zult beginnen, mijn schat.' Ze haalde haar zakdoek uit haar jaszak en veegde de letters op de grafsteen schoon. Hemingway was gehoorzaam gaan zitten en keek stilletjes toe.

HARRY BINGHAM, GELIEFDE ECHTGENOOT VAN GERTIE
EN DIERBARE ZOON VAN WILBERFORCE EN VERONICA
HIER BEGRAVEN OP 25 OKTOBER 1936

Gertie was heel stellig geweest welke tekst erop moest komen te staan. Meneer Wagstaff, de uitvaartondernemer, een magere man met een smal snorretje, had zich daar zeer over verbaasd.

'Mag ik een formelere aanpak voorstellen?' had hij gezegd. 'Gezien de ernst van de situatie is het gebruikelijk de volledige naam te vermelden.'

'Dat mag, maar ik doe er verder niets mee,' zei Gertie beslist. 'Iedereen kende mijn man als Harry. Zijn overlijden heeft me voldoende op de ernst van de situatie gedrukt. En aangezien ik de enige ben die zijn graf zal bezoeken en zal bijhouden, lijkt het me dat ik degene ben die bepaalt met welke woorden ik begroet word, niet dan?'

Meneer Wagstaff had Gertie verbijsterd aangegaapt alsof hij verwachtte dat ze haar excuses zou aanbieden voor haar uitbarsting. Dat kon hij vergeten. Gertie was opgestaan en had hem vastberaden aangekeken. 'Ik neem aan dat u zo voldoende weet. Fijne dag nog verder.'

'Ik heb hem op zijn nummer gezet,' zei ze, terwijl ze de oude bloemen uit de vaas op Harry's graf verwijderde en er de rozen in zette die ze die ochtend in de tuin had geknipt. 'Kijk eens, mijn schat. Een verrassingsboeketje, met dank aan het zachte weer.' Hemingway liep naar voren om aan de rozen te snuffelen, waarna hij zijn neus tegen Gertie aan drukte. Ze aaide zijn oren en sloeg haar armen om zijn kop, trok hem tegen zich aan terwijl er tranen in haar ogen kwamen. De hond boog zich automatisch naar haar toe. 'Wat moeten we nou, hè, jongen?' fluisterde ze in zijn vacht. Een dansend briesje bestookte hen, zodat Gertie haar hoed moest vastgrijpen terwijl de laatste blaadjes zich als confetti over de begraafplaats verspreidden. Een paar pagina's van een oude krant, die door de wind waren meegenomen, zorgden ervoor dat Hemingway uitgelaten blafte. Hij sprong met verbazingwekkend enthousiasme op en rende erachteraan alsof het enorme vlinders waren die hij, meestal met weinig succes, probeerde te vangen. Ditmaal slaagde hij erin om een van de grote papieren tussen zijn tanden te klemmen. Vol verbazing dat het gelukt was bleef hij staan, waarna hij gromde en ermee heen en weer schudde alsof het een prooi was die onderworpen moest worden.

'Wat heb je daar, malle hond?' zei Gertie geamuseerd. Ze bukte zich om zijn buit af te pakken. Hemingway liet een onwillige grom horen. 'Hemingway,' zei Gertie streng. De hond keek een andere kant op alsof hij zijn opties afwoog, waarna hij de deels stukgebeten pagina's bij haar voeten neerlegde. 'En bedankt,' zei Gertie, die haar neus optrok en met haar handschoenen het stuk papier opraapte. 'We moeten niet hebben dat je een krant opeet. Weet je nog wat er gebeurde toen je die dropkabels met papieren zak en al had opgegeten?' Hemingway boog zijn kop alsof hij zich dat ritje naar de dierenarts maar al te goed herinnerde. 'Kom, we gaan naar huis,' zei ze. Ze wilde de krant al netjes opvouwen, zodat ze die later in de haard kon gooien, toen ze het woord 'help' zag staan. De letters eromheen hadden tussen Hemingways gretige kaken gezeten, maar toen Gertie de krant gladstreek, zag ze de onthutsende tekst.

MENSHEID MOET DUITSE JODEN REDDEN.

HELP!

VOORDAT HET TE LAAT IS.

Ze keek even naar de woorden en keek toen achterom naar Harry's graf. De roze rozenknoppen knikten in het briesje. Gertie Bingham was niet bijgelovig, maar ze geloofde wel in op het juiste moment op de juiste plaats zijn. Of dat nu het lot of toeval was, het was iets wat haar een groot deel van haar leven al ondersteund had. Of het nu ging om haar eerste ontmoeting met Harry of het moment waarop ze de winkel in de hoofdstraat zag, Gertie had altijd haar hart gevolgd. Daardoor was ze soms in de problemen gekomen, maar het had haar steevast gebracht op de plek waar ze moest zijn. Nu ze hier met die krant in haar hand stond en de woorden tot zich liet doordringen, wist ze wat ze moest doen. En ze wist zeker dat Harry het met haar eens zou zijn. Gertie voelde zich dom dat het haar niet direct glashelder was geweest. Ze vouwde de krant voorzichtig op en stak die in haar jaszak. 'Kom, Hemingway. Werk aan de winkel. Tot ziens, mijn schat. Tot volgende week,' zei ze, en ze haastte zich naar het hek terwijl het harder ging waaien.

Ze liep stevig door terwijl Hemingway naast haar dribbelde.

Tegen de tijd dat ze thuiskwamen werden ze op de hielen gezeten door een onstuimige regenbui. Gertie ging haastig naar binnen en veegde de regendruppels uit haar haar, terwijl Hemingway zich uitschudde. Ze stak vlug de haard aan en liep naar de telefoon. Ze wachtte tot ze werd doorverbonden en ontspande toen er werd opgenomen.

'Purberry 4532.'

'Charles? Met Gertie.'

'Gertie. Wat leuk dat je belt. Is alles in orde?'

'Ja, hoor. Zeg, ik heb nog eens nagedacht over ons gesprek van pasgeleden.'

Charles schraapte zijn keel. 'Ik ook. Het spijt me dat ik je zo voor het blok heb gezet, Gertie. Je hebt een paar vreselijke jaren achter de rug. Ik had dat nooit aan je mogen vragen. Je zit niet te wachten op een vreemde in huis. Je hoort van je welverdiende pensioen te gaan genieten.'

'Nee, Charles. Ik ben blij dat je erover begon. Dankzij jou ben ik een paar belangrijke dingen gaan beseffen. Dingen die ik uit het oog had verloren.'

'En heeft dat iets opgeleverd?'

'Ja, ik heb een besluit genomen. Ik wil helpen. Ik zal een kind in huis nemen en ik zal mijn uiterste best doen om dat kind een thuis te bieden. Dat is wel het minste wat ik kan doen.'

'Weet je het zeker?'

Gertie keek naar Harry's gezicht, dat haar vanaf hun trouwfoto toelachte, zijn ogen sprankelend van hoop. 'Ik ben nog nooit ergens zo zeker van geweest.'

1939

4

Het is nu al lang geleden, wel tweeduizend jaar. Toen was d'r een rijke man, en die had een mooie, knappe vrouw, en ze hielden erg veel van elkaar, maar kinders, die hadden ze niet. Maar ze hadden ze graag gehad. En de vrouw heeft er aldoor maar om gebeden, dag en nacht heeft ze d'r om gebeden, maar ze kregen d'r geen en ze kregen d'r geen.
'Van de wakelboom' uit *De sprookjes van Grimm*

Gertie liep onder de vuile stenen boog door, bleef op de loopbrug staan en onderging het rumoer van Liverpool Street Station. Ze probeerde zich voor te stellen wat voor indruk dat zou maken op een kind dat hier zonder familie aankwam en dit alles voor het eerst zag. De bewerkte pilaren die je blik omhoogtrokken naar het glazen dak en de lucht daarboven hadden voor een optimistische noot kunnen zorgen als al het licht niet schuil was gegaan achter een dikke laag roet. In feite was het hele station donker en vies. Gertie keek wanhopig naar de steile, vieze trap die naar de stationshal voerde, waar een gestage stroom passagiers zich naar stoomtreinen haastte die zo zouden vertrekken. Het kabaal en geschreeuw in de besloten ruimte verergerden de toch al grimmige indruk. Ze kon zich alleen maar voorstellen dat die arme kinderen, die een lange en vermoeiende reis achter de rug hadden nadat ze hun huis en familie hadden achtergelaten, doodsbang zouden zijn als ze dit zagen.

Gertie ging langzaam de trap af, waarbij ze de leuning vasthield. Ze vond de drukte in Londen overweldigend. Voorbij was de tijd dat ze van een uitstapje naar Londen had genoten als ze naar een galerie ging of met een vriendin ging theedrinken of bij haar oom Thomas in Cecil Court op bezoek ging.

Ze stapte de stationshal in en liep op de mahoniehouten kiosk af waar kranten en paperbacks werden verkocht. Gertie glimlachte toen ze aan de boze reactie van haar oom dacht de dag dat hij erachter kwam dat Allen Lane met paperbacks ging beginnen.

'Het is een belediging voor de essentie van onze beschaafde samenleving, Gertie. Niets meer en niets minder. Dat wordt helemaal niets en dan staat meneer Lane straks voor schut. Moet jij maar eens opletten.'

Oom Thomas hield voet bij stuk tot de uitgever hem een zeer goed voorstel deed om een paar van die monsterlijke boeken uit te proberen. Hij was per slot van rekening een zakenman. Hij bleef beide edities verkopen, maar tot zijn grote genoegen vormde de verkoop van hardbacks nog altijd het leeuwendeel van zijn omzet.

'Ik heb het nog zo tegen meneer Lane gezegd, maar die uitgevers denken dat ze alles weten,' zei hij tegen iedereen die het maar wilde horen, waarbij hij zo gewiekst was om te negeren dat deze uitvinding de leeswereld voorgoed had veranderd.

Gertie liet haar blik door de stationshal glijden. Ze zag een spandoek hangen met ORGANISATIE VOOR ZORG VOOR KINDEREN UIT DUITSLAND. Onder dat spandoek stond een tafel waaraan een paar mensen zaten, met een klembord in de aanslag. Ze herkende een van hen, namelijk Agnes Wellington, de vrouw die een paar weken daarvoor haar huis had geïnspecteerd. Gertie was nu net zo nerveus als toen Agnes van de ene naar de andere kamer was gelopen en alles aan een kritische blik had onderworpen.

‘Woont u hier alleen?’

‘Samen met Hemingway,’ zei Gertie, die naar de hond wees die zichzelf al te schande had gemaakt door mevrouw Wellington met oorverdovend geblaf te begroeten.

‘Hm,’ zei Agnes, terwijl ze de trap op ging. ‘Geen kinderen?’

‘Eh, nee,’ zei Gertie, die na haar de overloop op stapte.

‘Hebt u nooit kinderen gehad?’

De vraag voelde als een beschuldiging. ‘Nee,’ zei Gertie bijna fluisterend.

‘En welke kamer wordt voor het kind?’

Gertie nam haar mee naar een slaapkamer met uitzicht op de tuin. ‘Ik dacht dat het leuk voor hem of haar zou zijn om uitzicht te hebben. Ik zal de kamer uiteraard opnieuw inrichten en luchten,’ zei ze toen ze de gordijnen openschoof, waarbij er een wolk stof vrijkwam.

‘Hebt u al nagedacht over de praktische aspecten van voor een kind zorgen? Zou u bijvoorbeeld een baby of een peuter kunnen opvangen?’

Gertie kreeg een droge mond. ‘Daar heb ik nog niet echt over nagedacht.’

Agnes trok een wenkbrauw op. ‘Dan wordt het tijd dat u dat wel doet.’

‘Ja, ja, uiteraard,’ zei Gertie. ‘Sorry. Ik dacht meer aan een wat ouder kind, van een jaar of veertien, vijftien. Ik heb een boekwinkel, dus het zou leuk zijn als hij of zij van lezen houdt.’ Dit leek haar geen goed moment om te zeggen dat ze haar bedrijf probeerde te verkopen. Aan het gezicht van de vrouw te zien had haar afkeuring van Gertie al het toppunt bereikt.

En jawel hoor, Agnes liet een verwijtend gebrom horen. ‘U kunt geen voorkeur aangeven. Deze kinderen hebben dringend opvang nodig. De vraag is, mevrouw Bingham, of u die opvang kunt bieden.’

‘Dat denk ik wel.’

‘Denken is niet goed genoeg, u moet het zeker weten.’
‘Goed, ik weet het zeker.’
‘Prima, u hoort nog van ons.’

Zodra Agnes was vertrokken, had Gertie zeer ongerust naar Charles gebeld. ‘Wie is er bij je langs geweest?’ vroeg hij.
‘Agnes Wellington.’
Hij gniffelde. ‘O, maak je niet druk. Agnes kan wat zwaarwichtig doen, maar ze heeft een goed hart.’
‘Dat weet ze dan goed te verbergen. Ze heeft me de stuipen op het lijf gejaagd.’
‘Maak je geen zorgen, Gertie. Het is goed dat je dit doet. Ze voelt zich erg verantwoordelijk voor de kinderen, maar ik moet toegeven dat ze die taak wel héél serieus neemt.’ Hij lachte weer. ‘Ik wilde dat ik je gezicht had kunnen zien.’
‘Je bent een vreselijke man. Je hebt geluk dat ik zo dol op je ben.’
‘Ik kan je verzekeren dat dat wederzijds is.’

‘Goedemorgen, mevrouw Wellington,’ zei Gertie, die nu naar de tafel liep. ‘Ik ben Gertie Bingham. We hebben elkaar een paar weken geleden ontmoet.’
Agnes keek op van haar klembord. Ze had een cloche op haar hoofd die wat te groot voor haar was en er lag een ernstige uitdrukking op haar gezicht. Uit niets bleek dat ze Gertie herkende toen ze haar lijst doorzocht. ‘Bingham. Bingham. Ja, gevonden. Gertrude Bingham. U komt Hedy Fischer ophalen. De trein komt er zo aan. Wilt u bij de controlepost wachten tot uw naam wordt omgeroepen?’
‘Dank u wel,’ zei Gertie enigszins opgelucht. ‘Ik kan niet wachten om haar te ontmoeten, al moet ik toegeven dat ik best zenuwachtig ben.’
Agnes trok een wenkbrauw op. ‘Ik kan u verzekeren dat die arme kinderen veel zenuwachtiger zullen zijn dan u.’
‘Ja, natuurlijk,’ stamelde Gertie. ‘Goed, dan ga ik daar wachten.’

Agnes perste haar lippen op elkaar alsof ze eigenlijk 'doe dat' wilde zeggen.

Het enige wat Gertie over Hedy Fischer wist, was dat ze vijftien was en uit München kwam. Nadat ze die informatie had gekregen, had Gertie de voorbereidingen zeer serieus genomen. Ze had de hulp van Betty ingeschakeld, die maar net iets ouder was dan Hedy, om er zeker van te zijn dat alles in orde was. Betty koos boterbloemgele verf uit en hielp Gertie om de slaapkamer opnieuw in te richten. Verder wasten ze de gordijnen, klopten het kleed uit en haalden al het stof weg. Na rijp beraad namen ze enkele boeken uit de winkel mee waarvan ze dachten dat Hedy die leuk zou vinden en die haar misschien zouden helpen om de taal te leren. *De geheime tuin*, *Trots en vooroordeel* en *Mary Poppins* kwamen alle drie door de selectie. Nadat Gertie ze netjes op de schoorsteenmantel had gelegd, deden Betty en zij een paar passen naar achteren om het resultaat te bewonderen.

'Denk je dat ze hier gelukkig zal zijn?' vroeg Gertie.

Betty wierp een zijdelingse blik op haar. 'Zo niet, dan wil ik met alle plezier met haar ruilen en mag ze in mijn huis komen wonen. Mijn broer Sam is vreselijk!'

'Betty toch!' zei Gertie met een lachje. 'Bedankt voor je hulp, liefje.'

'Graag gedaan, mevrouw Bingham. Echt, ik meen het. Hedy is een geluksvogel dat ze bij u mag komen wonen.'

Gertie gaf Betty een klopje op haar schouder en hoopte maar dat ze gelijk had.

Ze zag de stoomtrein van een in rookslierten gehulde stip in de verte veranderen in een kolos die rookwolken uitstootte en sissend bij het perron tot stilstand kwam. Dat maakte een vreselijk kabaal en toch kon Gertie nog steeds het geluid van kinderen horen: geklets, een gekwelde schreeuw, klaaglijk gesnik. Nog veel meer mensen stonden, net als zij, vol verwachting achter de controlepost toe te kijken. Het waren voornamelijk vrouwen. Ze zagen het stationspersoneel naar voren lopen om de deuren open te maken. Een handjevol volwassenen kwam naar buiten. Elke volwassene leidde een groepje kinderen hun kant op. Wat Gertie direct opviel, was het leeftijdsverschil. Er zaten baby's tussen die op de arm gedragen werden, maar ook jongens en meisjes die bijna volwassenen leken. Ook hun gezichtsuitdrukking wisselde sterk. Sommige kinderen leken het spannend te vinden, alsof ze op avontuur gingen. Andere leken doodsbang. Hun blik schoot van links naar rechts toen ze de luidruchtige chaos in zich opnamen. Er waren kinderen die met wijd open mond huilden, jammerden van ellende. Gerties hart brak.

'Arme stakkers,' zei een vrouw in de menigte, waarmee ze verwoordde wat iedereen dacht, want het was sneu om te zien. Ze zagen er allemaal verloren en eenzaam uit. Een pas opgestookt vuur van verontwaardiging laaide op in Gerties binnenste. Hoe haalde je het in je hoofd om deze arme groep zoiets aan te doen? Ze waren nog maar kinderen. Toch hadden ze hun huis en hun ouders moeten verlaten om naar een vreemd land te gaan zonder te weten wat er ging gebeuren. Hoe slecht moest je wel niet zijn als je kinderen zoiets aandeed?

Toen ze via een zij-uitgang naar een wachtruimte werden geleid, zag Gertie een bekende gestalte die een jongetje droeg dat hooguit vijf jaar kon zijn.

'Charles!' riep Gertie.

Hij draaide zich om en zwaaide, waarna hij het kind aan een andere vrijwilliger overdroeg en vlug naar haar toe kwam. Gertie sloeg haar armen om zijn nek. 'Wat fijn je te zien. Het was niet tot me doorgedrongen dat je met deze groep zou meereizen. Hoe was de reis?'

Charles zag lijkbleek, zijn kin prikte door zijn stoppelbaard en er lagen grijze schaduwen om zijn ogen. 'Het is een opluchting dat we hier eindelijk zijn.'

Gertie snapte dat dit maar de helft van het verhaal was. 'Was het moeilijk om uit Duitsland weg te komen?'

Charles streek met zijn hand over zijn kin. 'Laten we het er maar op houden dat het gemakkelijker werd toen we eenmaal in Nederland waren. De mensen daar waren heel vriendelijk. Ze gaven de kinderen chocolade.' Hij wierp een blik over zijn schouder. 'Ik moet terug. Hoe heet het kind dat jij komt ophalen?'

'Hedy. Hedy Fischer.'

Charles knikte. 'Ik ga haar zoeken.'

Gertie zag hem uit het zicht verdwijnen. Ze kende deze man al bijna haar hele leven en toch was hij, nu ze hem in deze omgeving zag, een raadsel voor haar.

'Ik ken Charles Ashford beter dan ik mezelf ken,' zei Harry altijd. 'En toch zijn er momenten dat die man een compleet mysterie voor me is. En om die reden mag ik hem des te meer.'

Agnes en haar leger vrijwilligers met klembord waren al druk bezig en stelden de jongere kinderen voor aan hun nieuwe gezin. De meeste kinderen keken verbijsterd toen ze werden meegenomen om bij deze onbekenden te gaan wonen. Gerties blik viel op een jongetje, koffer in de hand, zijn fronsende gezicht een toonbeeld van veerkracht. Ze lachte hem bemoedigend toe toen hij langs haar liep. 'Leve de koning!' riep hij met een krakerig Duits accent, waardoor degenen om hem heen moesten gniffelen.

Even later tikte Charles Gertie op de arm. Ze was zenuwachtig toen ze zich omdraaide. 'Gertie Bingham, dit is Hedy Fischer,' zei hij terloops alsof hij op een feest twee mensen aan elkaar voorstelde.

Het meisje dat met een rugzak op haar rug voor haar stond was ongeveer even lang als Gertie. Ze had bruine krullen tot op de schouders en donkerbruine ogen. Ze droeg een donkerblauwe wollen jas en een roze sjaaltje, en keek schichtig als een katje in een hoek.

Gertie stak haar in een handschoen gestoken hand naar haar

uit. 'Ik ben Gertie Bingham. Leuk je te ontmoeten,' zei ze. Het viel haar op dat Hedy's handen trilden toen Hedy haar met een beleefd knikje de hand schudde.

'Dit zijn uw papieren, mevrouw Bingham,' zei Agnes, die naast hen opdook. 'U kunt Hedy's bagage daar ophalen. Er hangt een etiket aan haar koffer met hetzelfde nummer als op haar jas en rugzak. Daarna kunt u hier weg.'

'Dank u wel,' zei Gertie.

'*Welche Nummer haben Sie*?' vroeg Charles toen ze bij de koffers kwamen die in een nette rij tegen een muur stonden.

'*Neunundfünfzig*,' zei Hedy aarzelend, en ze stak haar etiket op om dat te controleren.

'Negenenvijftig. Okido,' zei Charles. Toen hij wegliep om de bagage te zoeken, raakte Gertie even in paniek. Hoe kon ze in vredesnaam met dit meisje communiceren als hij er niet bij was? Ze dacht hard na of er nog iets van het Duits was blijven hangen dat ze op school had geleerd. '*Neunundfünfzig*,' zei ze, wijzend naar Hedy's etiket. '*Ich bin neunundfünfzig Jahre alt*.' Hedy's wenkbrauwen schoten omhoog. Ze verbaasde zich duidelijk over het feit dat deze onbekende meteen al vertelde hoe oud ze was.

'Kijk eens,' zei Charles, die met een olijfkleurige koffer terugkwam. 'Gaat het lukken om thuis te komen? Ik kan een taxi voor jullie zoeken.'

'Nee, dat hoeft niet. Het gaat zo wel, Charles. Bedankt,' zei Gertie opgewekt. Ze hoopte maar dat haar ongerustheid niet te horen was.

'Zeker weten? En de koffer dan? Die is behoorlijk zwaar.'

'Ik draag hem,' zei Hedy, die naar voren stapte om hem op te tillen.

'Geregeld. Hedy is zo sterk als een paard. Komt voor de bakker,' zei Gertie met gespeelde vrolijkheid. Er verscheen een rimpel van verwarring op Hedy's voorhoofd.

Charles lachte. 'Gertie bedoelt dat het prima zal gaan, voor het geval je je afvraagt wat "komt voor de bakker" betekent, Hedy. Uitstekend, *ausgezeichnet*!'

Het meisje knikte onzeker. Gerties maag verkrampte van nieuwe ontzetting.

Ze was vastbesloten geweest luchthartig te doen, dat leek haar voor hen beiden beter, maar nu bleek het arme kind volledig overdonderd te zijn. Daar kwam nog bij dat ze zenuwachtig werd bij de gedachte dwars door Londen te moeten reizen. Gertie wist zeker dat als ze dat aan Charles zou vragen, hij met hen mee zou gaan, maar ze zag hoe moe hij was. *Kom op, Gertie. Je kunt je verantwoordelijkheden nu niet op een ander afschuiven.*

'Ik bel je nog, Gertie,' zei Charles, die zich bukte om haar een zoen op de wang te geven. 'Bedankt dat je dit doet. Dat meen ik.' Gertie knikte. De woorden van haar vriend gaven haar weer moed. Charles wendde zich tot Hedy. '*Schön Sie kennen zu lernen, Fräulein Fischer.*'

'*Sie auch*,' zei Hedy zacht.

Hij tikte tegen zijn hoed en verdween in de menigte. Gertie moest zich inhouden om hem niet terug te roepen. Ze wierp een blik op Hedy, die haar verwachtingsvol aankeek. 'Goed,' zei Gertie. Het plotselinge gewicht van verantwoordelijkheid maakte haar duizelig. 'Tijd om naar huis te gaan.'

Gertie Bingham was er altijd trots op geweest dat ze zo capabel was. Hoewel ze de drukte van Londen niet meer gewend was, wist ze heel goed hoe ze dwars door de stad moest reizen, maar het was lang geleden dat ze dat had gedaan. Ze liepen meteen al uit de pas in de stroom van mensen die allemaal, als een school koppige makrelen, dezelfde kant uit leken te gaan en weigerden hen door te laten. Uiteraard werd hun voortgang ook bemoeilijkt door Hedy. Dat kwam niet alleen door haar bagage, die de ruimte van een derde persoon innam, maar ook door de terughoudendheid van het kind bij al die onbekende dingen, van liften tot gierende metrostellen die aan beide kanten van het perron langs zoefden. Op een bepaald moment botste er een man tegen Hedy op. In plaats van zijn verontschuldigingen aan te bieden, begon hij te schreeuwen.

'Kijk toch uit je doppen!'

'Wacht even,' riep Gertie boos, wat haar zelf ook verbaasde. 'Hoe durft u dit arme meisje weg te duwen na alles wat ze heeft doorstaan!' Maar de man was al in de menigte opgegaan. Hedy's hals was vuurrood. 'Het is in orde, liefje,' zei Gertie. 'Londen is een heel drukke stad. Dan vergeten mensen soms hun goede manieren.' Hedy antwoordde niet, hield haar hoofd omlaag toen een metro het station binnenreed.

'Ik zal u even helpen,' zei een jongeman vanuit het metrostel, waarbij hij naar Hedy's koffer wees. Hedy wierp een vragende blik op Gertie.

'O, graag. Dank u wel,' zei Gertie. Er waren alleen nog staplaatsen, maar twee mannen stonden voor hen op en Gertie nam hun aanbod dankbaar aan. 'Zie je nou wel, Hedy? Er zijn ook aardige mensen in de wereld.'

Hedy zei niets. Gertie werd altijd zenuwachtig als het lang stil was en voelde zich gedwongen de stilte op te vullen. '*Mein Deutsch is nicht gut*,' zei ze vrolijk. De man in de stoel tegenover haar, die een bolhoed droeg en *The Telegraph* zat te lezen, liet met een boos gezicht zijn krant zakken toen hij die aanstootgevende taal hoorde. Gertie bloosde om haar domheid. 'Misschien kun je beter Engels praten, dan leer je de taal ook sneller.' Hedy keek Gertie aan toen die een vreemde monoloog afstak. 'Ik heb een boekwinkel. Hou je van boeken?' Hedy gaf een knikje. 'Mooi. Dat is mooi. Ik heb een paar boeken in je kamer neergelegd die je vast leuk zult vinden. Betty, die bij me in de boekwinkel werkt, heeft geholpen ze uit te zoeken. Je zult Betty aardig vinden. Ze is heel vriendelijk en ze is niet veel ouder dan jij.' Hedy knipperde met haar ogen naar haar. 'En dan hebben we nog Hemingway. Dat is mijn hond. We wonen in een klein huis met een prachtige tuin. Hou je van tuinen? Ik wel. Er staan veel bloemen in mijn tuin, want ik ben dol op bloemen.

Mijn lievelingsbloemen zijn dahlia's. Vind je dahlia's mooi? In de zomer zal ik er een paar afknippen om in je kamer neer te zetten. Ik heb ook groenten. Aardappels, uien, pronkbonen. Ik had ook worteltjes, maar daar ben ik mee gestopt door de wortelvliegen. Dat zijn echt rotbeesten. En ik teel graag brassica, maar die moet je wel afdekken anders eten de duiven ervan. Duiven zijn echt vreselijk.'

Gertie zag Hedy geluidloos het woord 'brassica' vormen en dacht aan de eerdere verwarring tijdens het gesprek met Charles. 'O sorry, brassica zijn koolsoorten, dus bloemkool en spitskool, maar ook spruitjes en broccoli.' De denkrimpel op Hedy's voorhoofd werd nog dieper toen ze probeerde te snappen waarom deze vrouw allerlei soorten groenten opsomde. Gertie wist dat ze onzin uitkraamde, maar leek er niet mee te kunnen ophouden. Had ze echt tegen dit meisje over dahlia's en wortelvliegen zitten praten? Ze hoorde de man achter *The Telegraph* afkeurend mompelen en hield haar mond tot ze bij hun halte waren.

Gertie loodste Hedy door de menigte naar een bovengronds station waar ze op de trein zouden stappen. De stationshal was een zee van mannen met een bolhoed op die van hun werk kwamen. Gertie was het liefst midden in de menigte gaan zitten om even uit te rusten, maar deed dat niet. Ze zag dat Hedy het ook zwaar had, want op Hedy's gezicht stond zorgelijke vermoeidheid te lezen.

'Kom,' zei Gertie. 'Geef me maar een arm. We moeten naar perron 1. Onze trein staat er al.' Hedy leek huiverig, maar deed het toch. Gertie voelde even iets van triomf toen ze twee lege stoelen zag en op de stoel aan het gangpad neerplofte nadat ze Hedy's koffer in het bagagerek boven hun hoofd had gelegd.

'Ga jij maar bij het raam zitten,' zei Gertie. 'Dan kun je Londen in volle glorie zien.'

Toen de trein het station uit reed, ging Hedy rechter zitten en ze keek gefascineerd naar de rivier de Theems die in het vroege avondlicht glinsterde, met in de verte als een baken St Paul's

Cathedral. Gertie wees de bezienswaardigheden aan. Hedy zei niets, maar keek aandachtig naar buiten, zag fabrieken plaatsmaken voor rijtjeshuizen met keurige tuinen. Gertie was blij dat ze door deze vredige dagdroom reden. Ze sloot haar ogen even en ze vroeg zich bezorgd af wat de toekomst voor hen in petto had. Ze kon nog steeds niet goed bevatten dat dit meisje aan haar zorgen was toevertrouwd. Tussen het spleetje van haar ogen door zag ze Hedy op haar lip bijten alsof die het ook niet kon geloven.

Toen ze een tijdje later het station uit stapten en het korte stuk naar huis liepen, was Gertie trots op haar buurt. Ze zag meneer Travers, de gepensioneerde groenteboer van Beechwood, die tegen zijn hoed tikte toen hij hen zag. Gertie zwaaide vrolijk naar hem.

'Ik denk dat je het best leuk zult vinden in Beechwood. Iedereen is heel aardig,' zei ze, waarbij ze gedachten aan de vijandigheid van mevrouw Snipp en het bekrompen geroddel van mevrouw Crow vlug uit haar hoofd zette. Ze wierp een blik op Hedy. Het meisje keek strak voor zich uit alsof ze in trance was. Dat was niet verwonderlijk, dacht Gertie. Het arme kind moest uitgeput zijn.

Toen ze haar straat in gingen en over het tuinpad naar haar voordeur liepen, werd Gertie overspoeld door opluchting. Ze was dol op haar kleine huis met de flessengroene voordeur en de rozen in de tuin. Ze hoopte dat Hedy het huis net zo knus zou vinden als zij. Gertie deed een stap naar achteren, zodat Hedy naar binnen kon stappen. 'Welkom in je nieuwe huis,' zei ze. Ze probeerde Hedy's gedachten te lezen toen die verbijsterd om zich heen keek. Ze werden onderbroken door Hemingway die uit de woonkamer kwam rennen om hen te begroeten. Gertie greep Hemingway bij zijn halsband vast toen Hedy achteruitdeinsde. 'Hemingway,' zei Gertie streng, 'zo begroeten we onze gasten niet.' Ze stak haar hand uit naar Hedy. 'Maak je geen zorgen, liefje. Hij doet niets.'

Hedy keek even naar de hond, liet zich op haar knieën vallen en sloeg haar armen om zijn zachte lijf heen, waarop Hemingway fanatiek begon te kwispelen. 'Ik hou van honden,' mompelde ze in zijn vacht.

'Ik denk dat je een nieuwe vriendin hebt, Hemingway,' zei Gertie, die blij was dat de kennismaking zo goed verliep. 'Zal ik je eerst je nieuwe kamer laten zien? Dan kunnen we daarna iets eten.'

'Graag,' zei Hedy.

Gertie hield zichzelf voor dat het te verwachten was dat Hedy slechts eenlettergrepige antwoorden gaf. Het meisje had huis en haard verlaten en was na een zeer vermoeiende reis in een vreemd land aangekomen. *Hou vol, Gertie*, dacht ze. Dat had haar moeder altijd tegen haar gezegd als ze met een uitdaging geconfronteerd werd. *Je vindt er wel iets op.*

'Loop maar achter me aan,' zei ze, toen ze de trap op ging naar de pas geverfde slaapkamer. Ze knipte de lamp op het nachtkastje aan, was blij dat de kamer er gezellig en uitnodigend uitzag en in een warme abrikooskleurige gloed was gehuld. 'Dit is jouw kamer,' zei ze, en ze zette Hedy's koffer op het bed. Hedy keek zonder iets te zeggen om zich heen, dus Gertie sprak verder. 'Ik hoop dat je dit een heel fijne kamer zult vinden. Betty en ik hebben ons best gedaan om mooie kleuren uit te zoeken. O, en dat zijn de boeken waar ik het over had,' voegde ze eraan toe, waarbij ze naar de schoorsteenmantel wees. Toen Hedy nog steeds niets zei, deed Gertie een poging tot luchthartigheid. 'We hebben het kleed zo hard uitgeklopt dat we er bijna doorheen gingen.' Hedy fronste haar wenkbrauwen. 'Om het stof eruit te krijgen,' zei Gertie. Ze merkte dat ze bloosde. *Hou je mond toch eens, Gertie.*

'Aha,' zei Hedy uiteindelijk. 'Dank u wel.'

Gertie had heus niet verwacht dat Hedy een vreugdedansje zou maken, maar ze had wel op wat meer enthousiasme gehoopt. Ze zei tegen zichzelf dat een bedankje voorlopig voldoende was. 'Ik ga beneden eten klaarmaken,' zei ze. 'Dan kun jij rustig je koffer uitpakken en kun je daarna naar beneden komen.' Gertie liep naar de deur.

‘Pardon?’ zei Hedy.

‘Ja?’

‘Ik ben heel moe. Ik ga slapen.’

Het was een mededeling, geen vraag. ‘Natuurlijk,’ zei Gertie. ‘Maar wil je niets eten dan? Ik was van plan om crumpets voor ons te bakken.’

Of Hedy hield niet van crumpets, of ze wist niet wat het waren, want ze zei direct: ‘Ik heb geen honger.’

‘O,’ zei Gertie. ‘Zeker weten?’

Hedy knikte. ‘Wacht alstublieft,’ zei ze, en ze stak haar hand in haar rugzak. Ze haalde er een envelop en een klein, in bruin papier gewikkeld pakje uit waar rood touw omheen zat. Hedy overhandigde beide voorwerpen aan Gertie. ‘Mijn moeder heeft een brief en *ein Geschenk* – een cadeau – voor u meegegeven.’

Gertie maakte het papier los en haalde er een boek met een donkerroze harde kaft uit. ‘*Kinder und Hausmarchen,*’ las ze voor, waarbij ze naar Hedy keek of ze de titel goed uitsprak.

‘*Märchen*,’ verbeterde Hedy. ‘*Gesammelt durch die Brüder Grimm*.’

‘O, een boek met sprookjes van Grimm. Geweldig.’

Hedy knikte. ‘Mijn moeder dacht dat u daar blij mee zou zijn. Zij houdt ook van boeken.’

Gertie klemde het exemplaar tegen haar borst. ‘Dank je wel. Dat is heel aardig van haar. Ik zal aan Betty voorstellen volgende maand dit boek te doen bij de leeskring. Misschien vind je het leuk om daarnaartoe te gaan, al moeten we het dan waarschijnlijk wel in het Engels lezen.’ Gertie gniffelde even. Hedy zei niets en sloeg haar handen ineen, keek Gertie aan, wilde duidelijk dat die uit haar kamer weg zou gaan. ‘Nou, welterusten dan maar,’ zei Gertie, die achterwaarts naar de deur liep.

‘Welterusten,’ zei Hedy, en ze draaide zich om.

Terwijl Gertie voor zichzelf theezette en crumpets bakte, hoorde ze Hedy boven rondlopen. Het was raar om dat te horen na al die jaren van weergalmende stilte sinds Harry was overleden, en het was nog raarder om deze onbekende in huis te hebben. 'Morgen gaat het vast beter,' zei ze tegen Hemingway, die als antwoord geeuwde. Ze nam het dienblad mee naar de woonkamer, zette het op het tafeltje bij de haard en liet zich dankbaar in haar fauteuil zakken. Ze keek even naar de dansende vlammen en pakte toen de brief die Hedy haar had gegeven. De brief was in een mooi handschrift en in foutloos Engels geschreven.

Freising, 2 maart 1939

Beste mevrouw Bingham,

Ik schrijf u om u te bedanken dat u voor mijn dochter, Hedy, wilt zorgen. Ze is slim en vriendelijk, soms koppig, en heeft overal een mening over, maar ik weet dat ze hard zal werken, wat u haar ook laat doen. Ze is een lief meisje met een goed hart. Ik weet niet of u zelf kinderen hebt, mevrouw Bingham, maar door wat u doet, weet ik dat u een aardige vrouw bent. Ik denk dan ook dat u zult begrijpen hoe moeilijk het was om onze dochter weg te sturen. We verkeren momenteel in een zeer moeilijke situatie, maar ik blijf optimistisch dat er betere tijden in het verschiet liggen.
Ik zal Hedy uiteraard brieven sturen op uw adres. We hebben goede hoop dat we binnenkort zelf ook naar Engeland kunnen, zodat we herenigd zullen zijn.
Nogmaals dank voor uw onbaatzuchtige vriendelijkheid. Door mensen zoals u ben ik ervan overtuigd dat er nog goedheid in deze wereld bestaat.

Met vriendelijke groet,
Else Fischer

Gertie staarde naar het haardvuur. Het voelde alsof haar hele lichaam uit lood bestond. Ze sloot haar ogen even. De gestage ademhaling van Hemingway, die bij haar voeten lag, suste haar in slaap. Toen ze een tijdje later wakker werd, waren de thee en de crumpets koud, en was de hond verdwenen. Het was stil in huis toen ze stijf opstond uit haar stoel en de trap op ging. De deur naar Hedy's kamer stond op een kier en ze zag het meisje, nog volledig aangekleed, op het bed liggen. Hedy was diep in slaap en Hemingway lag op de vloer naast haar, hield de wacht. Er lag een frons op Hedy's voorhoofd alsof haar zorgen haar ook in haar slaap achtervolgden. Gertie keek even naar het tobberige gezicht van het meisje en was zich ervan bewust dat een lang vergeten, maar vreemd vertrouwd gevoel van doelgerichtheid weer in haar was aangewakkerd. Als Else Fischer voorlopig niet hier kon zijn, moest Gertie haar rol overnemen. Ze pakte een deken van de stoel in de hoek van de kamer en legde die voorzichtig over Hedy's slapende gestalte heen.

'Welterusten,' fluisterde ze, waarna ze op haar tenen de kamer uit sloop.

5

Ik verklaar tenslotte dat er geen plezier is zoals lezen!
Hoeveel sneller wordt iemand moe van iets dan van
een boek! Als ik een eigen huis heb, zal ik me ellendig
voelen als ik geen uitstekende bibliotheek heb.
Trots en vooroordeel, Jane Austen

Gertie was ervan overtuigd dat ze een grote fout had gemaakt. Haar rustige, georganiseerde leven stond op z'n kop en dat beviel haar totaal niet. Soms werd ze 's nachts wakker van krakende vloerplanken. Dan verstijfden haar schouders van angst, want ze was er vast van overtuigd dat er een inbreker in de kamer ernaast was, maar dan herinnerde ze het zich opeens weer. Of ze liep de woonkamer in om na een lange dag met een kopje thee in haar fauteuil neer te ploffen, en dan lag Hedy daar te slapen. Het kind leek over het unieke vermogen te beschikken om als een kat op alle uren van de dag te kunnen slapen. Soms zag Gertie haar 's ochtends niet eens voordat ze naar de winkel ging. Omdat ze geen ervaring had met meisjes van vijftien, behalve dan dat ze er ooit zelf een was geweest, had Gertie geen idee of dit normaal was. In haar wanhoop vroeg ze Betty om raad.

'O ja, ik sliep op die leeftijd hele dagen. Mijn moeder werd er gek van,' zei Betty, terwijl ze de afdeling met poëzie aanvulden.

'Nou, dat is een hele opluchting. Ik was bang dat ik haar verveelde. Ze is zo stil.'

'Hoe is haar Engels?'

'Beter dan mijn Duits, maar we komen nooit verder dan het uitwisselen van standaard beleefdheden,' zei Gertie, die een dunne bundel met sonnetten van Shakespeare op de plank schoof. 'Heb je lekker geslapen? Wil je thee? Wat een mooie dag vandaag. Zulke zinnetjes. En dan krijg ik een beleefd knikje terug, veel meer zit er niet in.'

'Ze is hier pas net, mevrouw B. Het moet een vreselijke schok voor haar zijn om weggerukt te zijn van haar familie en vrienden en vriendinnen. Ze heeft waarschijnlijk gewoon heimwee.'

Gertie zuchtte. 'Je zult wel gelijk hebben, maar ik denk gewoon dat ik een meisje als zij niet genoeg leuke dingen te bieden heb.'

'Dat is vast niet waar, maar ik heb een idee. Barnaby en ik gaan aankomend weekend met de auto door Kent toeren. Ze mag gerust met ons mee. Dan vraag ik mijn broer, Sam, ook mee. Als u dat goedvindt tenminste.'

Het voorstel overviel Gertie. Eerlijk gezegd zou ze blij zijn om even verlost te zijn van de onbeholpen gesprekken met woorden van één lettergreep. Maar was het wel fatsoenlijk om dit jonge meisje een hele dag te laten optrekken met Betty en twee jongemannen? Uiteindelijk kwam Gertie tot de conclusie dat ze niemand kende die zo betrouwbaar was als haar boekverkoopster.

'Het is leuk voor haar om wat tijd door te brengen met mensen die meer van haar leeftijd zijn,' zei ze.

'Dat is dan afgesproken. We komen haar om elf uur ophalen.'

'Dank je, liefje. Ik ben trouwens blij dat het zo goed gaat tussen jou en meneer Salmon. Hij is een goede jongeman.'

Betty's ogen glinsterden. 'Fijn dat u dat ook vindt, mevrouw B.'

Op zondagochtend klopte Gertie iets na achten op Hedy's deur. 'Goedemorgen, liefje. Ik ga zo ontbijt voor ons klaarmaken. Dan heb je iets in je maag voordat je vandaag met Betty op pad gaat.' Er klonk gegrom vanaf de andere kant van de deur. 'Over een half uur is het ontbijt klaar.'

Na een half uur was Hedy nog niet beneden. Gertie ging onderaan de trap staan. 'Het ontbijt is klaar!' riep ze met nauwelijks verhuld ongeduld. Even later hoorde ze Hedy de trap af stommelen. Ze had haar ochtendjas aan en ging met gefronst voorhoofd aan tafel zitten. Gertie zette het bord voor haar neer. 'Gerookte haring,' zei ze. 'Dat is een Engelse delicatesse.'

Hedy keek verbijsterd naar het bord. 'Ik heb geen honger,' mompelde ze.

'Je moet eten,' zei Gertie. 'We mogen geen voedsel verspillen.' Ze pakte haar mes en vork en begon de rubberachtige vis te snijden. Zodra ze een hap in haar mond had gestoken, zette ze grote ogen op. Ze was vergeten hoe taai gerookte haring was. Haar mond leek vol te zitten met gerookt schoenleer. 'Pardon,' zei ze. Ze stond op en ging haastig de kamer uit. Toen ze terugkwam was Hedy's bord leeg en leek Hemingway heel tevreden met zichzelf.

'Heerlijk,' zei Hedy met een onschuldig gezicht.

'Ik heb geprobeerd haar gerookte haring te laten eten, Charles,' jammerde ze aan de telefoon nadat Hedy was vertrokken. 'Dat lust ik zelf niet eens. Wat is er mis met me?'

'Niets, Gertie. Je doet je best. Misschien doe je wel te hard je best. Het zal even duren voordat je eraan gewend bent dat er nog iemand in huis is en het is voor Hedy ook moeilijk.'

'Dat weet ik, dat weet ik. Sorry. Het heeft tijd nodig, maar je weet hoe ongeduldig ik ben.'

'Ongeduldig? Wie? Jij, Gertie Bingham?' vroeg Charles plagerig. 'Daar had ik geen idee van.'

Gertie lachte. 'Genoeg over mij. Hoe gaat het met jou?'

'Druk. Ik ga volgende week weer naar Duitsland om een volgende lading kinderen met de trein hiernaartoe te halen.'

'Je bent een goed man, Charles Ashford.'

'En jij bent een goede vrouw, Gertie Bingham. Heb geduld met Hedy. Jullie moeten elkaar eerst beter leren kennen. Het is een tijd geleden dat je je huis met een ander hebt gedeeld. Over een tijdje zijn jullie dikke vriendinnen.'

'Ik hoop het.'

'Geloof me nou maar, ik ken je.'

Gertie voelde aan dat hij, in elk geval deels, gelijk had. Ze had altijd al het gevoel gehad dat Charles Ashford haar beter kende dan ze zichzelf kende. Het was alsof hij in iemands ziel kon kijken. Haar broer, Jack, had dit heel goed verwoord toen Gertie hen lang geleden in de overdadige luxe van The River Restaurant van hotel The Savoy aan elkaar had voorgesteld.

'Het is raar, maar ik heb het gevoel dat ik je al ken,' zei hij toen ze elkaar een hand gaven. 'Beter gezegd, dat jij mij al kent.'

Ze waren daar om Gerties vierentwintigste verjaardag te vieren. Haar ouders waren de stad uit voor de begrafenis van een ver familielid en dus moest Jack mee om op Gertie te letten. Ze had haar irritatie weggeslikt en had haar vader zover gekregen dat ze Charles ook mocht uitnodigen, zodat ze met Harry erbij met z'n vieren zouden zijn.

De avond werd niet het daverende succes waarop Gertie had gehoopt. Op aandringen van haar moeder had ze een opzichtige roomwitte zijden japon gedragen met een corsage van lila blauweregen en saliegroene bladeren. Ze voelde zich net een keizerin toen ze The Savoy binnenliep en was direct beledigd toen Harry niet zei dat ze er prachtig uitzag. Hij had het te druk met aan de kraag van het avondkostuum trekken, dat hij van een broer van Charles had geleend. Het pak zat duidelijk niet prettig en hij sprak zijn verbijstering uit over het feit dat alles heel duur was.

Toen Harry aan het eind van de avond hun jassen ging halen en Jack, zoals te verwachten viel, de bar in dook omdat hij daar een oude vriend zag, vroeg Charles aan haar of ze een leuke avond had gehad. Gertie had in zijn innemende blauwe ogen gekeken en had haar hart gelucht. Ze had gezegd dat ze nog heel jong was en dat Harry zich in dit wereldje niet op zijn gemak leek te voelen, dat ze bang was dat ze te snel op een huwelijk afstevenden. Aan het eind van haar relaas was ze bijna buiten adem. Charles had vriendelijk geglimlacht toen hij tot haar sprak.

'Lieve Gertie, ik kan je niet vertellen wat je moet doen, maar één ding weet ik wel.' Gertie had haar schouders naar achteren getrokken, zat klaar om naar hem te luisteren. 'Ten eerste, en ik moet bekennen dat ik een beetje jaloers ben, kan ik me niet herinneren dat ik ooit een stel heb gezien dat zo goed bij elkaar past. En ten tweede, en dat zweer ik met mijn hand op mijn hart, er is geen vriendelijkere, eerlijkere en fijnere man dan Harry Bingham.'

'Tjonge, ik zat echt even in de rats. Ik dacht dat ze je sjaal niet meer konden vinden, Gertie,' zei Harry, toen hij terugkwam van de garderobe. Toen ze elkaar aankeken besefte Gertie twee dingen: ze zou nooit een man vinden die meer van haar hield dan hij en Charles Ashford zou haar altijd de waarheid vertellen.

'Ik geloof je, Charles,' zei ze nu aan de telefoon tegen hem. 'En ik zal mijn best doen om geduldig te zijn.'

'Het komt allemaal goed. Je bent geweldig, Gertie, altijd al geweest.'

Later die middag ging Gertie in Hedy's kamer stoffen. Ze was onder de indruk van hoe haar logee haar bed had opgemaakt, met keurig gevouwen hoeken, de kussens opgeschud en het dekbed gladgestreken. Het was duidelijk dat Else Fischer haar dochter goed had geleerd hoe dat moest. Gertie werd ook blij toen ze het opengeslagen exemplaar van *Trots en vooroordeel* op het nachtkastje zag liggen, hoewel ze zich niet kon beheersen en een lint van de kaptafel pakte en als bladwijzer in het boek stak, waarna ze het dichtsloeg. Gerties idee van de hel was een plank vol boeken met geknakte ruggen.

Ze ging met een plumeau over de kroonlijsten toen ze de foto zag. De man die haar aankeek had dezelfde heldere blik als Hedy. Gertie vermoedde dat dit Hedy's vader in zijn jonge jaren was. Ze zag zijn dikke snor, sterke kaaklijn, zijn kin zelfverzekerd naar voren gestoken, maar ze ontdekte ook een glinsterende vriendelijkheid in zijn ogen. Wat haar echter dwarszat, was het feit dat hij een legeruniform droeg, een Duits legeruniform.

Gertie liet zich, met de foto in haar hand, op het bed zakken. Het was misschien naïef, maar het was nooit bij haar opgekomen dat Hedy's vader in de oorlog gevochten kon hebben. Wie weet had hij wel tegen Engelse soldaten gevochten, had hij die gedood. Engelse soldaten zoals haar broer, Jack. Gertie keek naar de ogen van de man. Hij zag er niet uit als een moordenaar. Het was dat hij een helm met een punt op had en een bajonet naast zich had, want verder zag hij eruit als iemand die zijn stoel aan je afstond in de trein of die je hielp met je bagage. Een gewone man. Een echtgenoot. Een vader. De geschiedenis verdeelde mensen graag in helden of schurken, maar Gertie wist uit eigen ervaring dat het leven minder zwart-wit was. Mensen werden, als kiezels in de zee, van de ene gebeurtenis naar de andere geslingerd. Het enige wat je kon doen, was reageren op de wereld om je heen. Vechten of vluchten, je dierbaren beschermen en proberen te overleven. Meer kon een mens niet doen.

Ze ging met haar plumeau over de randen van het fotolijstje, zette het terug op het nachtkastje, sloop de kamer uit en trok de deur achter zich dicht.

Toen Hedy later die middag terugkwam, was het Sam die met haar meeliep naar de deur. Gertie zag de auto voor het huis stoppen en stond op, struikelde bijna over Hemingway, die grote haast had om hun bezoekers te begroeten.

'Goedemiddag, mevrouw Bingham,' zei Sam, en hij tikte tegen zijn hoed. Gertie had Betty's broer al eens in de boekwinkel gezien. Hij had een innemende jongensachtige uitstraling, wat Gertie een beetje aan Jack deed denken. 'Ik draag *Fräulein* Fischer weer aan u over.'

Hij maakte een buiging naar Hedy. Gertie zag een blos op haar wangen die daar vanochtend niet had gelegen. '*Vielen Dank, Herr Godwin*,' zei ze, toen ze over de drempel stapte.

'*Bitte schön*,' antwoordde hij met een grijns.

'Hebben jullie een leuke dag gehad?' vroeg Gertie.

Sam richtte zich tot Hedy. 'Nou, juffrouw Fischer, wat vond u ervan?'

'Het was mieters,' zei Hedy triomfantelijk.

Sam en Gertie lachten. 'We hebben Engels met Hedy geoefend, ook al is dat eigenlijk niet nodig,' zei hij.

'Kom, Samuel,' riep Betty vanuit de auto. 'Laat mevrouw B niet de hele dag in de deuropening staan.'

Sam trok een gezicht. 'Ze noemde me Samuel. Dat betekent dat ik in de problemen zit.' Hij maakte een galante buiging. '*Schön dich kennen zu lernen, Hedy*. Fijn u weer te zien, mevrouw Bingham.'

'Insgelijks, Sam. Bedankt dat je vandaag zo vriendelijk bent geweest. Hedy, heb je Betty al bedankt?'

Hedy fronste even haar wenkbrauwen. 'Natuurlijk.'

'Ajuutjes,' zei Sam. 'Hopelijk zie ik je volgende week in de bioscoop.'

'Tot ziens, Sam,' zei Hedy glimlachend.

'De bioscoop?' vroeg Gertie toen ze hen uitzwaaiden.

'Ja,' zei Hedy. De glimlach verdween van haar gezicht. 'Betty heeft me meegevraagd.'

'O, wat leuk.'

'Ja.' Hedy ging de trap al op.

'Ik wil graag horen hoe het vandaag is gegaan,' zei Gertie. 'Zullen we een kopje thee drinken?'

Hedy draaide zich niet om. 'Nee, bedankt. Ik ben heel moe.' Ze liep verder de trap op met Hemingway op haar hielen. Gertie bleef even onderaan de trap staan. De schim van eenzaamheid daalde over haar neer. Ze zou Hedy graag achternagaan, haar vragen stellen over het uitstapje, delen in haar vreugde, maar iets weerhield haar daarvan. Gertie wist dat ze niet genoeg was voor Hedy. Ze was een truttige oude vrouw die gerookte haring klaarmaakte en niet meer wist hoe je plezier moest maken. Waarom zou dit meisje tijd met haar willen doorbrengen? Charles beweerde dat ze over een tijdje vriendinnen zouden zijn, maar Gertie kon zich niet voorstellen dat dat ooit zou gebeuren. Bovendien was de kans groot dat Hedy's familie naar Engeland zou komen en dan zat haar rol van gastvrouw erop. Misschien was het beter dat hun verstandhouding oppervlakkig bleef, dat ze zich gedroegen als mensen die elkaar toevallig waren tegengekomen.

De sfeer in huis was die avond om te snijden. Gertie zat in haar eentje in de woonkamer. Zelfs Hemingway hield haar geen gezelschap. Hedy was niet meer uit haar kamer naar beneden gekomen, ook al had Gertie gezegd dat ze moest eten. Het meisje was koppig, precies zoals haar moeder in de brief had geschreven. Gertie herkende dat uit een ver verleden, maar kon niet zeggen dat ze het prettig vond het huis met zo iemand te delen.

Hedy zei niet eens welterusten en dus ging Gertie met een vervelend gevoel naar bed. Zelfs het exemplaar van Wodehouse dat ze voor noodgevallen op haar nachtkastje had liggen kon haar niet opvrolijken. Alle verhalen over de capriolen van Bertie werden verdrongen door Gerties koortsachtige gedachten dat ze een fout had gemaakt. Ze betrapte zichzelf erop dat ze hoopte dat Else Fischer er snel in zou slagen haar gezin naar Engeland te brengen om zich bij haar dochter te voegen.

Uiteindelijk viel Gertie in slaap, maar even later werd ze wakker door een doordringende gil in het duister. Aanvankelijk dacht ze dat het vossen in de tuin waren, maar toen ze een radeloze stem hoorde roepen, besefte ze dat het geluid uit Hedy's kamer kwam. Gertie deed haar slippers en haar ochtendjas aan, liep de overloop op en keek door de half openstaande deur de kamer in. Door de spleet tussen de gordijnen wierp de vollemaan een melkachtig licht op Hedy's angstige gezicht. Het meisje mompelde, lag te woelen in haar slaap. Hemingway, die zich fulltime als Hedy's beschermer had opgeworpen, was wakker, keek haar de hele tijd aan, was er klaar voor om een vijand die uit haar dromen zou stappen aan te vallen. Hedy's gekreun werd harder en toen schreeuwde ze het uit.

'*Nein, nein, nein! Lass meinen Bruder gehen*!'

Gertie herkende de woorden van de Duitse lessen vroeger op school.

Laat mijn broer gaan!

Hemingway blafte en Hedy schrok wakker, wreef in haar ogen. Ze stak haar armen uit en sloeg die huilend om de enorme hondenkop.

'*Hemingway, du bist mein bester Freund. Danke. Danke*!'

Je bent mijn beste vriend.

Gertie sloop terug naar haar kamer. De grimmige echo van deze taal herinnerde haar eraan dat er een Duitser onder haar dak woonde. De Duitsers waren hun vijanden, maar dit was een kind. Een kind dat leed. Gertie was het Duitse geschreeuw van Hitler gewend, want er werden flarden van zijn toespraken op de radio uitgezonden, maar dit was anders. Hedy maakte net zomin deel uit van het Duitsland van de stampende laarzen en het fascisme als Gertie. Gertie lag de rest van de nacht in haar bed te woelen, schaamde zich dat ze had toegestaan dat een diepgewortelde intolerantie naar de oppervlakte was gekomen. Uiteindelijk viel ze rond een uur of vijf in slaap. Een paar uur later werd ze met een onverwacht gevoel van doelgerichtheid wakker.

Om acht uur klopte Gertie op Hedy's deur. 'Heb je zin om vandaag mee te gaan naar de boekwinkel? Betty doet later vandaag de leeskring en ze gaan het hebben over *Trots en vooroordeel*. Je kunt er gerust over meepraten.' Het bleef stil aan de andere kant van de deur. Gertie verstijfde, besefte dat ze onbewust verklapt had dat ze in Hedy's kamer was geweest. 'Pasgeleden heb ik je kamer gestoft en toen zag ik dat je dat aan het lezen was,' voegde ze er met een huivering aan toe.

Daarna hoorde Gertie zacht gekreun en het geluid van twee voeten die op de vloer werden gezet. Even later deed Hedy de deur een klein stukje open. 'Ja,' zei ze. 'Dat zou ik leuk vinden. *Danke*.'

Gerties schouders ontspanden een beetje. 'Geweldig. Ik ga ontbijt voor ons klaarmaken.'

'Mevrouw Bingham?'

'Ja?'

'Alstublieft geen gerookte haring vandaag.'

Gertie zag ondeugende pretlichtjes in Hedy's ogen. 'O, ik dacht dat je dat juist zo lekker vond.'

Hedy haalde haar schouders op. 'Laten we dat bewaren voor speciale gelegenheden.'

Gertie glimlachte. 'Dan wordt het thee en geroosterd brood.'

'Uw nieuwe logee is zeer charmant,' zei mevrouw Constantine, terwijl ze naar de plek keek waar Betty en Hedy stoelen aan het klaarzetten waren voor de leeskring. 'U bent een goede vrouw, mevrouw Bingham, dat u haar onderdak biedt. De vriendelijkheid van onbekenden heeft me gered toen ik zelf hier in dit land aankwam.'

'Ik denk steeds dat ze beter af zou zijn bij een echt gezin,' zei Gertie, terwijl ze het nieuwste boek van Agatha Christie voor mevrouw Constantine in bruin papier wikkelde.

'Een echt gezin? En wat mag dat dan zijn?' Mevrouw Constantine keek Gertie aan met ogen die glansden als saffieren.

'O, dat weet ik niet precies. Een huis met een moeder en een vader en misschien ook andere kinderen.'

Mevrouw Constantine wierp een wrange blik op Gertie. 'Soms bevindt datgene wat je zoekt zich pal voor je neus.'

Gertie keek haar even verbijsterd aan. 'Ik zal me tegenover Hedy nooit als haar moeder gedragen en ze zou het vreselijk vinden als ik dat wel deed,' zei ze. Ze dacht aan hoe Hedy had gekeken toen ze tijdens het ontbijt beleefd had gevraagd of ze haar ellebogen van tafel wilde halen.

'Lieve mevrouw Bingham, niemand vraagt u om die rol op u te nemen. Het enige wat een mens nodig heeft, zeker in deze sombere tijden, is vriendelijkheid.'

Gertie keek naar Betty en Hedy, die samen giechelden. 'Ik weet dat u gelijk hebt, maar ik denk steeds dat Hedy mensen van haar eigen leeftijd om zich heen moet hebben.'

'Waarom schrijft u haar niet in op St Ursula's? Ik weet van een meisje uit Polen dat een tijdje daar op school heeft gezeten. De directrice is een geweldige vrouw.'

Gerties ogen werden groot. 'Mevrouw Constantine, u bent geniaal. Ik ken mevrouw Huffingham. Ik zal haar later vandaag bellen.'

De oude dame knikte goedkeurend, pakte het in papier gewikkelde pakje en liep naar het achterste gedeelte van de winkel. 'Zo, dames,' zei ze. 'Ik verheug me op de boekbespreking. Ik weet van mezelf dat ik net zo koppig en eigenwijs ben als Elizabeth Bennet.'

Gertie keek toe toen de anderen aankwamen. Mevrouw Snipp zou vandaag gelukkig niet komen, die had een doktersafspraak in verband met haar eeltknobbel. Mevrouw Pettigrew was er en had ditmaal blijkbaar ook het juiste boek gelezen en meneer Reynolds was weer beter en vertelde aan een verbluft kijkende Hedy over zijn verzameling achttiende-eeuwse schuttershelmen van het Pruisische leger.

'Het zijn prachtig versierde voorwerpen,' zei hij, terwijl hij vol ontzag zijn hoofd schudde. 'Ze lijken op de mijter van een aartsbisschop.'

'Ik laat het verder aan jou over, Betty,' riep Gertie, die haar spullen pakte. 'Kom, Hemingway.' De hond keek vanaf zijn plek bij Hedy's voeten naar Gertie, waarna hij verderging met zijn middagdutje.

'Hij mag gerust bij mij blijven,' zei Hedy.

'O,' zei Gertie overrompeld. 'Weet je het zeker?'
Hedy knikte.
'En ik kan met ze mee naar huis lopen, mevrouw B. Maakt u zich geen zorgen. Het komt goed,' zei Betty.
'Oké,' zei Gertie. 'Dank je wel. Tot straks.' Ze nam afscheid met het geluid van hun geklets en gelach nog in haar oren.

'Ik voel me zo overbodig,' zei ze later tegen Harry toen ze een bosje lichtgele sleutelbloemen op zijn graf zette. 'Hedy lijkt met iedereen op te kunnen schieten behalve met mij. Ik weet niet hoe ik met haar moet praten. O, Harry, dit zou allemaal zoveel makkelijker zijn als jij er was. Jij zou precies weten wat je moest zeggen, je zou ons allemaal opvrolijken en...' Ze maakte de zin niet af toen het verdriet van het verleden haar overmande. 'Ik denk dat ik helemaal geen goede moeder zou zijn geweest.' Opeens was ze in tranen toen ze terugdacht aan de mislukte zwangerschappen, en dan vooral de laatste.
Ze had aan niemand verteld dat ze in verwachting was, ook niet aan Harry. Het had haar beangstigd, dit geheim, en ze wilde zeker weten dat alles in orde was voordat ze het aan hem vertelde. Gertie was er goed in geworden om de tekenen te herkennen die erop duidden dat ze zwanger was. Ze kreeg altijd ontzettende honger en was bij vlagen doodmoe. Tijdens een van haar zwangerschappen had ze enorme trek in warme crumpets met boter. Een andere keer had ze een onbedwingbare neiging om aan het bindwerk van boeken met een harde kaft te snuffelen.
Die keer viel de misselijkheid wel mee en had ze een voorliefde voor zoethout ontwikkeld, dus het was niet direct duidelijk, maar ze wist het. Ze herkende de veranderingen in haar lichaam dat zich klaarmaakte om nieuw leven in haar te laten groeien, zoals een zaadje in de warme aarde groeit. Zo stelde ze zich het miniwezentje in haar buik voor, als een piepklein zaadje dat ontpopte. Het enige wat ze hoefde te doen was voedingsstoffen en bescher-

ming bieden om dat mogelijk te maken. En daar lag nu net het probleem.

'De natuur is wreed,' zei Harry als ze weer een kind hadden verloren. 'Je zou een geweldige moeder zijn, maar zolang we elkaar hebben, heb ik alles wat ik nodig heb.'

Lieve Harry. Hij maakte Gertie heel gelukkig, maar ondanks zijn lieve woorden en zachte vriendelijkheid gaf ze zichzelf toch de schuld. En dus was ze ditmaal extra voorzichtig, kwam amper het huis uit, bleef als een moederkloek op haar nest zitten. Op een dag had ze zoals gewoonlijk boodschappen gedaan en daarna ging ze na de lunch een dutje doen. Ze pakte een exemplaar van *Een kamer met uitzicht* dat Harry pasgeleden voor haar uit de bibliotheek had gehaald en begon te lezen. Haar oogleden werden algauw zwaar en ze legde het boek weg, liet zich door een heerlijke slaap meevoeren. Uren later werd ze wakker van het geluid van de voordeur die open werd gedaan.

'Hallo!' riep Harry.

Gertie ging abrupt rechtop in bed zitten toen er een pijnscheut door haar buik trok. 'Maagklachten,' mompelde ze tegen zichzelf. 'Het zijn gewoon maagklachten.' Ze was boos op zichzelf dat ze zo lang had geslapen. Gertie had aan de keukentafel willen zitten als Harry thuiskwam, had hem haar kostbare geheim willen vertellen. Ze zwaaide haar voeten naar de vloer en kromp ineen van de pijn toen ze ging staan. 'Ik kom zo naar beneden,' riep ze.

'Oké.'

Gertie ging naar de badkamer. De pijn verergerde en haar ongerustheid ook. Al voordat ze bloed zag, wist ze wat dit was. Gertie had weer gefaald. Ze had Harry en zichzelf weer teleurgesteld. Ze zou nooit moeder worden, zou nooit genieten van kindergelach dat door hun huis schalde, zou nooit verrukt toekijken als hun gezichtjes oplichtten als Harry hun voorlas. Dat deed nog het meest pijn. Het idee van deze spookkinderen, die nooit hun liefde zouden ervaren.

Gertie veegde haar tranen weg en legde haar hand op Harry's grafsteen. 'Het heeft gewoon niet zo mogen zijn. Zo is het toch, mijn schat?'

Gertie was al lang thuis tegen de tijd dat Hedy en Betty met Hemingway terugkwamen. Ze hoorde hen lachen toen ze het tuinpad op liepen en ging naar de gang. Hemingway, die zich misschien schuldig voelde dat hij zijn baasje eerder die dag in de steek had gelaten, liep kwispelend van opwinding haastig op haar af om haar te begroeten.

'Hoe was het?' vroeg Gertie.

'O, mevrouw B, er kwam zo'n geweldige discussie op gang. Niet dan, Hedy?' zei Betty.

Hedy knikte. 'Ik wil er graag nog eens bij zijn.'

'Dat is fantastisch,' zei Gertie. 'Ik wilde net thee gaan zetten. Willen jullie ook een kopje?'

'Bedankt voor het aanbod, maar dat kan ik beter niet doen,' zei Betty. 'Mijn moeder zit op me te wachten.' Ze zwaaide en liep het pad af. 'Ajuutjes, allebei.'

'Dag, Betty. Dank je wel,' zei Gertie. Ze deed de deur dicht en draaide zich om naar Hedy. 'Heb jij zin in een kopje thee?' vroeg ze hoopvol.

'Nee,' zei Hedy. 'Dank u wel. Ik ga naar mijn kamer.'

'Wacht.' Gertie raakte Hedy's schouder aan. Het meisje verstijfde en Gertie trok haar hand terug. 'Ik wil alleen even zeggen dat ik vanmiddag naar de meisjesschool hier in het dorp heb gebeld. Ik heb de directrice gesproken. Er is plek als je ernaartoe zou willen.'

Hedy draaide zich met wilde, heldere ogen om. '*Wirklich*?'

Gertie knikte. 'Echt waar. Je kunt volgende week beginnen.'

Hedy knipperde met haar ogen naar haar. 'Dank u wel,' zei ze bijna op fluistertoon. 'Ik mis school. Ik mocht er van mijn moeder niet meer naartoe nadat een van mijn vriendinnen naar me had gespuugd.' Hedy keek naar de vloer. 'Dat is moeilijk te begrijpen.'

'Dat is het zeker,' zei Gertie, die het bemoedigend vond dat ze dat aan haar had verteld. 'Dat moet heel schokkend voor jou en je familie zijn geweest.'

Hedy keek haar even aan, alsof ze bedacht hoe ze moest reageren. 'Wilt u een foto van hen zien?'

'Graag,' zei Gertie. 'Misschien kunnen we toch dat kopje thee doen en dan kun je de foto aan me laten zien.'

Hedy gaf een kort knikje en verdween naar boven. Tegen de tijd dat ze terugkwam had Gertie theegezet en was ze met het dienblad naar de woonkamer gelopen. Hedy stak haar de foto met tedere trots toe en Gertie pakte hem voorzichtig aan. Het was een sepiafoto, een gezinsportret zoals er zoveel waren, behalve dan dat dit gezinsportret een vrolijke ongedwongenheid uitstraalde die Gertie deed denken aan de keren dat Harry en zij voor een foto hadden geposeerd. Hedy en de andere gezinsleden lachten naar de camera vanaf hun plek op een lange, met fluweel beklede bank. Hun ellebogen kwamen gezellig tegen elkaar aan. Naast hen stond een gladde zwarte labrador.

Hedy ging naast Gertie zitten en vertelde met een geanimeerd gezicht: 'Dit is mijn moeder, Else. Ze is musicus. Ze speelde in München in een orkest.' Gertie vond het triest dat Hedy in de verleden tijd sprak. 'Ze kon ook heel goed naaien. Ze maakte al mijn kleren zelf.' Hedy streek de stof van haar flessengroene rok glad toen ze dat zei.

'Zo te horen is ze zeer getalenteerd,' zei Gertie. 'En is dit je vader?'

Hedy knikte. 'Johann. Hij was muziekdocent en kon heel goed zingen. En dit is mijn broer, Arno. Hij leerde voor...' Haar stem stierf weg toen ze het juiste woord zocht. '*Architekt*?'

'Architect?' zei Gertie. 'Iemand die bouwtekeningen maakt?'

'Ja. Architect,' zei Hedy.

'Hoe oud is Arno?'

'Negentien.'

'Wat een knappe knul,' zei Gertie, die naar de jongen met het wilde haar en de lachende ogen keek.

'Dat weet hij maar al te goed,' zei Hedy. Haar gezichtsuitdrukking was levendig van pret. 'Veel meisjes vinden hem leuk.'

'En wie is deze mooie hond?'

'Mischa,' zei Hedy. 'Ik mis haar heel erg.' Hemingway kwam eraan, snuffelde en likte aan haar hand alsof hij aanvoelde dat ze hem nodig had. Hedy bukte zich en drukte een kus op zijn kop.

Gertie werd geraakt door hoe zorgeloos de mensen op de foto leken. Het was duidelijk dat ze op elkaar gesteld waren. Ze zag dat Hedy haar schoonheid van haar moeder had, en dat Arno op haar vader leek met zijn donkere krullen en sprankelende ogen. Hedy's ademhaling werd zwaarder, alsof ze hen uit de foto wilde trekken en in haar armen wilde sluiten.

'Laten we hopen dat je familie vlug bij jou in Engeland kan komen,' zei Gertie.

'Dat hoop ik ook,' zei Hedy. Ze wees naar Gerties trouwfoto op de schoorsteenmantel. 'Was dat uw man?'

'Ja. Dat zijn Harry en ik. Hij is overleden,' zei Gertie. Haar stem leek te luid in de stilte.

'Wat vervelend voor u,' zei Hedy. Gertie knikte terwijl ze naast elkaar voor zich uit staarden. Allebei alleen. Allebei misten ze degenen die niet bij hen konden zijn. Ze hadden geen van beiden voor deze situatie gekozen en toch zaten ze met elkaar opgescheept. Twee eenzame onbekenden, die zich aan hetzelfde reddingsvlot vastklampten terwijl het om hen heen stormde.

'Ik zal thee voor ons inschenken,' zei Gertie.

6

Je hebt vandaag niet geleefd totdat je iets hebt gedaan voor iemand die nooit in staat zal zijn iets terug te doen.
John Bunyan

'Kom nou, Hedy,' riep Gertie met een ondertoon van ergernis. 'Je wilt op je eerste schooldag niet te laat komen.'

Hedy verscheen op de overloop in een gesteven witte blouse en een donkerblauwe overgooier. Er lag een humeurige frons op haar voorhoofd. 'In Duitsland hoefde ik niet in uniform naar school,' zei ze terwijl ze de trap af sjokte. 'Uniformen zijn voor soldaten, niet voor schoolmeisjes.'

'Je ziet er heel leuk uit,' zei Gertie, die luchtig en bemoedigend probeerde te klinken. Ze had zich niet gerealiseerd hoe bevooroordeeld meisjes van vijftien konden zijn. Of hoe hun humeur plotseling kon omslaan, zoals een munt op kop of munt kon neerkomen. Gertie had besloten dat ze kalm moest blijven en onverstoorbaar door zou gaan tot Hedy's ouders er waren. Dan zou ze haar overdragen, in de wetenschap dat ze haar uiterste best had gedaan.

'Het is, hoe zeg je dat, *kratzig*?' zei Hedy, die aan de kraag trok.

'Kriebelig?'

'Ja, heel kriebelig.'

'Je hebt het waarschijnlijk gewoon een beetje warm en je bent zenuwachtig. Het went vanzelf. Wacht even.' Gertie ontdekte een pluisje op Hedy's rug en stak haar vinger uit om het eraf te vegen.

Het meisje dook met een boos gezicht weg. Gertie haalde diep adem. Else Fischer kon niet gauw genoeg komen. 'Zo, spit-spot, zoals Mary Poppins zou zeggen.'

Hedy rolde met haar ogen, waarna ze achter Gertie aan naar buiten liep.

Het roodstenen gebouw van St Ursula's School for Girls zag er net zo schoon en netjes uit als de zwermen vrolijke meisjes die zich verdrongen in de brandschone marmeren gangen. Gertie zag aan Hedy's gezicht dat ze het spannend vond toen ze de trap op gingen en in de enorme weergalmende entreehal kwamen, waar Dorothy Huffingham hen begroette alsof ze elkaar al jaren kenden.

'Ik denk dat je het hier naar je zin zult hebben, Hedy. We verwachten uiteraard dat je de beste van de klas zult zijn bij Duits. Willen jullie me volgen? Ik zal jullie een uitgebreide rondleiding geven en daarna breng ik jou naar je klas, Hedy.' Terwijl ze hen rondleidde, ving Gertie een glimp op van lokalen waar meisjes Franse woordjes opzeiden en door het raam zag ze dat er een hockeywedstrijd bezig was waar het er fanatiek aan toeging. 'We moedigen onze meisjes aan om extra vakken te volgen en aan buitenschoolse activiteiten deel te nemen,' zei mevrouw Huffingham. 'Naar mijn idee zijn die twee dingen belangrijk voor de hersenontwikkeling van een jonge vrouw. En ik vind niet dat we onszelf beperkingen moeten opleggen omdat meisjes het zwakkere geslacht zouden zijn.' Gertie wilde dat deze vrouw les had gegeven toen ze zelf nog een kind was. Deze vrouw en de school waar ze de leiding over had, leken te bruisen van hoopvolle ideeën en mogelijkheden.

Gerties herinneringen aan haar eigen schooltijd waren gekleurd door de omstandigheden die ertoe hadden geleid dat ze naar school moest. Daarvoor had ze les gekregen van een gouvernante, een strenge, ontwikkelde vrouw die mevrouw Gibb heette en wier neusgaten zich opensperden als Gertie iets deed wat haar niet aanstond. In Gerties herinnering gebeurde dat vaak. Op een dag verloor mevrouw Gibb haar geduld.

'Het spijt me, mevrouw Arnold, maar de brutaliteit van uw dochter... Ik kan er niet meer tegen. Ze trekt alles wat ik zeg in twijfel. Er zit niets anders op dan dat ik mijn ontslag indien.'

Gertie, die aan de deur had staan luisteren, verstopte zich achter de grote kersenhouten staande kapstok toen mevrouw Gibb de kamer uit kwam. Nadat ze was vertrokken, rende Gertie de trap op om Jack het goede nieuws te brengen. 'Ik heb die oude zuurpruim van een Gibb weggejaagd,' riep ze, en ze danste door de kamer van blijdschap.

'Tjonge, ik durf te wedden dat mama woest is.'

'Gertrude,' zei haar moeder, die in de deuropening verscheen. Gertie schrok. Haar moeder noemde haar nooit Gertrude. Haar vader gebruikte haar volledige naam geregeld, meestal als ze met een boek naar de eettafel kwam of als ze Gladstone, hun oude en veel te dikke spaniël, hapjes van haar bord voerde. Gertie zag aan Lilians gezicht dat ze had gehoord wat haar dochter had gezegd. Ze leek witheet van woede.

'Ja, mama,' zei Gertie, die zo vrolijk en onschuldig mogelijk probeerde te kijken.

Lilians stem klonk bruusk en afgebeten. 'Omdat je geen gouvernante meer hebt, heb ik St Margaret's School for Girls gebeld. Morgen is je eerste schooldag daar.'

'St Margaret's? O, mama, nee, alstublieft!'

Lilian stak haar hand op. 'Het is al geregeld, Gertie. Je bent ontzettend nieuwsgierig, kind. Het wordt tijd dat je samen met leeftijdgenoten les krijgt, zodat je die nieuwsgierigheid verder kunt ontwikkelen.'

'Maar ik vind het fijn om thuis les te krijgen.'

Lilians gezicht verzachtte een beetje. 'Je bent het nest ontgroeid, Gertie. Je hebt uitdagingen nodig, en de docenten en meisjes daar zullen je uitdagen. Het zal niet gemakkelijk zijn, maar je zult erdoor veranderen. Dat weet ik zeker.'

Jack fluisterde achter zijn hand. 'Nu heb je zeker spijt dat je zo lelijk tegen die oude zuurpruim van een Gibb hebt gedaan?'

Ze bleven staan voor een deur waarop 5B stond. 'We zijn er. Dit is jouw klas, Hedy.' Mevrouw Huffingham duwde de deur open. Een stuk of twintig meisjes stonden tegelijk op achter hun bureau.

'Goedemorgen, mevrouw Huffingham,' zeiden ze in koor.

'Goedemorgen, meisjes. Goedemorgen, mevrouw Peacock,' zei ze tegen de docent. 'Dit is Hedy Fischer. Ze zit vanaf nu bij jullie in de klas.'

Mevrouw Peacock, een tengere jonge vrouw met een zachte uitstraling en de sierlijkste neus die Gertie ooit had gezien, liep op haar af om haar te begroeten. 'Welkom, Hedy. Kom binnen. Ik heb Audrey gevraagd om je wegwijs te maken.'

Audrey had een ronde goudkleurige bril en twee strakke vlechten en was een paar centimeter langer dan de piepkleine docent. Ze zwaaide vriendelijk en stapte op hen af. Hedy liep zonder om te kijken met haar nieuwe vriendin mee, terwijl Gertie haar gekwetste trots opzij probeerde te zetten. *Wat had je dan verwacht?* hield ze zichzelf voor. *Je bent haar moeder niet. Bovendien is ze exact waar ze moet zijn.*

'Maakt u zich geen zorgen, mevrouw Bingham,' zei mevrouw Huffingham toen ze door de gang terugliepen. 'We zullen goed op haar letten.'

'Dank u,' zei Gertie. 'Ze is al een tijdje niet naar school geweest. Haar moeder durfde haar er niet meer naartoe te laten gaan.'

De directrice schudde haar hoofd. 'Een vreselijke toestand. We zullen er alles aan doen om haar het gevoel te geven dat ze welkom is zolang ze bij ons is. De meisjes gaan op hun zestiende meestal van school, dus tegen die tijd zal ze een baan moeten zien te vinden.'

'Ik hoop dat haar familie dan inmiddels hier is,' zei Gertie, die haar best deed om niet te gretig te kijken bij dat vooruitzicht.

Mevrouw Huffingham knikte. 'Tot die tijd zullen we uw voorbeeld volgen door ons uiterste best voor haar te doen.'

'Dank u,' zei Gertie, die betwijfelde of ze dat compliment wel verdiende.

Als Hedy het al leuk vond op school, dan zei ze daar in elk geval niets over. Op de avond na haar eerste schooldag probeerde Gertie haar erover te laten vertellen. Ze vroeg wat ze geleerd had en of ze met de andere meisjes kon opschieten.

'Audrey lijkt me een aardig meisje,' zei Gertie bij het avondeten, dat uit karbonaadjes en gekookte aardappels bestond.

'Ja, ze is aardig,' zei Hedy, die met haar vork een stukje vlees over haar bord schoof.

'En je klassenleraar, mevrouw Peacock?'

'Die is aardig.'

'Dat is fijn. Wat vond je van de vakken?'

'Bij Duits ben ik de beste van de klas,' zei Hedy.

'Ik durf te wedden dat jij de klas wel les zou kunnen geven als je dat zou willen.'

'O, ja,' zei Hedy. 'De docent Duits is geen goede docent.'

'Hedy!' riep Gertie gechoqueerd.

Hedy haalde haar schouders op. 'Ik ben Duits, zij niet.' Ze legde haar mes en vork neer. 'Mag ik nu naar mijn kamer?'

Gertie keek naar Hedy's halflege bord. 'Je hebt amper iets gegeten.'

'Ik hou niet van *Schweinekoteletts*. Mag ik ze aan Hemingway geven?'

Gertie zuchtte toen de hond en het meisje haar beiden smekend aankeken. Ze had geen zin in ruzie. Er was al te veel onrust in de wereld zonder strijd te leveren over karbonaadjes. 'Goed dan, maar als je mijn eten niet lekker vindt, moet jíj misschien maar eens voor ons koken.'

'In München kookte ik heel vaak, maar bakken vind ik leuker, dus misschien kan ik een keer iets bakken. Mag ik nu van tafel?'

Verslagen legde Gertie haar mes en vork neer. 'Ja, dat mag.'

Een paar weken later kwam Gertie thuis na een drukke dag in de boekwinkel. Ondanks de onzekere toekomst en het slechte weer maakten mensen plannen om twee weken naar de kust te gaan en ze leken voor dat doel boeken in te slaan. *Gejaagd door de wind* van Margaret Mitchell en *Regency Buck* van Georgette Heyer liepen heel goed en volgens Betty was *De druiven der gramschap* van John Steinbeck die maand een groot succes geweest bij de leeskring. Gertie liet zichzelf binnen door de voordeur, verheugde zich erop om met een kop thee in haar fauteuil neer te ploffen en misschien aan het begin van de avond naar een radioprogramma te luisteren. Ze was dan ook verbaasd toen ze verwelkomd werd door de luidruchtige muziek van 'The Lambeth Walk' die hard uit de woonkamer klonk, vergezeld van zingende en lachende meisjesstemmen. Gertie verstijfde. Het was heel lang geleden dat de platenspeler voor het laatst was gebruikt. Harry's platenspeler.

Als ze die week een goede omzet hadden gehad, trakteerden Harry en zij zichzelf op vrijdagavond op vis. Na het avondeten wond Harry dan de platenspeler op, liet de naald op een plaat zakken en stak zijn hand naar haar uit.

'Mag ik deze dans van u?'

Ze konden niet heel goed dansen. Gertie had geen ritmegevoel en Harry was te stuntelig, maar ze leken bij elkaar te passen en schuifelden lachend door de woonkamer. Gertie kon zich niet herinneren dat ze zich ooit ergens zo veilig en gelukkig had gevoeld als in Harry's armen.

Het geluid van zorgeloos gelach en luidruchtig gezang dat uit de woonkamer kwam voelde als een belediging van deze dierbare herinnering. Gerties lichaam gonsde van verontwaardigde woede toen ze de deur naar de woonkamer opendeed. Een meisje, Gertie zag dat het Audrey was, leerde Hedy het dansje van 'The Lambeth Walk', terwijl een ander meisje haar aanmoedigde.

'*Any time you Lambeth way, any evening, any day, you find us all, doing the Lambeth Walk, oi!*' zong Hedy, die haar elleboog triomfantelijk omhoogstak.

'Ja, Hedy. Je hebt het te pakken!' riep Audrey, waarna ze in lachen uitbarstten en Hemingway tussen hen in opgewonden blaffend rondjes draaide.

Dat tafereel zou de meeste mensen blij hebben gemaakt, maar Gertie was daar vandaag niet voor in de stemming. 'Wat heeft dit te betekenen?' riep ze. De meisjes draaiden zich geschrokken om. Hemingway ging uit zichzelf gehoorzaam zitten. Hedy fronste haar wenkbrauwen maar gaf geen antwoord. Gertie liep naar de platenspeler, haalde de naald van de plaat en sloeg haar armen over elkaar. 'Nou? Ik vroeg iets,' zei ze, verbaasd over haar eigen woede.

Hedy sloeg net als Gertie haar armen over elkaar toen Audrey naar voren stapte. 'Het spijt ons heel erg, mevrouw Bingham. We dachten dat het mocht.' Ze wierp een blik op Hedy, die duidelijk die indruk had gewekt.

'Misschien kunnen we beter naar huis gaan,' zei het andere meisje. Ze haalde haastig de plaat van de platenspeler en pakte haar jas en schooltas.

'Ja, dat is goed,' zei Audrey, die haar voorbeeld volgde. 'Nogmaals onze excuses, mevrouw Bingham. Tot morgen, Hedy.'

Er lag nog steeds een boze frons op Hedy's voorhoofd, maar ze zwaaide als antwoord aarzelend naar haar vriendinnen. Nadat ze vertrokken waren, richtte Gertie zich tot haar. 'Nou, wat heb je te zeggen?'

Hedy slaakte een geërgerde zucht. 'Sorry. Pardon. *Je m'excuse*. Ik wist niet dat je in Engeland geen platen mag draaien. U zegt dat ik alle boeken mag lezen, maar muziek is verboden?'

Gertie stond met haar mond vol tanden. Hedy had uiteraard gelijk. Ze wist dat ze overdreven reageerde, maar het verlies van

Harry was nog te scherp en te pijnlijk. Ze moest zijn nagedachtenis beschermen, tegen elke prijs. 'Je had het eerst moeten vragen. Dit is arrogantie van de bovenste plank, jongedame.'

'Ik heb al sorry gezegd. Ik weet niet wat u nog meer wilt,' riep Hedy, terwijl ze begon te blozen.

'Ik wil dat je meer respect toont,' zei Gertie. 'Ik heb je een logeerplek aangeboden en ik vind dat je wel wat dankbaarder mag zijn.'

'Heel hartelijk dank,' zei Hedy, waarbij ze spottend een reverence maakte.

'Het is niet nodig om ongemanierd te doen,' zei Gertie.

'Hoezo niet?' zei Hedy. 'Ik weet dat u me hier niet wilt hebben, dat ik uw rustige leventje verstoor. Nou, u hoeft zich geen zorgen te maken. Ik heb vandaag een brief van mijn moeder gekregen en ze zullen zeer binnenkort hier zijn.'

'Nou, dat klinkt als goed nieuws voor ons allebei.' Zodra de woorden haar mond uit waren, had Gertie er spijt van. Ze dacht dat ze die harde boosheid in haar jeugd achter zich had gelaten, maar die bleek haar tot aan haar middelbare leeftijd en verder te zijn gevolgd.

Ze keken elkaar even aan alsof ze zich er beiden van bewust waren dat ze te ver waren gegaan. Hemingway jankte zielig. Gertie slaakte een zucht. 'Moet je horen, Hedy. Dat had ik niet mogen zeggen. Ik was boos. Ik zal theezetten, dan kunnen we samen een kopje thee drinken.'

'Ik wil geen thee meer!' riep Hedy. 'Waarom gaan Engelsen altijd theezetten? Het helpt niets en het smaakt goor!'

Gertie wist dat het belachelijk was om zich aangevallen te voelen nu de lievelingsdrank van haar land werd beledigd, maar om de een of andere reden raakte dit een gevoelige snaar. 'Ga naar je kamer!' riep ze.

'Ik ga al!' riep Hedy. Ze stormde de kamer uit en stampte de trap op. 'En ik hoef geen avondeten!'

'Ik ging toch al niet voor je koken,' riep Gertie, die zelf ook doorhad hoe kregelig dat klonk. Ze haalde diep adem. Haar lichaam trilde nog steeds. Hemingway knipperde met zijn ogen naar zijn baasje en zijn blik gleed naar de deur. 'O, ga er maar achteraan, Hemingway. Je hoeft voor mij niet te blijven.' Hij rende Hedy achterna, waardoor Gertie zich eenzamer dan ooit voelde. Ze veegde de tranen uit haar ogen. 'Doe niet zo belachelijk,' hield ze zichzelf voor. 'Wat kan jou het schelen wat dat meisje denkt? Ze is nog maar een kind en ze mist haar familie. Je moet het je niet zo aantrekken.'

Gertie deed haar best dit gevoel van zich af te zetten toen ze avondeten voor zichzelf ging regelen. Ze nam brood en kaas mee naar de woonkamer en besloot tijdens het eten naar het nieuws te luisteren. Ze ging rechter zitten toen de omroeper klokslag zes uur zei: 'Dit is het nieuws, gelezen door Alvar Lidell.' Lidell vertelde op staccatotoon dat de premier beloofd had een uitgebreid onderzoek in te stellen naar het zinken van de HMS Thetis in Liverpool. Daarna volgde een verslag van het aanhoudende succes van het bezoek van de koning en koningin aan de Verenigde Staten. Kennelijk was Zijne Majesteit 'de uitdaging aangegaan' toen hij van de presidentsvrouw, Eleanor Roosevelt, tijdens een bezoek aan het Witte Huis een hotdog kreeg.

Gertie hoorde achter zich een vloerplank kraken en zag dat Hedy, samen met Hemingway, in de deuropening stond te luisteren. Ze zag het verlangen op haar gezicht, de gretigheid naar nieuws over het thuisfront en haar familie.

'Blijf daar niet staan, want dan tocht het,' zei Gertie. 'Als je wilt, kun je binnenkomen en echt luisteren.'

Hedy sloop de woonkamer in en ging op het krukje het dichtst bij de platenspeler zitten. Hemingway ging bij haar voeten liggen. Ze krabde de hondenkop en ze luisterden in stilte. Toen de uitzending was afgelopen wierp Hedy een blik op Gertie en ze vroeg: 'Komt er oorlog?'

Gertie sloeg haar handen ineen in haar schoot en wilde dat ze het antwoord had. Ze voelde aan dat ze wel iets moest zeggen.

'Ik hoop het niet. Ik denk dat niemand oorlog wil.'

'Volgens mij wil Hitler dat wel,' zei Hedy, waarbij ze naar het kleed keek. 'En hij zal niet rusten voordat dat gebeurt.'

Gertie verbaasde zich over Hedy's inzicht. Ze klonk niet meer als een kind. 'Dan moeten we maar hopen dat Hitler tegengehouden kan worden.'

'Gelooft u in God?'

De vraag overviel haar. Het was ongebruikelijk dat een kind dat aan een volwassene vroeg, maar het was precies wat zijzelf vroeger aan haar moeder gevraagd zou hebben. Ze bedacht wat Lilian geantwoord zou hebben. Gerties ouders hadden hun kinderen in de christelijke traditie grootgebracht, maar er werd weinig aan geloofsopvoeding gedaan en ze gingen alleen met kerst en Pasen naar de kerk. 'Niet echt. En jij?'

'We zijn niet praktiserend,' zei Hedy. 'Het is moeilijk om in een God te geloven die toestaat dat dit met zijn volk gebeurt.'

'Ja, dat snap ik,' zei Gertie.

Hedy keek op. 'Sorry voor wat ik daarstraks zei, mevrouw Bingham.'

'Het is in orde, liefje. Het spijt mij ook. We zeggen allemaal weleens dingen die we niet echt menen. En weet je, het wordt hoog tijd dat je me Gertie noemt. Mevrouw Bingham klinkt zo formeel.'

Hedy knikte even.

'En Hedy?'

'Ja?'

'In de keuken staan brood en kaas als je honger hebt. Pak maar.'

'Dank u wel, mevrouw B… Gertie.'

Gertie keek toe toen Hemingway op het kleed ging liggen en een diepe zucht slaakte. 'Ik ben het volkomen met je eens,' zei ze tegen hem.

Een paar dagen later bleek Hedy er niet te zijn toen Gertie terugkwam van de boekwinkel. Het was al half vijf geweest en het verbaasde Gertie dat Hedy na school nog niet thuis was.

'Waar is je grote vriendin, jongen?' vroeg ze aan Hemingway, die net zo verbaasd leek als Gertie. 'Ze zal wel bij Audrey zijn.'

Iets over vijven werd er op de deur geklopt. Gertie liep ernaartoe om open te doen. 'Daar ben je! We dachten dat je verdwaald was. O.' Ze slikte de rest van de zin in toen ze een beschaamd kijkende Hedy naast mevrouw Crow zag staan. Het gezicht van mevrouw Crow zag rood van verontwaardiging.

Gerties ervaring was dat mensen op latere leeftijd vaak milder werden. Dat was bij Philomena Crow niet het geval. Ze oordeelde nog strenger dan eerst en drong iedereen die haar pad kruiste haar mening op. Gertie vroeg zich vaak af of mevrouw Snipp een verre nicht van haar kon zijn, of misschien zelfs haar tweelingzus en dat ze bij de geboorte van elkaar gescheiden waren.

'Goedemiddag, mevrouw Bingham.' Ze slaagde erin de woorden met een beschuldigende klank uit te spreken alsof Gertie verantwoordelijk was voor alles wat er mis was in de wereld. Ze hield een donkerbruine paraplu met een bamboehandvat vast, die Gertie aan een wapenstok deed denken.

'Goedemiddag, mevrouw Crow. Is alles in orde?'

'Nee, beslist niet,' zei de vrouw met krachtige stem. Aan de overkant van de straat zag Gertie de vitrage voor het raam van mevrouw Herbert bewegen.

'Zullen we dit gesprek binnen voortzetten? Kan ik u thee aanbieden?'

'Nee, bedankt,' zei de vrouw, die voor Hedy op de drempel ging staan. 'Dit duurt niet lang.'

'Prima. Kom mee, Hedy, dan gaan we naar de woonkamer.'

Mevrouw Crow weigerde te gaan zitten, bleef liever staan alsof ze hof hield. 'Dit kind klopte vanmiddag bij me op de deur met een vrijpostig verzoek,' zei ze, waarbij ze met een beschuldigende vinger naar Hedy wees.

'Is dat waar, Hedy?' vroeg Gertie.

'Natuurlijk is dat waar,' riep mevrouw Crow. 'Wilt u zeggen dat ik lieg?'

'Nee, helemaal niet, maar ik wil het hele verhaal weten.' Ze wendde zich tot Hedy. 'Heb je bij mevrouw Crow aangeklopt?' Hedy knikte nauwelijks waarneembaar. 'En waarom deed je dat?'

'Ze wil dat ik de rest van haar familie in huis neem,' zei mevrouw Crow. 'Ze heeft bij mijn buren ook aangeklopt, en wie weet bij hoeveel andere mensen nog meer. Is het niet genoeg dat we al die kinderen hebben opgenomen zonder dat die ouders ook hier komen? Er zijn nu al te weinig huizen en banen, laat staan als we die aan deze mensen moeten geven.'

Gertie ging langzaam staan toen er een bal van woede in haar binnenste ontstond. 'Deze mensen?' vroeg ze. 'Wat bedoelt u daar precies mee?'

Mevrouw Crow vernauwde haar ogen tot spleetjes. 'Dat weet u best.'

'Nee,' zei Gertie. 'Dat weet ik niet. Daarom vraag ik het.' Haar stem was, net als haar boosheid, zo scherp en helder als geslepen glas.

'Als u dat niet weet, bent u nog dommer dan ik dacht. Ik vroeg me al af hoe u het in uw hoofd haalde om na alle oorlogsellende een Duitser in huis te nemen, en nu lijkt u onderdak te willen bieden aan de helft van alle Joden in Europa.'

Woede stroomde als lava door Gerties aderen. 'En wat is daar mis mee, als ik vragen mag? Zou u liever zien dat we werkeloos toekijken terwijl een hele bevolkingsgroep vervolgd wordt?' Gertie voelde Hedy naar haar kijken. Dat gaf haar moed.

'Moet u horen,' zei mevrouw Crow, die haar gewicht een beetje verplaatste. 'Ik heb met de Joden te doen, heus, maar ik snap niet waarom ze ons probleem zijn. We kunnen onze grens niet zomaar voor iedereen openstellen. Vergeet niet dat we op een eiland wonen.'

'Niemand is een eiland, mevrouw Crow.'

De neusgaten van de vrouw sperden zich open. 'O, u vindt zichzelf heel wat. Zo is het toch, mevrouw Bingham? Met uw boeken en uw ideeën. Nou, ik zal u zeggen dat u geen haar beter bent dan de rest van ons.'

Gertie liep zo vastberaden naar voren dat mevrouw Crow een stap naar achteren deed. 'Hoe durft u?' zei ze. 'Hoe durft u mijn huis binnen te komen, me dom te noemen en mijn logee op die manier te beledigen? Hoe kunt u zo onaardig doen tegen een kind dat alleen maar om hulp vraagt? U mag me gerust dom noemen, maar ík ben in elk geval niet harteloos.'

Mevrouw Crow keek haar even aan alsof ze nadacht over haar volgende zet. Toen draaide ze zich om, liep met een gemompeld 'krijg nou wat' haastig de kamer uit en trok de voordeur hard achter zich dicht.

'Opgeruimd staat netjes,' mompelde Gertie, die haar handen tot vuisten balde om ze te laten ophouden met trillen.

'Ik wil alleen maar mijn familie helpen om uit Duitsland weg te kunnen,' zei Hedy snikkend. 'Het spijt me, Gertie.'

Gertie wilde haar dolgraag omhelzen om haar gerust te stellen, maar iets in haar hield haar tegen. In plaats daarvan haalde ze een schone zakdoek uit haar zak en ze gaf die aan Hedy. 'Droog je tranen. Laat je niet overstuur maken door mevrouw Crow. Kom eens zitten. Waarom heb je het hier niet met mij over gehad?'

'Ik wilde zelf een oplossing zoeken,' zei Hedy. Haar schouders waren stijf van vastberadenheid toen Gertie naast haar op de bank ging zitten.

Gertie glimlachte. 'Je zult het misschien niet geloven, maar ik was vroeger een beetje zoals jij.'

Hedy keek haar aan. 'Echt waar?'

Gertie knikte. 'Heel zelfverzekerd en heel vastberaden.'

Hedy sloeg haar ogen neer. 'Sorry.'

'Nee,' zei Gertie. 'Daar hoef je je niet voor te verontschuldigen. Dat zijn goede eigenschappen, maar je moet ze op de juiste manier inzetten.'

'Hoe dan?' vroeg Hedy, die wat dichter naar Gertie toe schoof.

'Om te beginnen kun je niet zomaar bij onbekenden aankloppen en om hulp vragen. Dat is niet veilig. Heb je behalve bij mevrouw Crow bij nog meer mensen aangeklopt?'

Hedy knikte. 'Ja, sommige mensen waren aardig maar andere...' Ze maakte de zin niet af.

'Wat is er gebeurd?'

Hedy staarde voor zich uit. 'Eén man noemde me een vieze vuile Jood.'

Gerties woede laaide weer op. 'Het spijt me, Hedy.'

Hedy haalde haar schouders op. 'Dat ben ik gewend. Dat gebeurde in Duitsland zo vaak.'

Maar niet hier, dacht Gertie. Dat hoort hier niet te gebeuren. Dat hoort nergens te gebeuren. Op dat moment wist Gertie opeens wat ze moest doen. Ze zou haar passie en woede kanaliseren om iets goeds te doen. 'We gaan een plan bedenken om je familie daar weg te krijgen.'

'Echt?' zei Hedy.

'Ja, laat dat maar aan mij over. Maar je moet me beloven dat je niet meer bij wildvreemden op de deur klopt. En kom een volgende keer als je hulp nodig hebt naar mij toe.'

'Dat beloof ik.'

Gertie gaf een klopje op Hedy's hand. 'Goed zo. Ik weet precies wie ik om hulp kan vragen.'

7

Ik moet mezelf verliezen in actie, anders verwelk ik in wanhoop.
Alfred, Lord Tennyson

Als Gertie de gewijde rust van Arnold's Booksellers binnenstapte, was het alsof ze terugging in de tijd. Er was praktisch niets veranderd. Van de vloer tot aan het plafond waren mahoniehouten planken met in linnen gebonden boeken in de kleuren kastanjebruin, donkerpaars en bleekgroen. De verschuifbare ladders, die het voor boekverkopers mogelijk maakten om boeken van de allerbovenste planken te pakken, deden Gertie denken aan die ene keer toen een jongeman in haar rok stond te kijken toen ze op zo'n ladder stond om een boek voor hem te pakken. Gertie gniffelde toen ze weer voor zich zag dat haar oom Thomas de jongeman de winkel uit joeg door heen en weer te zwaaien met een exemplaar van *Les Misérables*, een boek dat ruim duizend pagina's telde en als moordwapen gebruikt kon worden.

Ze was blij toen ze meneer Nightingale, die al sinds haar vader was overleden voor haar oom werkte, achter de bestelbalie midden in de winkel zag zitten. Thomas Arnold was onvermurwbaar, alle klanten moesten bij deze balie om een boek vragen en hij had een actief ontmoedigingsbeleid om te voorkomen dat mensen door boeken gingen bladeren.

'Dit is geen openbare bibliotheek,' brieste hij dan. 'Als een klant een boekentip wil, kunnen we die geven. In alle andere gevallen moet iemand al weten wat hij wil voordat hij hier naar binnen stapt. Je gaat toch ook niet aan de appels voelen voordat de groenteboer ze aan je verkoopt?'

Toen Gertie hem vertelde dat klanten bij haar in de boekwinkel wel zelf mochten rondkijken, had hij zijn hoofd geschud. 'Ik hoop dat je weet wat je doet, liefje. Naar mijn idee leidt dat alleen maar tot raar gedrag. Mensen kunnen er niet tegen als er keuze te over is. Dat benevelt hun hersens.'

'Goedemorgen, meneer Nightingale,' zei Gertie toen ze naar de balie liep.

Hij keek op van zijn bestelboek en noemde haar naam alsof hij een zegen uitsprak. 'Mevrouw Bingham. Wat fijn u te zien.'

'Insgelijks. Is oom Thomas in het magazijn?'

Meneer Nightingale schonk haar een spottend lachje. 'Hij is met meneer Picket op het dak.'

'Op het dak? Wat heeft hij daar te zoeken?'

'Laten we het er maar op houden dat uw oom weer eens een briljant idee had.'

Gertie lachte. 'Vertel het me maar niet. Ik ga naar boven en dan zie ik het vanzelf.' Ze ging de trap achter in de winkel op naar de eerste verdieping, waar de kostbaarste antiquarische boeken in afgesloten boekenkasten met glazen deurtjes stonden. Ze duwde een deur open en ging een wenteltrap op naar het appartement waar haar oom woonde, waar nog meer boeken stonden en waar ook een grote cyperse kat was die Dickens heette. De kat begroette haar met klaaglijk gemiauw en wierp een zielige blik op zijn lege voerbak.

'Hallo, jongen,' zei ze, en ze krabde hem onder zijn kin. 'Is hij weer vergeten je eten te geven?' Ze zocht in de kastjes en vond een pakje Spratt's kattenvoer, dat ze in zijn voerbak strooide. 'En waar is je baasje?' Een luide dreun alsof iemand een aantal boeken met harde kaft op een houten vloer liet vallen zorgde ervoor dat Gertie naar de slaapkamerdeur liep. Ze duwde de deur open en keek om zich heen. Ze zag in een tweed broek gehulde benen op een ladder staan die naar het dak voerde.

'Hallo, oom,' riep Gertie. 'Wat bent u daarboven in vredesnaam aan het doen?'

Thomas Arnold stak zijn hoofd door het luik. Zijn gezicht klaarde op toen hij haar zag. 'Gertie! Wat leuk om je te zien. Wil je me die boeken alsjeblieft even aangeven?'

Gertie liep naar de verspreid liggende boeken en raapte er een op. Tot haar verbijstering zag ze dat het allemaal exemplaren van *Mein Kampf* waren. 'Wat doet u met die boeken?'

'Meneer Picket en ik zijn voorbereidingen aan het treffen voor als het uit de hand loopt,' zei hij, en hij pakte een armlading van haar aan. 'Deze leggen we op het dak als extra buffer.'

'Bedekt u het dak van de boekwinkel met exemplaren van *Mein Kampf* als bescherming bij een luchtaanval?'

'Ja,' zei Thomas knikkend. 'Of weet je er een betere bestemming voor?'

Gertie glimlachte. 'Nee.'

Thomas verdween met de rest van de boeken. 'Dit zijn de laatste, meneer Picket,' riep hij. 'Goed werk.' Hij kwam de ladder af, trok zijn gestippelde vlinderdasje recht en streek zijn stoffige witgrijze haar glad. 'Zo, Gertie. Je zei dat je om mijn hulp verlegen zat. Zullen we het daar onder het genot van een kopje thee over hebben? Mevrouw Havers heeft gisteren een heerlijk moutbrood gebakken.'

Gertie praatte haar oom bij over de ontwikkelingen met betrekking tot Hedy en vertelde dat ze het meisje graag wilde helpen. Ze zei niets over het feit dat ze nog steeds met pensioen hoopte te gaan en dat als ze goede opvang voor Hedy en haar familie gevonden had, dat misschien toch nog mogelijk was. Wie weet kwam dat doordat ze het steeds lastiger vond om zich dat voor te stellen. Het was een schip aan de horizon dat met de dag verder wegvoer.

Thomas Arnold luisterde aandachtig, zijn vingers tegen elkaar gezet, zijn gezicht streng van concentratie. Dickens liep langs en hij zette de kat op zijn schoot, aaide afwezig de gevlekte oranje vacht terwijl Gertie aan het woord was.

'Ik heb dus een lijst gemaakt van mensen die ik om hulp zou kunnen vragen en u staat bovenaan.'

'Ik kan hier helaas geen onderdak bieden,' zei oom Thomas. 'Daar is geen ruimte voor, maar de broer zou eventueel in de boekwinkel kunnen werken. Je zei toch dat hij voor architect leert?'

Gertie knikte. 'Dat zou geweldig zijn. Hebt u enig idee wie er in staat is om Hedy's ouders te helpen?'

Oom Thomas beet even op zijn lip en hief een schuddende vinger op. 'Even een belletje plegen.' Hij controleerde het nummer voordat hij belde. 'Dicky Rose, alstublieft,' zei hij. Gertie keek verbaasd toe toen haar oom aan een lang en vriendelijk gesprek met een van de rijkste mannen van het land begon. 'Dicky? Met Tom Arnold. Ik wil je om een gunst vragen, goede vriend.'

Een half uur later sprong Gertie een gat in de lucht van blijdschap, want haar oom had voor Hedy's ouders werk als tuinman en naaister gevonden én hij had een huisje voor hen op het landgoed geregeld. 'Haar vader is muziekdocent, oom Thomas,' zei ze. 'Ik weet niet of hij veel ervaring heeft met tuinieren.'

Thomas haalde zijn schouders op. 'Hij zal zich vast wel aanpassen. En Dicky zit er niet mee. Hij heeft al een groep jongens in huis genomen. Zijn vrouw en hij helpen maar wat graag.'

Ze boog zich naar voren en gaf hem een zoen op zijn wang. 'Dank u wel,' zei ze. 'Ik wist dat ik op u kon rekenen.'

Hij gaf haar een handkus toen hij met haar meeliep naar de deur. 'Het is goed om te zien dat je je vechtlust terug hebt, Gertie.'

Ja, dacht ze toen ze haastig naar huis ging om Hedy het goede nieuws te brengen. Het voelt ook goed.

Naarmate de zomer verstreek, hield de wereld de adem in. Mensen deden hun best om hun normale leven voort te zetten, picknickten in het park of gingen een dagje naar het strand, maar boven Europa hing een wolk van giftige onzekerheid. Niemand wist wat Hitler zou doen.

Gertie en Hedy probeerden zo goed mogelijk met die onzekerheid om te gaan. Ze hadden een plan uitgestippeld. Nadat haar oom baantjes voor Hedy's familie had geregeld, had Gertie zich op het papierwerk gestort. Ze had verwacht dat de grootste hindernis het verkrijgen van uitreisvisa uit Duitsland zou zijn. Maar een ander land met drie Joden opzadelen bleek juist gestimuleerd te worden, mits die al hun geld op Duitse banken lieten staan. Zoals Else Fischer schreef in haar brief om het goede nieuws door te geven: 'Al rukken ze ons de kleren van het lijf, dat kan ons niets schelen, als we maar met onze dochter herenigd worden.' Hedy had tranen in haar ogen toen ze de woorden voor Gertie vertaalde.

Het was dan ook een verrassing dat het grootste obstakel voor het regelen van de overtocht van de familie Fischer van de Britse overheid kwam. Het antwoord op Gerties brief was op zijn zachtst gezegd kortaf.

'Helaas moeten we u mededelen dat we u niet kunnen helpen met uw verzoek.'

'Dat zullen we nog weleens zien,' zei ze met een frons op haar voorhoofd tegen Hemingway.

Gertie sloeg het stof van haar beste mantelpakje, een kriebelig damastpruimkleurig geval dat te warm was voor de tijd van het jaar, maar dat de juiste wapenrusting leek voor ambtelijke aangelegenheden. Ze deed ook haar moeders cameobroche op om haar moed te geven. Gertie vertelde Hedy niets over de brief of haar plan. Dit voelde persoonlijk. Het was alsof haar principes werden uitgedaagd en Gertie was de enige die ervoor kon opkomen.

Ze liet de leiding over de boekwinkel aan Betty over, tot groot ongenoegen van mevrouw Snipp, en stapte in de trein naar Londen. Gertie controleerde het adres op de brief en slikte haar zenuwen weg toen ze het korte stukje naar de overheidsgebouwen liep. Het imposante witte gebouw glom in de ochtendzon, straalde statige zelfverzekerdheid uit. De vlag van het Verenigd Koninkrijk wapperde in het briesje. Gertie haalde diep adem toen ze de glanzende zwarte deur openduwde.

De receptioniste zat achter een zwaar eikenhouten bureau met aan weerszijden met donker hout betimmerde wanden die een verstikkende sfeer in de hal creëerden. Ze keek over haar bril met goudkleurig montuur naar Gertie. 'Wat kan ik voor u doen?'

Gertie schraapte haar keel. 'Ik wil meneer Wiggins graag spreken.'

'Hebt u een afspraak?'

'Nee, maar ik heb een brief van hem gekregen.' Ze stak hem naar de vrouw uit zodat die hem kon lezen.

De receptioniste fronste haar wenkbrauwen. 'Hier staat duidelijk dat meneer Wiggins u niet kan helpen.'

'Alstublieft,' zei Gertie. 'Ik probeer een Joods meisje met haar familie te herenigen.'

Het gezicht van de vrouw verzachtte een beetje. 'Een ogenblikje alstublieft.' Gertie vatte moed toen de receptioniste in het kantoor van meneer Wiggins verdween. Even later kwam ze terug. 'Het spijt me. Hij heeft het vanmorgen heel druk.'

Gertie keek in de richting van het kantoor. De deur stond op een kier. Er bewoog iets in haar binnenste. *Geen woorden maar daden, Gertie.* Ze rende naar voren voordat ze van gedachten kon veranderen.

'U mag daar niet naar binnen,' riep de vrouw haar na.

Maar Gertie was al binnen en trok de deur achter zich dicht. 'Wat heeft dit te betekenen?' riep de man van achter zijn bureau.

Gertie aarzelde. Nu ze hier was, wist ze niet hoe het verder moest. 'Sorry,' stamelde ze. 'Ik moest wel komen. Ik heb u een brief gestuurd over een Joods meisje dat bij me logeert. Haar familie probeert uit Duitsland weg te komen. Ze hebben uitreisvisa en ze hebben hier werk gevonden. Het enige wat ze nog nodig hebben is toestemming van de Britse overheid.'

'Meneer Wiggins? Is alles in orde daar?' riep de receptioniste, die aan de deur rammelde. 'Moet ik de politie bellen?'

Meneer Wiggins nam Gertie van top tot teen op voordat hij antwoord gaf. 'Dat is niet nodig, mevrouw Meredith.' Hij wendde zich tot Gertie. 'Gaat u alstublieft zitten.'

Gertie ging zitten. Meneer Wiggins had de bleke en vermoeide uitstraling van een man die niet goed kon bevatten dat het lot hem deze hand had toebedeeld. Hij wees naar een stapel documenten die bij hem tot schouderhoogte kwam. 'Weet u wat dit zijn?'

Gertie vond het een ongebruikelijke vraag, maar het leek haar beter om eerlijk antwoord te geven. 'Nee.'

'Dat zijn aanvragen van Joodse families en individuen die naar Groot-Brittannië willen komen.'

'Aha.'

'En dit zijn alleen nog maar de aanvragen die vandaag zijn binnengekomen.'

'Maar...' zei Gertie, maar meneer Wiggins onderbrak haar door zijn hand op te steken.

'En morgen komt er weer zo'n lading, misschien zijn het er zelfs wel meer. En de dag daarna weer. Enzovoorts.'

'Maar dat betekent toch dat deze mensen uw hulp nodig hebben?'

'Het spijt me, mevrouw...'

'Bingham. Gertie Bingham.'

'Ja, mevrouw Bingham. Het spijt me, maar we kunnen niet iedereen zomaar toestemming geven om het land in te reizen.'

Gertie keek achter meneer Wiggins, naar het portret van koning George VI die haar welwillend aankeek. Ze dacht aan een foto die ze had gezien, van hem en de prinsesjes. 'Hebt u kinderen, meneer Wiggins?'

Er trok een vlaag van irritatie over het gezicht van de man. 'Ja, maar wat heeft dat hiermee te maken als ik...'

Nu was het Gerties beurt om het gesprek af te kappen. 'Dat vraag ik omdat ik me afvraag hoe u het zou vinden als u werd weggestuurd zonder hoop hen ooit weer terug te zien.'

Meneer Wiggins fronste zijn wenkbrauwen. 'De Britse overheid heeft al duizenden Joodse kinderen een toevluchtsoord geboden en doet dat nog steeds.'

Gertie ging rechtop in haar stoel zitten. 'Maar hoe zit het met hun ouders? Met hun broers en zussen? Hebben die dan geen recht om zonder angst voor vervolging te leven?'

'In dit kantoor wordt niet met stemverheffing gesproken, mevrouw Bingham.'

Gertie was gaan staan. 'Wanneer moet ik dan mijn stem verheffen, meneer Wiggins? Als mensen om hun ras of religie gedood worden? Want ik kan u verzekeren dat dat al gebeurt.'

'Ik moet u verzoeken te vertrekken.'

Achter in het kantoor van meneer Wiggins ging een tussendeur open. Er verscheen een onberispelijk geklede man in een Egyptisch blauw pak met een lichtpaarse zijden stropdas. Uit zijn borstzakje stak een zakdoek van dezelfde stof. Hij had een air van privéscholen en privileges. 'Is alles in orde, meneer Wiggins? Mevrouw Meredith zei dat er consternatie was.' Hij schonk Gertie een stralende glimlach. Dat gaf haar de moed om haar zegje te doen voordat meneer Wiggins zijn versie van het verhaal kon vertellen.

'Het spijt me dat ik een scène heb veroorzaakt,' zei ze. 'Ik probeer de familie van een jong Joods meisje te helpen om nazi-Duitsland te ontvluchten. Ze hebben visa en er is hun werk aangeboden in dit land.'

De man hield haar blik vast. 'Zou ik de aanvraag mogen zien, meneer Wiggins?'

Het gezicht van meneer Wiggins verstrakte. 'Natuurlijk.' Hij wendde zich tot Gertie. 'Om welke namen gaat het, mevrouw?'

Ze stak hem de brief toe zodat hij die kon aanpakken.

'Fischer,' zei hij, terwijl hij naar een dossierkast liep, die doorzocht en er een bruingele dossiermap uit haalde. Hij gaf hem aan de andere man.

Het gezicht van zijn leidinggevende klaarde op toen die de papieren doornam. 'Nee maar, Dicky Rose staat voor deze familie garant.'

'Ja, meneer,' zei meneer Wiggins. 'Maar volgens de huidige richtlijnen...'

'Ach, hou nou toch op, Wiggins. Strijk eens over je hart. Deze goede vrouw...' Hij trok zijn wenkbrauwen op naar Gertie.

'Gertie Bingham,' zei ze.

'Mevrouw Bingham,' sprak hij verder, 'is naar ons toe gekomen met uitreisvisa van Duitsland en een garantstelling van niemand minder dan Richard Rose. Dan kunnen we heus wel een uitzondering maken.'

'O, dank u wel,' zei Gertie. 'Ik ben u heel dankbaar.'

De man maakte een beleefde buiging. 'Geen punt. Ik heb met Dicky in Oxford gestudeerd. Geweldige kerel. Meneer Wiggins, regelt u verder de paperassen voor mevrouw Bingham?'

'Uiteraard, meneer,' zei de man met een strak gezicht.

'Het was me een genoegen u te leren kennen,' zei zijn leidinggevende voordat hij vertrok.

'Dank u wel,' riep Gertie hem na.

'Goed dan,' zei meneer Wiggins toen de man weg was. 'Ik ga dit voor u regelen.' Hij zweeg even en keek naar de hoge stapel met papieren die nog behandeld moesten worden. 'Wat jammer voor deze mensen dat die niet ook zulke goede connecties hebben, vindt u ook niet?'

Toen Gertie een tijdje later het gebouw uit stapte, galmden de woorden van meneer Wiggins nog na in haar oren. Ze was dolblij dat Hedy's familie gered zou worden, maar ze wist dat hij gelijk had. Zijn leidinggevende had alleen maar een stempel op het aanvraagformulier gezet door de connectie met de familie Rose. Het had niets te maken met de situatie waarin de familie Fischer verkeerde. Toen ze omkeek naar de vlag van het Verenigd Koninkrijk die boven het overheidsgebouw wapperde, gloeiden Gerties wangen van schaamte.

Binnen twee weken schreef Hedy's moeder dat ze tickets hadden. Ze zouden over drie weken, begin september, uit Duitsland vertrekken en zouden een paar dagen later op luchthaven Croydon landen.

'Bedankt, Gertie,' zei Hedy, en ze legde een hand op haar hart. 'Tot mijn ouders hier zijn zal ik alle keren de afwas doen.'

'Ik ben gewoon blij dat jullie straks herenigd zijn.' Diep vanbinnen voelde Gertie uiteraard vooral opluchting en ze voelde aan dat dit voor Hedy ook gold. Gertie was te oud om goed om te kunnen gaan met de grillen van iemand van vijftien, en Hedy had beslist een energiekere metgezel nodig. Als de Fischers er eenmaal waren, zou ze Hedy met alle plezier aan haar familie overdragen, in de wetenschap dat ze haar best voor het kind had gedaan.

'O, mevrouw B,' zei Betty op een middag toen Barnaby in de winkel was. 'We gaan dit weekend met Sam en Hedy naar het strand, als u dat goedvindt.'

'Wat een geweldig idee,' zei Gertie, die zich al verheugde op een rustig huis en een ochtendje in haar moestuin wieden, waarna ze in de tuin zou gaan zitten met een exemplaar van *De goede aarde*, het boek dat Betty voor de volgende bijeenkomst van de leeskring had uitgekozen. Gertie had in een opwelling een exemplaar mee naar huis genomen en had grote bewondering voor de schrijfstijl van Pearl S. Buck. 'Het wordt dit weekend warm. Het zal heerlijk zijn aan zee.'

'Ga met ons mee. Vind je dat geen goed idee, Barnaby?'

Barnaby keek op van zijn bestelboek. 'O, ja, mevrouw Bingham. Ik zou het heel leuk vinden als u met ons meegaat.'

'Ik weet het niet, hoor,' zei Gertie geschrokken bij de gedachte dat ze naar haar rustige zondag kon fluiten.

'O, mevrouw B, ga toch mee. Het zal snikheet zijn in Londen en binnenkort komen Hedy's ouders haar ophalen. Het zal de laatste keer zijn dat dit kan.'

Gertie weifelde. Betty kon heel overredend zijn en het idee van een koel zeebriesje was aanlokkelijk. Het leek een eeuwigheid geleden dat ze bij de zee was geweest. Ze herinnerde zich zondagse uitstapjes naar de kust met Harry. Dan rolde hij zijn broek op en liep een eindje de oceaan in, kwam steevast doorweekt terug doordat hij overvallen was door een golf. Daarna spreidden ze hun rood-blauw geblokte picknickkleed uit en lunchten uitgebreid met wat er in de picknickmand zat. Die picknickmand was een huwelijkscadeau van Charles. Fijne tijden, nu verre herinneringen. Misschien moest ze die tijden doen herleven. 'In dat geval ga ik graag met jullie mee, maar alleen als ik de picknick mag verzorgen.'

Als Gertie terugdacht aan dat uitstapje, voelde het als de laatste dag van de zomer. Alles was in een gouden gloed gehuld. Gertie stond vroeg op om de picknick klaar te maken. Sandwiches met ham, gekookte eieren, een zelfgemaakte Victoria spongecake met een vulling van haar eigen pruimenjam, en appels uit eigen tuin. Dat alles stopte ze in de rieten mand, en ze deed er ook een thermosfles thee en flesjes gemberbier bij.

Precies om tien uur klopte Sam op de deur. Hedy stoof naar de gang om open te doen.

'Wow, wat zie je er geweldig uit,' hoorde ze hem zeggen toen ze met de picknickmand uit de keuken kwam. 'Goedemorgen, mevrouw B. Laat mij die mand maar dragen.'

'Dank je wel, Sam.' Gertie kreeg Hedy in het oog toen ze naar de auto liepen. Ze droeg een prachtige gele jurk met witte stippen, die ingenomen was bij de buste en vanuit de taille uitliep. 'Je ziet er inderdaad beeldig uit, liefje. Je ouders zullen er versteld van staan hoe volwassen je bent geworden.'

Sam hield het portier voor Gertie open, zodat die voorin kon gaan zitten. Hedy zat met Betty en Barnaby op de achterbank. Toen ze vertrokken keek Gertie omhoog naar de ritselende bomen, genoot van het zonlicht dat tussen de bewegende blaadjes door op haar gezicht viel. Ze luisterde waar de jongeren het over hadden. Hun zorgeloze geklets, welke actrice beter was – Greta Garbo of Vivien Leigh – en of de zee warm genoeg zou zijn om in te kunnen zwemmen, was een welkome afleiding van de onrust in Europa.

Betty gilde toen ze een eerste glimp van de zee opving en even later liepen ze naar het uitgestrekte strand. Het was druk met vakantiegangers en dagjesmensen, maar ze vonden algauw een goed plekje om het grote groene picknickkleed uit te spreiden dat Betty had meegebracht.

'Wie gaat er voor de lunch mee zwemmen?' vroeg Sam. 'Mevrouw B?'

'Gaan jullie maar. Dat is meer iets voor jonge mensen. Ik kijk wel.'

'U kunt pootjebaden,' zei Betty.

'Oké,' zei Gertie, die haar schoenen en kousen uitdeed. Hun jeugdige enthousiasme werkte aanstekelijk. De jongeren renden onbesuisd de zee in, terwijl Gertie voorzichtig liep. Hedy keek over haar schouder en toen ze zag dat Gertie achterop raakte, ging ze terug en gaf ze haar een arm. 'Dank je, liefje,' zei Gertie, die het aanbod met een dankbare glimlach aannam. Ze keek omhoog naar de wolkeloze lucht en ademde diep in. De wereld leek volmaakt. Hoe kon er onder zo'n strakblauwe lucht en bij deze oneindige oceaan iets ergs gebeuren? '*Oh, I do like to be beside the seaside*,' zong Gertie, en ze bewoog haar tenen toen er golven overheen spoelden. De verfrissende koelte herinnerde haar eraan hoe het was om te leven. '*Oh, I do like to be beside the seeeea*.'

Hedy lachte. 'Wat is dat voor liedje? Wilt u het mij leren?'

Sam rende op hen af en Gertie en hij zongen samen verder. '*Oh, I do like to stroll along the prom, prom, prom where the brass bands play tiddly-om-pom-pom*.' Ze lachten allemaal en Hedy spetterde Sam nat. Gertie zag de tekenen van een ontluikende romance en glimlachte. Ze mocht Sam graag en hoopte dat Hedy's ouders hem zouden goedkeuren.

'Goed. Gaan jullie maar lekker zwemmen, dan ga ik de picknickspullen klaarzetten.'

'Ik krijg geen hap meer door mijn keel,' kreunde Sam toen hij later op zijn rug op een handdoek ging liggen.

'Dat was te verwachten, Samuel,' zei Betty. 'Ik heb nog nooit iemand zoveel gekookte eieren tegelijk in zijn mond zien stoppen. Dank u wel, mevrouw B. Het was geweldig.'

'Ik ben blij dat jullie het lekker vonden,' zei Gertie, die voor zichzelf nog eens thee inschonk uit de thermosfles. Ze genoot van het ongebruikelijke gevoel om de moeder te spelen. Ze vond het heerlijk om achterover te leunen en hen te horen praten. Hedy sprak inmiddels bijna vloeiend Engels. Het verbaasde Gertie hoe vlug ze de nuances van de taal onder de knie had gekregen. Het lukte haar zelfs om Sam te plagen, die het vooral leuk leek te vinden haar aan het lachen te maken.

'Betty, ga je mee wandelen?' vroeg Barnaby, die opstond en zijn hand naar haar uitstak.

'Oké. Wie wil er een ijsje als we terugkomen?' Iedereen mompelde instemmend, hoewel ze allemaal nog vol zaten van de lunch.

Gertie sloot haar ogen, luisterde naar de branding en naar de meeuwen die krijsend rondvlogen, en ze stond zichzelf weer toe om te dagdromen over naar de kust verhuizen. Misschien zou het toch nog kunnen als Hedy weg was. Ze moest in slaap zijn gevallen, want toen ze wakker werd stond Betty met een glimlach van oor tot oor voor hen.

'Waar zijn onze ijsjes?' vroeg Sam.

'Dat is nu niet belangrijk,' zei Betty. 'Barnaby heeft me zojuist ten huwelijk gevraagd en ik heb ja gezegd!'

'O, wat geweldig!' riep Gertie, terwijl iedereen opstond om het stel de hand te schudden en te omhelzen. Ze toostten met de laatste flesjes gemberbier en stukken spongecake op het gelukkige paar. 'Ik moet zeggen dat ik een groot voorstander ben van huwelijken waarvan de basis bij de kassa van een boekwinkel is gelegd,' zei ze. 'Ik heb mijn man in mijn vaders boekwinkel leren kennen.'

'Wat romantisch,' zei Betty, waarbij ze opkeek naar haar verloofde, die een hand op haar schouder legde.

'Het was geweldig,' zei Gertie. 'We waren heel gelukkig.' Haar stem stierf weg toen het verlangen van de herinnering haar overstelpte.

Hedy hief haar glas, eerst op Gertie en toen op Betty en Barnaby. 'Op het vinden van ware liefde in een boekwinkel,' zei ze. Als antwoord hief Gertie haar glas.

'Dit was een fantastische dag,' mompelde Betty toen ze later die middag naar huis reden. 'Ik ben de gelukkigste vrouw ter wereld.' Barnaby gaf een kneepje in haar hand. 'En ik wil dat jij een van mijn bruidsmeisjes bent, Hedy. Misschien kan jouw moeder mijn trouwjurk wel maken. Dat zou haar eerste betaalde opdracht zijn!'

'Ik weet zeker dat ze dat een grote eer zal vinden,' zei Hedy. 'Ik kan niet wachten tot je mijn familie ontmoet.'

'Vanmorgen heeft de Britse ambassadeur in Berlijn een laatste waarschuwing aan de Duitse regering overhandigd dat, tenzij er om elf uur bericht was dat men bereid was de troepen onmiddellijk uit Polen terug te trekken, we in staat van oorlog zouden zijn. Ik moet u nu mededelen dat zo'n bericht niet is gekomen en dat dit land dus in oorlog is met Duitsland.'

Hedy keek Gertie aan. De woorden buitelden uit haar mond toen ze het nieuws probeerde te bevatten. 'Wat betekent dit? Zijn we in oorlog? En mijn familie dan? Kunnen ze nog steeds hiernaartoe komen?'

Gertie wilde tegen haar zeggen dat het allemaal goed zou komen, dat er nog hoop was, maar ze voelde de hoop tussen hun vingers door glippen. Het was benauwd in de woonkamer. Hoewel ze alle deuren en ramen open hadden gezet, verspreidde de hitte zich als de warmte van een fornuis door het huis. Gertie had het gevoel dat de muren op haar af kwamen. 'Het spijt me, Hedy, maar ik denk dat dat niet meer zal lukken.'

'Misschien wisten ze dat dit ging gebeuren. Misschien zijn ze eerder vertrokken. Misschien zijn ze al op weg hiernaartoe.'

Gertie wist niet wat ze moest zeggen. Ze keek toe hoe Hedy, met grote ogen van paniek, door de kamer ijsbeerde. Toen Chamberlain aan het eind van zijn toespraak kwam en hun verzekerde dat 'het recht beslist zou zegevieren', schreeuwde Hedy het uit. Gertie had nog nooit zo'n geluid gehoord. Rauw. Gekweld. Radeloos.

Ze stond op. 'Hedy, dit zou je moeder niet willen.'

'Wat weet u van mijn moeder?' riep Hedy, die haar woedend aankeek. 'U kent mijn moeder niet eens.'

'Nee, maar ik weet dat ze van je houdt en niet zou willen dat je overstuur bent. Ik wil dat ook niet, dus toe nou...' Gertie spreidde haar armen.

'U bent mijn moeder niet,' riep Hedy toen boosheid plaatsmaakte voor verdriet. 'Ik wil mijn moeder. Ik wil mijn familie!' Ze begon hysterisch te snikken en rende de kamer uit.

Gertie overwoog haar achterna te gaan, maar haar voeten leken aan de vloer vastgelijmd. Ze kon het gewoon niet geloven. Ze waren weer in oorlog. Waar moesten ze de kracht vandaan halen om dit te doorstaan?

Gertie wilde dolgraag aan deze verstikkende ellende ontsnappen. Ze liep naar de achterdeur en keek naar de tuin. De vogels kwetterden in de bomen, de bloemen bogen hun kopje in het nazomerbriesje. Het leek ondenkbaar dat ze in oorlog waren, terwijl de wereld er zo vredig en kalm uitzag.

Toen het eerste luchtalarm de zonovergoten rust verstoorde,

hoorde ze Hedy schreeuwen als een gewond dier, een echo van de radeloosheid van de wereld toen die opnieuw door duisternis overspoeld werd.

FRANKRIJK, 1917

Kapitein Charles Ashford zette zijn handtekening onder de handgeschreven brief aan mevrouw Percy Rose, droogde de brief met vloeipapier en legde hem op de stapel bij de veertig andere brieven die hij geschreven had aan vrouwen die ook die dag weduwe waren geworden. Hij keek naar het flakkerende kaarslicht, dat de kale bakstenen muur verlichtte van de door bommen beschadigde boerderij waar zijn mannen en hij hun toevlucht hadden gezocht. De meeste mannen sliepen, waren uitgeput na dagen van aanvallen en tegenaanvallen. Zijn commandant had gezegd dat de operatie een succes was.

'Dit markeert een nieuwe fase, Ashford. We weten nu hoe we met een minimaal aantal slachtoffers snel en diep de vijandelijke linies kunnen binnendringen. We moeten alleen beter communiceren, dan zal het de volgende keer lukken. Met een beetje geluk zijn we met kerst thuis.'

'Ja, meneer,' had Charles gezegd, al deelde hij die mening niet en wist hij zeker dat de families van duizenden omgekomen en vermiste soldaten het met hem eens waren.

Hij kon zich niet voorstellen dat hij met kerst thuis zou zijn. Hij kon zich niet eens herinneren hoe kerst gevierd werd. Het enige wat Charles voor zich zag was een eindeloos conflict, nog meer jongemannen die zinloos het leven zouden laten, nog meer weduwen, nog meer kinderen die zonder vader zouden opgroeien. Toen hij zich bij het leger aanmeldde, had hij dat gedaan uit plichtsbesef, voor koning en vaderland. Zo luidde de wervingstekst die overal hing. Maar nu hij jarenlang jongemannen – jongens eigenlijk nog – in hun doodsstrijd om hun moeder had horen roepen, er soldaten waren die hadden gezien hoe hun beste vrienden voor hun ogen werden opgeblazen, kostte het Charles grote moeite om zich een wereld zonder de dagelijkse verschrikkingen van de oorlog voor te stellen.

Hij dacht dagelijks aan zijn eigen dood. In veel opzichten was hij er klaar voor. Op duistere momenten verlangde hij er zelfs naar. Een eind aan dit alles. De gezegende kus van de dood. Hij was niet bijgelovig, was niet zo iemand die een konijnenpootje of een stukje steenkool bij zich droeg omdat dat geluk zou brengen. Als het je tijd was, was daar niets aan te doen. Zo was het ook bij Jack Arnold gegaan. Een maand geleden had Gertie hem een brief gestuurd om dat te melden. Lieve Gertie. Hij kon zich haar verdriet voorstellen, hoe ze haar ouders probeerde te troosten. Zo'n hecht gezin. En ze had Harry natuurlijk. Die beste brave Harry. Charles pakte zijn leren portemonnee en keek naar de foto van Harry en Gertie op hun trouwdag. Charles en Jack stonden trots aan weerszijden naast hen. Hij voelde tranen branden. Hij kon zich niet voorstellen hoe het zou zijn om terug te gaan. Dat was een verhaal op zich. Wie weet zat zijn tijd er bijna op. Hij pakte een vel papier en doopte zijn pen in de inkt.

5 december 1917

Lieve Gertie,

Bedankt voor je brief. Ik heb je meteen teruggeschreven om je te laten weten hoe vreselijk ik het vind van Jack.

Charles stopte even en zocht naar de juiste woorden.

Hij was een fijne vent en een goede broer voor je. Ik bewaar goede herinneringen aan de heerlijke middagen die we, varend met een punter in Oxford, met z'n allen hebben doorgebracht. Ik moet nog steeds lachen als ik terugdenk aan die keer dat hij van de ene in de andere boot probeerde te springen en in de Cherwell belandde!

Charles veegde in zijn ooghoek. Hoewel de meeste mannen sliepen, gaf het geen pas om hier je gevoelens te tonen.

Ik hoop dat dierbare herinneringen aan zulke dagen troost zullen bieden in de komende weken en maanden.
Ik verkeer in goede gezondheid en

Charles stopte met schrijven, ergerde zich aan de holle frasen. Die herinneringen zouden Jack niet terugbrengen. Dat waren de feiten. De naakte waarheid. Misschien werd het tijd dat Charles ook wat zichzelf betrof voor de waarheid uitkwam.

Hij doopte zijn pen weer in de inkt, wachtte even met het terugzetten van de inktpot en wreef over zijn slapen. Hoe moest hij dat verwoorden? Hoe kon hij aan Gertie vertellen wat hij graag aan haar kwijt wilde? Wat zou ze denken? Wat zou Harry denken? Zijn oudste en dierbaarste vrienden. Zijn malende gedachten worstelden om duidelijkheid. *Ik moet je iets vertellen voor het geval het noodlot toeslaat en ik niet terugkeer. Het lijkt me niet meer dan billijk dat je de waarheid kent.*

De waarheid. Daar was dat woord weer. Zo gemakkelijk om op te schrijven, maar zo lastig om te verwoorden. *Wat is de waarheid, Charles?* Hij keek opnieuw naar de trouwfoto en streek er met zijn duim overheen.

'Ik hield van je,' fluisterde Charles. 'Ik zal altijd van je blijven houden. Niemand zal ooit aan je kunnen tippen.' Hij drukte de foto tegen zijn lippen en stopte hem terug in zijn portemonnee, doopte zijn pen weer in de inkt om verder te schrijven. Als hij daarbuiten zou sneuvelen, wilde hij dat Gertie zijn ware gevoelens zou weten.

'Thee, meneer.'

Charles keek op van zijn brief en zag de vermoeide soldaat een tinnen mok voor hem neerzetten. 'Bedankt, sergeant.'

'Zal ik deze brieven voor u meenemen, kapitein?'

Charles keek naar de onafgemaakte brief aan Gertie. Hij wachtte even en schreef toen haastig verder.

> *... en hoop op betere tijden als Harry, jij en ik elkaar weer in levenden lijve kunnen zien. Doe hem de hartelijke groeten. Je bent altijd in mijn gedachten.*
> *Voor altijd de jouwe,*
> *Charles*

'Bedankt, sergeant,' zei hij. Hij legde de brief aan Gertie boven op de stapel en overhandigde de stapel aan de sergeant.

DEEL II

LONDEN, 1940

8

Mijn beste vriend is iemand die me een boek geeft dat ik nog niet heb gelezen.
Abraham Lincoln

Gerald Travers keek fronsend naar de kale bakstenen muur alsof hij verwachtte dat Hitler daar in hoogsteigen persoon uit tevoorschijn zou komen, waarna hij er een gezaghebbende tik tegen gaf en zijn hoofd scheef hield om te luisteren. Met een tevreden knikje stapte hij naar achteren.

'Zo stevig als een huis, mevrouw Bingham,' zei hij, en hij keek de slecht verlichte ruimte met planken rond die tot vandaag vooral als magazijn en bestellingenkantoor had gediend. 'Ik keur deze ruimte met alle plezier goed als openbare schuilkelder.'

'Dank u, meneer Travers,' zei Gertie. 'We zullen mensen graag een schuilgelegenheid bieden als dat nodig mocht zijn. We kunnen het hier vast nog wel wat gezelliger maken met stoelen en kussens. Er is in elk geval voldoende vertier,' voegde ze eraan toe, waarbij ze naar de planken vol met boeken knikte.

Gerald gaf Gertie een weloverwogen knikje. Hij deed haar een beetje denken aan burgemeester Simon Schildpad uit de verhalen van Beatrix Potter, die traag en bedachtzaam bewoog en dol was op de sla die in zijn weelderige tuin groeide. 'Hitler heeft het momenteel te druk met Europa onder de voet lopen, maar het zal niet lang meer duren voordat hij bij ons op de deur klopt. En dan zijn we daar klaar voor,' zei Gerald, die tegen de zijkant van zijn neus tikte.

Gertie glimlachte. Ze kende hem al jaren. Iedereen kende Gerald en zijn vrouw, Beryl. Ze runden samen de plaatselijke groentezaak en waren erg op Gertie gesteld geraakt toen die op een keer hun zelfgekweekte bloemkolen bewonderde en bekende dat ze ervan droomde die zelf ook in haar tuin te hebben. Beryl nam direct de rol van peetmoeder op zich om Gerties tuinambities te helpen verwezenlijken. Ze gaf haar niet alleen bloemkoolzaailingen, maar ook stambonen, tomaten, pompoenen en bakken met pootaardappeltjes. Onder het toeziend oog van Beryl en Gerald werd Gertie dol op tuinieren en als dank gaf ze het stel potten augurkjes, jam en gekonfijte vruchten. Gertie herinnerde zich nog de dag dat Beryl te ziek werd om te werken. Gerald deed de rolluiken van de groentezaak omlaag en had ze nooit meer opgetrokken. Hij kwam vaak in de boekwinkel om een boek te kopen dat hij aan Beryl kon voorlezen terwijl die in bed lag.

'Graag iets grappigs wat afleiding biedt, mevrouw Bingham,' zei hij dan. Gertie had hem naar huis gestuurd met een gestage stroom boeken van Wodehouse, en *Drie mannen in een boot* uiteraard. Nadat Beryl was overleden, kwam hij alle boeken terugbrengen. 'Verkoop ze maar tweedehands, mevrouw Bingham. Ik heb ze niet meer nodig.'

Gertie vond Gerald in alle opzichten een heer. Ze herinnerde zich dat hij, kort nadat Harry was overleden, bij haar op bezoek was geweest. Hij had op de stoep gestaan met een papieren zak in zijn handen en had haar aangekeken als iemand die ook zijn grote liefde had verloren.

'Cox,' zei hij, toen hij haar de zak in handen drukte. 'Als ik het goed heb, waren dat de lievelingsappels van meneer Bingham.'

Het was voor Gertie geen verrassing dat deze steunpilaar van de gemeenschap, die ook beheerder van het dorpshuis was, de leiding over de lokale luchtbeschermingsdienst op zich had genomen zodra de oorlog was uitgebroken.

'Fijn dat u tijd vrijmaakt om op bezoek te komen, meneer Travers,' zei ze, toen ze met hem mee terugliep naar de winkel. 'Ik weet dat u het druk hebt.'

'Geen probleem, mevrouw Bingham,' zei Gerald. 'Geen enkel probleem. Ik ben blij dat ik wat omhanden heb, vooral in de avond. Het huis kan een beetje, ach, u weet wel...'

'Ja.' Dat wist ze inderdaad. Tenminste, dat had ze geweten. De oorverdovende stilte in huis nadat Harry was overleden, deed haar soms naar adem snakken en ze maakte urenlange wandelingen met Hemingway om aan de beklemmende rust te ontkomen.

Nu Hedy bij haar logeerde was het anders. Het was uiteraard niet hetzelfde als toen Harry nog leefde, maar Gertie merkte dat ze 's nachts wat rustiger sliep. Wakker worden in een leeg huis had haar amper een impuls gegeven om uit bed te komen, maar nu moest ze Hedy wakker maken en aansporen om zich klaar te maken en naar school te gaan. Dat was vaak een uitdaging, want meisjes van vijftien sliepen kennelijk graag, maar het gaf Gertie wel een reden om op te staan en daar was ze blij om.

Nadat de oorlogsverklaring en het verlammende besef dat haar familie in Duitsland moest blijven, ten prooi aan de nazi's, goed tot haar waren doorgedrongen, trok Hedy zich terug als een gewonde vogel. Ze kwam alleen haar kamer uit om te eten of naar school te gaan, en Hemingway week zelden van haar zijde. Het ergste was dat er nu ook geen brieven meer kwamen. Zodra het oorlog was, kon er vanuit Duitsland alleen nog gecommuniceerd worden via een telegram van het Rode Kruis, waarop hooguit vijfentwintig woorden mochten staan. Het eerste telegram kwam een paar dagen na de mislukte poging van de familie Fischer om Duitsland te verlaten.

We verkeren in goede gezondheid. Maak je geen zorgen. Je bent een lieve dochter. Liefs van papa, Arno en mij. Blijf vrolijk. Mama.

Na deze laatste bevestiging dat haar familie niet naar Engeland zou komen, trok Hedy zich als een geest terug, alsof ze de realiteit van haar huidige leven niet kon bevatten. Het deed Gertie denken aan hoe ze er zelf aan toe was geweest in de weken en maanden na Harry's dood, in de greep van angst door zijn afwezigheid terwijl ze tegelijkertijd niet kon geloven dat hij er niet meer was. Omdat ze Hedy graag uit haar neerslachtigheid wilde halen, probeerde ze haar te troosten op de enige manier die ze kende.

'*Jane Eyre*,' zei ze, toen ze haar eigen geliefde exemplaar op een avond over de keukentafel Hedy's kant op schoof. 'Dat boek heeft me troost geboden toen ik dat het hardst nodig had. Eigenlijk troost het me nog steeds.'

Hedy sloeg haar blik op naar Gertie en keek toen weer naar het fraaie groene boek. Ze sloeg het open en las de inscriptie. 'Hebt u dit boek van uw man gekregen?'

Gertie slikte. 'Ja, ik heb het van hem gekregen op onze trouwdag.' Haar ogen glinsterden toen ze eraan terugdacht. 'Het was warm die dag. Ik droeg een zware ivoorkleurige jurk met kriebelende kanten mouwen, en de jurk had een lange sleep. De hoofdtooi was versierd met sinaasappelbloesem, waardoor mijn hoofdhuid jeukte.' Ze schudde geamuseerd haar hoofd, vergat bijna dat Hedy erbij was. 'Het enige wat ik wilde, was met Harry trouwen, zodat we aan ons leven samen konden beginnen. De fotograaf was een joviale vent die meneer Archibald heette en een prachtige krulsnor had, waardoor hij op een vrolijke walrus leek. Ik deed erg mijn best om te glimlachen voor de foto, maar ik wist niet wat ik met mijn gezicht moest doen. Mijn broer, Jack, die achter de fotograaf stond, gedroeg zich als een malloot en trok rare gezichten. Mijn moeder foeterde op hem, maar niet al te streng, want zo was ze.' Gertie gniffelde. 'Hij zei dat ik eruitzag alsof ik voor een post-mortem foto poseerde.'

'Zoiets zou Arno ook tegen mij zeggen,' zei Hedy. 'Hij plaagde me altijd.'

Gertie glimlachte. 'En toen kwam Charles. Hij was namelijk Harry's beste vriend. Ik was zo blij en opgelucht toen ik hem zag dat mijn gezichtsuitdrukking veranderde. Op dat moment nam meneer Archibald de ideale foto. Harry grapte altijd dat zijn blozende bruid niet van oor tot oor glimlachte omdat ze aan haar geliefde dacht, maar omdat ze zojuist in de verte de beste vriend van haar man had ontdekt.' Hedy lachte. 'En dus was hij degene die me Harry's geschenk overhandigde,' zei Gertie, wijzend naar het boek.

Hedy las de inscriptie hardop voor. '*Lezer, ze is met me getrouwd en heeft me de gelukkigste man ter wereld gemaakt. Voor altijd de jouwe, Harry, juni 1906.*' Hedy sloeg het boek dicht en liet haar hand voorzichtig over de goudkleurige letters glijden. 'Bedankt dat ik het mag lenen.'

Gertie knikte. Er trok opeens een golf van verlangen door haar heen. Ze zag hen zo weer voor zich, zoals ze na de huwelijksvoltrekking voor een groepsfoto hadden geposeerd: Harry die naar haar glimlachte, Charles en Jack die achter hen stonden en grapjes maakten, Gerties ongetrouwde tante die haar vader en oom Thomas tot de orde riep omdat die te luidruchtig waren, en haar moeder die haar hand vastpakte en er een kus op drukte. Het was de mooiste dag van haar leven geweest en ze zou dolgraag naar die dag teruggaan. Weer van dat moment genieten. Die liefde en blijdschap om zich heen voelen. Ze stond op, wilde aan de melancholie ontsnappen. 'Veel leesplezier, liefje,' zei ze. 'Ik ga weer verder. Het is hoog tijd dat ik mijn rozen snoei.'

Toen Gertie een paar dagen later terugkwam van de boekwinkel, trof ze Hedy in de keuken aan. Ze had kop-en-schotels klaargezet en de ketel stond op het fornuis.

Haar gezicht lichtte op toen ze Gertie zag. 'Ik heb *Jane Eyre* uit,' zei ze. 'Ze is de beste vrouwelijke hoofdpersoon ooit. Ze leert zelfs Duits.' Hedy's blik gleed naar de tafel. 'Ik heb theegezet en...' Ze tilde de theedoek op en onthulde een bakblik met karamelkleurige koekjes. 'Ze lijken op de *Lebkuchen* bij mij thuis. Ik hoop dat ze lekker zijn. We zouden samen thee kunnen drinken en over het boek kunnen praten, als u dat wilt.'

Gertie deed glimlachend haar jas uit. 'Ja, dat zou ik heel fijn vinden.'

Harry zei altijd dat de beste dingen in het leven steevast begonnen met een boek, en toen Gertie en Hedy de daaropvolgende weken en maanden onder het genot van thee en koekjes hun liefde voor verhalen deelden, werd Gertie eraan herinnerd hoe wijs haar man was geweest. Gertie kwam aanzetten met de boeken van Brontë en Wodehouse, Hedy met die van Von Droste-Hülshoff en Hesse. Nadat ze elkaar over hun lievelingsboeken hadden verteld, gingen ze verder met nieuwe auteurs. Samen ontdekten ze Edna Ferber, Winifred Holtby, Aldous Huxley en nog veel meer. Met voldoening ontdekte Gertie dat ze niet alleen dezelfde smaak hadden, maar dat Hedy verhalen, personages en literatuur besprak met een gedrevenheid die Gertie herkende maar al een aantal jaar niet meer had gevoeld. Sinds het overlijden van Harry om precies te zijn. Ze had een tijd niets om lezen gegeven en nu hielp Hedy haar om lezen weer leuk te vinden.

Als ze niet op school was of zat te lezen, schreef Hedy. Sam had zich aangemeld bij de luchtmacht. Ze schreef lange brieven aan hem en haar gezicht straalde als ze een brief terug kreeg. Gertie merkte ook dat ze overal op stukjes papier verhalen neerkrabbelde, soms in het Duits, soms in het Engels. Ze moest erom lachen. Woorden boden troost en creëerden een wereld van broodnodige kracht en hoop. Gertie kocht een in nachtblauw leer gebonden notitieboek voor Hedy en schonk haar Harry's felrode Parker Duofold-pen.

'Wat goed genoeg is voor Arthur Conan Doyle, is goed genoeg voor mij,' zei hij altijd.

Hedy pakte het notitieboek en de pen aan met een blik van dankbare verwondering. 'Ik beloof dat ik voorzichtig zal zijn met Harry's pen.'

'Dat weet ik,' zei Gertie tevreden. 'Jij kunt de eerste inwonend auteur van Bingham Books zijn.'

'Ik zal een verhaal schrijven waar jullie allebei trots op zullen zijn.'

Gerties hart maakte een sprongetje, want het klonk precies als iets wat een kind tegen haar ouders zou zeggen. Ze gaf een klopje op Hedy's schouder. 'Ik kan niet wachten om het te lezen.'

'Ik heb er een, mevrouw B!' riep Betty, die binnen kwam vallen met een ei dat ze als een trofee in de lucht stak. 'O, sorry, meneer Travers. Ik had u niet gezien.'

'Let maar niet op mij, mevrouw Godwin. Mevrouw Bingham en ik waren net de oude verdediging aan het versterken.'

Betty's ogen begonnen te stralen. 'Hebt u er uw goedkeuring aan gegeven?'

Hij knikte. 'Het zal een zegen voor de hoofdstraat zijn wanneer de Duitsers hier komen.'

'Nee, áls ze hier komen,' zei Betty. 'Ik ben er apetrots op dat ik een van uw blokhoofden mag zijn, meneer Travers, maar ik hoef niet veel meer te doen dan gasmaskers uitdelen en naar mensen roepen dat ze het licht uit moeten doen!'

'Wees voorzichtig met wat je zegt,' zei Gerald, die een blik wisselde met Gertie. Het was de blik van een generatie die opgelucht was dat er tijdens de eerste maanden van deze oorlog weinig was gevochten. De gedachte nog meer doden te moeten begraven terwijl ze nog overstuur waren door de verschrikkingen van het vorige conflict, was bijna te veel om te dragen. Betty's generatie had hier uiteraard geen herinnering aan. Die was erop gebrand het fascisme te verslaan, te vechten. Gertie juichte hun gedrevenheid toe, maar telkens als ze hoorde dat weer een jongeman zich had aangemeld, hoopte de angst zich op in haar maag alsof het teer was. Hitler spreidde zijn machtstentakels uit over Europa en het zou niet lang meer duren voordat hij zijn aandacht op Groot-Brittannië zou richten. Het was alsof ze er klaar voor waren, alsof ze in het enge donker keken, beducht waren voor het moment waarop het monster zou toeslaan.

Voorlopig voelde het leven als een generale repetitie voor wat hun te wachten stond. De overheid had rantsoenering ingesteld. Als je naar mensen als mevrouw Crow luisterde, was dat een 'aanfluiting van rechtvaardigheid', maar Gertie vond het een klein offer dat ervoor moest zorgen dat het volk te eten had. De verduistering werd door sommige mensen als een noodzakelijk kwaad gezien, maar tot Gerties blijdschap bleek het ook een stimulans te zijn om meer te lezen. Ze slaagde er maar net in om voldoende exemplaren van *Gejaagd door de wind* op voorraad te hebben en ook de boeken van Jane Austen en Charles Dickens vlogen over de toonbank.

'Heel goed werk op het eierenfront,' zei ze tegen Betty. 'Ik heb mijn boterbonnen opgespaard.'

'En suiker?'

'Ik heb ergens gelezen dat je ook wortelen als zoetstof voor een taart kunt gebruiken.'

Betty trok een gezicht. 'Dat klinkt me raar in de oren.'

'Ik heb suikerbonnen,' zei meneer Travers.

Betty keek hem aan. 'Zeker weten? We willen namelijk een taart maken voor Hedy's verjaardag.'

'Natuurlijk weet ik het zeker,' zei hij. 'De jongedame verdient een taart na alles wat ze heeft doorgemaakt. Ik moet nu naar een vergadering van de wvs, de organisatie van vrouwelijke vrijwilligers, maar ik kan de suikerbonnen later bij u thuis afgeven, mevrouw Bingham.'

‘Dan krijgt u op uw beurt iets van mij,’ zei Gertie.

‘O nee, dat is nergens voor nodig,’ zei Gerald.

‘Alstublieft,’ zei Betty, die een boek van de plank haalde en het aan hem gaf.

‘*De druiven der gramschap*,’ las Gerald hardop.

‘Dat is momenteel heel populair. We hebben dit boek vorig jaar met de leeskring gedaan en meneer Reynolds zei dat het een van de beste boeken was die hij ooit had gelezen,’ zei Betty. ‘U zult het vast mooi vinden.’

Gerald draaide het boek om in zijn handen. ‘Het is misschien fijn om iets te lezen te hebben als ik een avond geen dienst heb, want die verduisteringsavonden duren lang. Bedankt.’

‘Wat jammer dat we niet meer door kunnen gaan met de leeskring,’ zei Betty. ‘Anders zou u kunnen meedoen.’

Gerald zuchtte. ‘Hitler heeft heel wat op zijn geweten. Maar goed, ik ga nu maar. Ik wil mevrouw Fortescue niet laten wachten.’

‘Nee, zeg,’ zei Gertie. Ze kende de reputatie van Margery Fortescue. Ze was sinds een paar jaar weduwe en hield graag etentjes en recitals in de salon van het landhuis waarin ze woonde samen met haar dochter, Cynthia. Het landhuis lag net buiten het dorp, grensde aan het schilderachtige platteland van het graafschap Kent.

‘Ze vindt zichzelf heel wat,’ had Gertie mevrouw Crow herhaaldelijk horen zeggen. ‘Mevrouw heeft het hoog in de bol.’

Gertie nam niet alles wat Philomena Crow zei klakkeloos aan, maar ze had de geduchte Margery Fortescue één keer zelf meegemaakt. Dat was op een rustige dag in de winkel, niet lang nadat Harry was overleden. Gertie was in het magazijn toen ze de deurbel hoorde klingelen. Ze streek haar jurk glad en liep de winkel in. Een vrouw van in de dertig met een bril met kleine ronde glazen en een pruimkleurige baret op haar hoofd stond midden in de winkel met een exemplaar van *De vertellingen van duizend-en-één-nacht* in haar handen. Het was een luxe editie van donkerpaarse stof met sierlijke goudkleurige letters op de rug. De vrouw had haar ogen gesloten en snoof de geur op alsof ze de verhalen omarmde. Gertie bleef staan. Ze wilde de vrouw niet storen. Ze snapte de gewijdheid van dit moment. Gertie deed dat zelf ook vrijwel dagelijks, als een priester die een heilig ritueel uitvoert. De arme vrouw kon niet lang van haar dierbare rust genieten, want de winkeldeur vloog open en Margery Fortescue ging voor haar staan en sloeg haar armen over elkaar.

'Cynthia Fortescue! Wat heeft dit te betekenen?' bulderde ze. De ogen van de jongere vrouw vlogen open. Ze bleef als aan de grond genageld staan, met het boek tegen haar borst geklemd alsof het haar kon beschermen tegen de dreigende aanval. 'Cynthia!'

Cynthia draaide zich met opgetrokken schouders om. 'Sorry, moeder,' zei ze. 'Ik keek alleen.'

'Kan ik jullie helpen?' vroeg Gertie, die bij hen kwam staan alsof ze hen net pas in haar winkel had gezien.

'Nee,' zei Margery. 'We gaan. Cynthia, leg dat boek neer.'

Cynthia's gezicht betrok alsof ze te horen had gekregen dat ze haar geliefde nooit meer mocht zien. Ze streek met haar vinger over de rug voordat ze het boek aan Gertie gaf. 'Hou het maar,' zei Gertie.

Cynthia's ogen werden groot. 'Nee,' zei haar moeder, die het boek uit de handen van haar dochter rukte en het op de toonbank legde. 'We hoeven uw liefdadigheid niet en Cynthia mag er niet voor beloond worden dat ze deze...' Ze wierp een afkeurende blik op de boekenplanken om zich heen. '... nering betreedt. Kom mee, Cynthia. We hebben een kappersafspraak. Fijne dag nog verder.'

Gertie zag hen weggaan en schonk Cynthia een meelevende glimlach toen die met een blik van verlangen op haar smalle, leergierige gezicht omkeek naar de winkel.

'Ik hoop dat meneer Travers weet waar hij aan begint. Mevrouw Fortescue kan angstaanjagend zijn,' zei Gertie toen hij weg was.

'Wat lief van hem dat hij zijn suikerbonnen aanbiedt,' zei Betty.

Gertie knikte. 'Het zal een geweldige verrassing voor Hedy zijn. Kan Sam nog steeds vrij krijgen dat weekend?'

'Ik denk dat zelfs Hermann Göring hem niet zou kunnen tegenhouden.'

'En Barnaby?'

'Deze keer helaas niet.'

'Wat vervelend voor je,' zei Gertie.

Betty haalde onverstoorbaar haar schouders op. 'Engeland gaat voor.'

Gertie stak haar hand uit en gaf Betty een kneepje in haar arm. Ze was niet gelovig, maar ze bad elke nacht dat deze oorlog snel voorbij zou zijn en dat hun jongemannen gespaard zouden blijven. Maar nu Hitler genadeloos oprukte in Europa, leek dat steeds onwaarschijnlijker.

Gertie was net de tafel aan het dekken voor het ontbijt toen het telegram kwam. Hemingway blafte zodra de jongen aanbelde en daarna hoorde ze Hedy de trap af rennen om open te doen.

Even later verscheen ze in de keuken, het telegram tegen haar hart gedrukt. 'Mijn moeder feliciteert me met mijn verjaardag,' zei ze. Haar gezicht was een mengeling van verlangen en blijdschap.

Gertie voelde aan dat ze haar moest opmonteren. 'Wat een geluk dat die precies vandaag aankomt. Gefeliciteerd met je verjaardag, liefje. Ik heb ook iets voor je.' Ze knikte naar een in bruin papier gewikkeld pakje dat op de tafel lag.

'*Villette*,' zei Hedy, toen ze een klein blauw boek uit het papier haalde. 'Dank u wel, Gertie.'

'Ik weet dat je van *Jane Eyre* hebt genoten, dus ik dacht dat je misschien nog wel iets van Charlotte Brontë zou willen lezen.'

'En deze bloemen zijn prachtig,' zei Hedy, die met haar vinger over de tere blozende blaadjes van de ronde roze knoppen ging.

'Pioenrozen,' zei Gertie tevreden. 'Die bloeien net op tijd voor je verjaardag. Heb je plannen voor vandaag?'

'Betty komt straks en misschien gaan we naar de bioscoop.'

'Dat klinkt als een goed plan,' zei Gertie zenuwachtig van opwinding over de verrassing die ze hadden georganiseerd. Dankzij het ei van Betty en de suiker van meneer Travers had ze een redelijk goed gelukte chocoladetaart kunnen bakken die ze gevuld had met zelfgemaakte kersenjam. De taart zat nog in de springvorm, die ze in de kelder had verstopt, waar die klaarstond voor als Sam kwam.

Iets over tweeën werd er op de deur geklopt. 'Hedy,' riep Gertie. 'Wil jij Betty alsjeblieft binnenlaten?'

'Dat is goed,' zei Hedy. Gertie kwam uit de keuken en keek toe toen Hedy de voordeur opendeed.

'Gefeliciteerd!' riep Betty, die haar handen in de lucht stak, waarna ze opzij stapte en Sam, in zijn RAF-uniform, zijn hoofd om de deurpost stak.

'Verrassing!'

'Sam!' riep Hedy. Ze rende naar voren en sloeg haar armen om zijn nek. Gertie en Betty grijnsden naar elkaar. 'Je ziet er heel knap uit,' zei ze tegen hem.

'Het werd tijd dat iemand hem opdofte,' zei Betty, die haar broer een por tussen de ribben gaf.

'Je ziet er inderdaad keurig uit, Sam,' zei Gertie. Een plotselinge herinnering aan Jack die vele jaren geleden naar het front vertrok zorgde ervoor dat ze een brok in haar keel kreeg. 'Zullen we naar de woonkamer gaan? Dan kunnen we de verjaardag van deze jongedame echt gaan vieren.'

Na de thee en de taart, waarvan iedereen zei dat die heel lekker was, stak Sam zijn hand in zijn zak en hij haalde er een vierkant pakje uit. Hedy verwijderde het papier. Er zat een robijnrood fluwelen doosje in met daarin een zilveren medaillon. 'Ik heb de foto erin gedaan van die dag bij de hopkwekerij,' zei hij gniffelend. 'Toen Betty op die wesp ging zitten.'

'Dat was niet grappig. Het was heel pijnlijk,' zei zijn zus.

Hedy maakte het slotje los. 'Ik zal je helpen,' zei Sam, die naar haar toe liep. Hij deed haar de ketting om en maakte het slotje dicht.

Hedy bloosde een beetje toen ze een hand op het medaillon legde. 'Dank je wel, Sam,' fluisterde ze.

Gertie wist hoe het eruitzag als twee mensen verliefd op elkaar werden. In haar hart voelde ze een mengeling van blijdschap en bezorgdheid om wat hen te wachten stond.

Er werd opnieuw op de deur geklopt. Sam keek zijn zus aan. 'Ik denk dat dit voor jou is, Betty.'

Betty fronste haar wenkbrauwen. 'Hoe bedoel je?'

Gertie liep naar het raam en gluurde door de vitrage. 'Hij heeft gelijk. Het is voor jou.'

Betty vloog naar de deur. Gertie, Hedy en Sam keken elkaar aan terwijl ze luisterden. 'O!' riep Betty. 'O, jij bent het. Wat heerlijk dat je er bent!' Even later kwam ze hand in hand met Barnaby de woonkamer binnen. 'Deze rotzak zei dat hij geen vrij kon krijgen,' riep ze met tranen in haar ogen. Barnaby trok haar dicht tegen zich aan en drukte een kus op haar voorhoofd.

'Ik ben toch hopelijk niet te laat voor het feestje?' vroeg hij. 'Gefeliciteerd met je verjaardag, Hedy.'

'Dank je wel, Barnaby. Ik ben heel blij dat je er bent.'

'Ik weet niet hoe het met jullie zit, maar dit vraagt om muziek,' zei Sam. 'Is het goed als we de platenspeler aanzwengelen, mevrouw B?'

'Zonder muziek is het geen echt feest,' zei Gertie. Gertie en Hedy keken elkaar glimlachend aan.

'Ik zal je de charleston leren, Hedy,' zei Sam. 'Vooruit jullie twee.' Hij richtte zich tot Barnaby en Betty. 'We hebben geen tijd om uit te rusten.' Gertie keek opgetogen toe toen de jongelui lachend over de vloer bewogen en ronddraaiden. Het voelde goed om in tijden van wanhoop zulke vrolijke momenten te kennen. Ze zag hoe Hedy en Sam naar elkaar keken. Hedy leek te jong om verliefd te worden, en toch kon ze zich geen betere man voor haar voorstellen dan Sam. Dat riep mooie herinneringen op aan toen Harry en zij verliefd werden. Die steelse blikken. Het afzwakkende verlangen als je niet bij elkaar was. De blijdschap zodra je elkaar weer zag. Die herinneringen boden troost, maar veroorzaakten ook pijnlijke steken van verlangen.

Haar dagdromen werden onderbroken toen er op de deur werd geklopt. 'Verwachten we nog meer bezoek?' vroeg Gertie, die naar de deur liep om open te doen.

'Misschien is het de premier,' zei Betty lachend. 'Wie weet heeft hij over de heerlijke taart gehoord en wil hij ook een stukje.'

De glimlach op Gerties gezicht verdween zodra ze een politieagent zag staan. Hij leek jonger dan Hedy toen hij met trillende vingers zijn notitieboekje vasthield. Op zijn bovenlip parelden zweetdruppels. 'Goedemiddag, agent. Is alles in orde?'

'Mevrouw Bingham?' zei hij, terwijl hij in zijn notitieboekje keek. 'Mevrouw Gertrude Bingham?'

'Ja, dat ben ik.'

Hij haalde diep adem. 'Ik ben agent Wilberforce. We hebben begrepen dat er iemand met de Duitse nationaliteit bij u in huis woont. Klopt dat?'

'Ja,' zei Gertie geïrriteerd. 'Een Duits meisje dat haar vaderland ontvlucht is in verband met de nazi's.'

'O,' zei de agent.

'Zeg, jongeman, waar gaat dit over?' vroeg ze. De felheid in haar stem verbaasde haar zelf ook. 'Wat wilt u van Hedy?'

Hij slikte en keek weer in zijn notitieboekje alsof daar het antwoord stond, waarna hij haar bedroefd aankeek. 'Ik kom haar arresteren,' zei hij. 'Op bevel van Winston Churchill.'

9

Ik zou liever een rebel zijn dan een tot slaaf gemaakte.
Emmeline Pankhurst

Gertie had haar ogen vernauwd tot spleetjes en keek op naar het koninklijk wapen dat de achterwand van de zaal van de politierechtbank sierde. De boosheid trok als elektriciteit door haar aderen. Al sinds ze geprobeerd hadden Hedy te arresteren was ze doorlopend kwaad. Gertie was met Hedy meegegaan naar het politiebureau en had de dienstdoende agent in niet mis te verstane bewoordingen laten weten dat Hedy niet zou worden afgevoerd voordat ze fatsoenlijk was gehoord. De agent was een vriendelijke man die Fred Mayfield heette en een dochter van ongeveer Hedy's leeftijd had. Hij kwam weleens in de boekwinkel om een pulproman voor haar te kopen. Hij pleegde een telefoontje, regelde dat er de maand daarop een hoorzitting zou plaatsvinden en stuurde Gertie en Hedy naar huis.

Gertie was opgelucht maar bleef boos over de loop der gebeurtenissen. Strijdbaar als ze was haalde ze iedereen over om een brief naar *The Times* te sturen over Hedy's situatie. Een week later kwam er een jonge journaliste in de boekwinkel die vroeg of ze Gertie mocht interviewen.

'Wat vindt u van het verhaal dat de premier de politie opdracht heeft gegeven om, en ik citeer, "het hele zootje in de kraag te grijpen"?'

'Ik zou de premier willen vragen of hij ooit zijn huis heeft moeten ontvluchten als gevolg van overheidstirannie,' zei Gertie meteen.

De journaliste trok haar wenkbrauwen op. 'Mag ik dat citaat gebruiken, mevrouw Bingham?'

Gertie keek haar recht aan. 'Ja, dat mag.'

Het was niet de eerste keer dat Gertie vraagtekens zette bij de politieke macht van Winston Churchill. In 1905, aangespoord door haar moeder en de 'geen woorden maar daden'-kreet van mevrouw Pankhurst, was Gertie in actie gekomen. Haar eerste verzetsdaad was niet zo geslaagd.

'Gertrude, kun je even hier komen?'

Gertie had opgekeken van de bestellingenmap en zag haar vader slecht op zijn gemak naast een kleine, oudere vrouw in zwarte kleding staan, die met een zakdoek haar ogen bette. Toen Gertie dichterbij kwam, kon ze het gejammer van de vrouw verstaan. 'De grote Alfred, lord Tennyson! Hoe durven ze? Zo wordt zijn naam bezoedeld.'

'Vader?' zei Gertie.

Het gezicht van Arthur Arnold stond ernstig. 'Weet je waar dit op slaat?' vroeg hij, terwijl hij haar het boek liet zien.

Gertie pakte het boek aan en keek naar het woord 'vrouwenkiesrecht' dat op het schutblad geschreven stond. Ze keek met een stralende, onschuldige glimlach naar hem op. 'Ik denk dat het te maken heeft met de campagne om vrouwen ook kiesrecht te geven.'

De klant was woedend. 'Het is een schande!' riep ze. 'Deze vrouwen zijn monsters zonder ook maar een greintje fatsoen. Ze zouden met de zweep moeten krijgen. Zo! De zweep erover!' Gertie en haar vader keken de vrouw verbijsterd aan, terwijl ze met een in een handschoen gestoken vinger priemde om haar standpunt te benadrukken. 'Het gaat prima als vaders, mannen en broers ons vertegenwoordigen. We zitten niet op deze verandering te wachten. Ik neem aan dat u het als toegewijde vader met me eens bent?' zei ze tegen Arthur.

Hij wierp een blik op zijn dochter en liet een beleefd kuchje horen. ‘Nee, mevrouw, dat ben ik niet met u eens. Ik ben er al langer van overtuigd dat mijn vrouw en dochter veel slimmer zijn dan ik. In mijn optiek zijn ze niet mijn gelijken, maar mijn meerderen. Ik bied mijn verontschuldigingen aan dat het boek dat u hebt gekocht op zo'n manier is toegetakeld. U kunt een ander exemplaar mee naar huis nemen of u kunt uw geld terugkrijgen.’

‘Poeh,’ snoof de vrouw, die een nieuwe tirade wilde afsteken.

‘Een ander exemplaar of uw geld terug,’ herhaalde Arthur. ‘Wat heeft uw voorkeur?’

De vrouw stak haar kin naar voren en keek Gertie kwaad aan. ‘Geld terug en ik zal hier nooit meer een voet over de drempel zetten.’

Later die avond, onder het eten, wendde Arthur zich met een zucht tot zijn vrouw en dochter. ‘Echt, ik zou jullie nooit vragen om jullie vurige overtuigingen van wat juist is in te dammen, maar kunnen jullie me alsjeblieft waarschuwen voordat we straks geen klanten meer overhouden?’

Gertie gaf hem een zoen op zijn wang. ‘Sorry, vader.’

Lilian schoof een exemplaar van *De huurster van Wildfell Hall* naar haar dochter toe. ‘Het zal niet gemakkelijk zijn,’ zei ze. ‘Grote veranderingen gaan nooit gemakkelijk, maar uiteindelijk zal het de moeite waard zijn. Verlies nooit dat vonkje verontwaardiging, Gertie.’

Lilians woorden hadden Gertie moed gegeven. Haar volgende daad van politiek verzet vond plaats tijdens een openbare bijeenkomst waar ze bij aanwezig was. Ze hield het boek dat haar moeder haar had gegeven tegen haar borst geklemd. Toen Winston Churchill begon te spreken, was Gertie gaan staan. Haar lichaam tintelde van vastberadenheid terwijl ze om zich heen afkeurende geluiden en ‘niet weer één’ hoorde mompelen. Ze haalde diep adem en keek de spreker recht aan.

‘Meneer Churchill,’ zei ze. Hij draaide zich haar kant op en keek haar met opgetrokken wenkbrauwen aan. 'Meneer Churchill, ik vraag niet óf maar wannéér u en uw Liberal Party het vrouwenkiesrecht zullen steunen?'

Charles belde Gertie een paar dagen later. 'Weet je dat je in *The Times* geciteerd wordt?'

'O, is dat zo?' zei Gertie zacht. 'Nee maar.'

'Je levert nota bene kritiek op de premier.'

'Dat mag toch nog steeds, ook al is het nu oorlog? Een democratie blijft ook in tijden van conflict een democratie.'

'Ik ben het volledig met je eens. Ik bel je om je te feliciteren.' Hij zweeg even. 'Harry zou trots op je zijn.'

'Hij berispte me altijd als ik boos werd.'

'Aha, maar als je die boosheid tot iets belangrijks kanaliseert, kun je de wereld veranderen.'

Ze vroeg Charles om met hen mee te gaan naar de hoorzitting. De publieke steun voor Hedy en de andere geïnterneerden gaf haar moed, maar ze had nog steeds een vriend aan haar zijde nodig. Ze wierp een blik op hem toen ze in de rechtszaal op de rechter zaten te wachten. Lieve Charles. Zoveel aan hem herinnerde haar aan dierbare momenten met Harry. Zoals zijn mondhoeken omhoogkrulden alsof hij elk moment kon gaan lachen, de lachrimpeltjes bij zijn ooghoeken, zijn vriendelijke blik. Het bracht haar terug naar etentjes met z'n drieën en soms ook met Jack erbij. Gertie besefte dat het gewicht van verlangen zich langzaam verplaatste. Ze kon nu herinneringen ophalen zonder die vertrouwde pijnscheut.

'De rechtbank. Wilt u gaan staan?'

Toen edelachtbare rechter Geoffrey Barkly Hurr plaatsnam onder het koninklijke wapen, putte Gertie moed uit het feit dat hij wel wat weg had van oom Thomas. Hij bekeek de documenten die voor hem lagen en kuchte voordat hij het woord nam. 'Dit is een hoorzitting met betrekking tot ene Hedy Fischer, zestien jaar oud. Vandaag is het onze taak om te bepalen of haar classificering aangepast moet worden tot vreemdeling van de categorie C, wat betekent dat internering niet vereist is. Momenteel is ze geclassificeerd als vreemdeling van de categorie B, wat betekent dat internering vereist is als een noodmaatregel volgend op de escalatie van de oorlog in Europa. Is dat correct, meneer Baxter?'

Een man die aan een tafel rechts van Gertie en Charles zat, en die haar tot op dat moment niet was opgevallen, ging staan. 'Dat klopt, edelachtbare.'

'Kunt u mij vertellen waarom de overheid het noodzakelijk acht om mejuffrouw Fischer op te sluiten? Ze is toch een Joodse vluchteling?'

'Ja, edelachtbare. De overheid acht dit noodzakelijk in verband met de nationale veiligheid.'

Gertie gromde verontwaardigd.

De rechter trok een wenkbrauw op. 'Stilte alstublieft.'

Gertie voelde Charles strak naar haar kijken. Ze hield haar blik op het koninklijk wapen gericht. De leeuw keek haar boos en met wilde ogen aan. Ze keek boos terug.

'Zoals ik al zei,' vervolgde meneer Baxter, 'sinds de oorlog in Europa is geëscaleerd, zijn er zorgen dat mejuffrouw Fischer bij spionage betrokken kan zijn.'

'Kletskoek!' riep Gertie.

De rechter keek haar streng aan. 'Mevrouw, zulke onderbrekingen sta ik niet toe in deze rechtszaal. Als u verder uw mond niet houdt, zult u verwijderd worden.'

'Het spijt me, edelachtbare,' zei Gertie. 'Maar ik ken Hedy Fischer en ik weet dat ze geen spion is.'

Rechter Barkly Hurr wendde zich tot meneer Baxter. 'Hebt u getuigenverklaringen met betrekking tot deze jonge vrouw?'

Meneer Baxter zocht in zijn dossier. 'Ja, edelachtbare. Een flink aantal. Van ene mevrouw Constantine, mevrouw Snipp, meneer Travers en mevrouw Huffingham, de directrice van de plaatselijke meisjesschool waar mejuffrouw Fischer een tijdje op heeft gezeten. En dan is er nog het krantenartikel en de daaropvolgende publieke verontwaardiging.' Zijn stem stierf weg toen hij de rechter een exemplaar van *The Times* toeschoof.

Rechter Barkly Hurr las het artikel met opgetrokken wenkbrauwen vluchtig door en richtte zich toen tot Gertie. 'U bent de vrouw die kritiek heeft geleverd op onze premier.'

Gertie keek hem recht aan. 'Ja, dat ben ik. Ik vind zijn beslissing om alle buitenlanders op te sluiten verkeerd. En het publiek is het met me eens.'

'Mevrouw Bingham, in Duitsland schijnt het publiek het eens te zijn met een gek. De publieke opinie is geen maatstaf voor wat juist is.'

'Ja, edelachtbare, maar we leven in een democratie waar we vrijuit mogen spreken. Daar vechten we immers voor. We vechten voor het recht van mensen om ongeacht hun ras te kunnen spreken, handelen en leven. Daar draait deze zaak om. Hedy is naar dit land gekomen om aan vervolging te ontsnappen. Wat voor land zijn we als we haar opsluiten vanwege haar nationaliteit? Dat is toch hypocriet?' Gertie had door dat iedereen in de rechtszaal naar haar keek. De stilte was alomvattend.

Rechter Barkly Hurr knikte goedkeurend voordat hij zich tot Hedy wendde. 'Zo, jongedame,' zei hij. 'Zou u zo vriendelijk willen zijn om uit te leggen waarom u naar dit land bent gekomen?'

Hedy's hals werd vuurrood. Gertie gaf een geruststellend kneepje in haar hand en Hedy wierp een dankbare blik op haar, waarna ze begon te praten. Haar stem klonk zacht, maar haar manier van spreken was boeiend. Iedereen in de rechtszaal boog zich naar voren om te luisteren. 'Het begon allemaal toen Hitler aan de macht kwam. Een tijdje mocht ik nog naar school, maar toen veranderde alles. Mensen riepen ons na. Ik had nog steeds niet-Joodse vrienden, maar die mochten van hun ouders niet meer met me praten. Sommige kinderen kwamen ons achterna en gooiden stenen naar ons. Mijn moeder was bang en hield me thuis van school.' Ze slikte. 'En toen kwam die nacht dat ze winkels vernielden en synagogen in brand staken. Mijn vader werd naar Dachau gestuurd en mijn moeder verstopte mijn broer, omdat ze bang was dat ze hem ook zouden meenemen. Nadat mijn vader was teruggekeerd, zocht hij dagelijks naar een mogelijkheid om ons uit Duitsland weg te krijgen. Hij wist een plek in een trein voor me te regelen en zo ben ik hier gekomen en bij mevrouw Bingham gaan wonen.'

De rechter knikte ernstig. 'En uw ouders? Uw broer? Weet u waar die zijn?'

Hedy hield zijn blik even vast, waarna ze haar hoofd schudde en haar ogen neersloeg. Rechter Barkly Hurr keek vertwijfeld naar het plafond alsof hij om goddelijke tussenkomst smeekte voordat hij de aanwezigen toesprak. 'Het bewijs dat hier vandaag is aangevoerd is voldoende om mij te doen besluiten dat Hedy Fischer met onmiddellijke ingang moet worden vrijgelaten en dat ze als categorie C-vreemdeling moet worden gezien. Internering of verder onderzoek is niet nodig.' Hij wendde zich tot Hedy en Gertie. 'Jongedame, ik wens u alle goeds en mevrouw Bingham, ik vind dat u moet overwegen de politiek in te gaan.'

Gertie en Hedy keken elkaar glimlachend aan en Gertie zei: 'Het is aardig van u dat u dat zegt, maar we hebben een boekwinkel draaiende te houden.'

10

Er bestaat geen groter geluk dan bemind te worden door je medemensen en te voelen dat je aanwezigheid hun gevoel van welbehagen vergroot.
Jane Eyre, Charlotte Brontë

Het was Gerald die Gertie op het idee bracht. Op een dag stond hij bij de toonbank. In plaats van zijn gebruikelijke lome houding leek hij zeer energiek.

'*De druiven der gramschap*, wat een boek,' zei hij met glinsterende ogen van verbazing. 'Ik ging er helemaal in op. Het was jaren geleden dat ik met zoveel plezier gelezen had. Hebt u nog meer van Steinbeck?'

'Loop maar mee, meneer Travers,' zei Gertie, die hem voorging naar de planken met fictie.

'Ik heb tegen alle andere blokhoofden gezegd dat ze het moeten lezen,' zei hij tegen haar toen ze hem exemplaren van *Tortilla Flat* en *Van muizen en mensen* in handen drukte. 'Ideaal voor tijdens de luchtaanvallen. Iets om je gedachten helemaal af te leiden.'

Het was alsof er honderd kleine vuurpijlen tegelijk in Gerties hoofd afgingen. Ze rende naar het magazijn, waar Hedy en Betty dozen aan het uitpakken waren en mevrouw Snipp met gefronste wenkbrauwen een brief van een klant zat te lezen. 'We moeten de leeskring nieuw leven inblazen,' zei ze.

'Pardon, mevrouw B?' zei Betty.

'De leeskring, de leeskring van Bingham Books.'

'Sorry dat ik een open deur intrap,' zei mevrouw Snipp, die over haar bril heen keek, 'maar bent u vergeten dat het oorlog is? Het heeft geen zin om een leeskring of een andere bijeenkomst te organiseren als mensen om de haverklap naar een schuilkelder moeten rennen.'

Gertie gooide haar handen in de lucht en lachte. 'Mevrouw Snipp, u bent geniaal! Dat is het, zo gaan we de leeskring noemen.'

Mevrouw Snipp wendde zich tot Betty en Hedy. 'Volgens mij stroomt er te veel bloed naar haar hoofd. Dat gebeurt soms bij vrouwen van een bepaalde leeftijd. We moeten het reukzout pakken.'

Gertie negeerde haar. 'Een leeskring voor tijdens de luchtaanvallen, de ondergrondse leesclub,' riep ze, en ze bewoog haar hand door de lucht alsof ze het woord opschreef.

'O,' zei Betty. 'Wat een leuke naam. Hoe werkt dat dan?'

Gertie dacht erover na. 'Nou, we selecteren elke maand een boek dat mensen tijdens de luchtaanvallen kunnen lezen. Wij lezen dat boek zelf ook, zodat we het met mensen die gebruikmaken van de openbare schuilkelder kunnen bespreken.'

'Wat een geweldig idee,' zei Betty.

Hedy knikte. 'Dat lijkt me heel leuk, Gertie.'

'Mooi, want wij gaan die boeken met z'n drieën uitkiezen en dan kan mevrouw Snipp een stuk of tien exemplaren bestellen om te kijken of het aanslaat. Misschien kunnen we ook onze klanten die per post kopen erop attenderen voor het geval die willen meedoen.'

'Alsof we nog niet genoeg te doen hebben,' zei mevrouw Snipp, en ze slaakte een diepe zucht. 'Straks verandert u ons nog in een boekengroothandel.'

'Ik zal u helpen, mevrouw Snipp,' zei Hedy.

Het mismoedige gezicht van mevrouw Snipp klaarde op. 'Dank je, liefje,' zei ze, waarna ze een vernietigende blik op Gertie wierp. 'Tenminste iemand die snapt hoeveel last er op mijn schouders drukt.'

Gertie perste haar lippen op elkaar om haar lachen in te houden en wisselde een blik met Hedy. Hedy werkte sinds een paar maanden in de boekwinkel en bleek een godsgeschenk te zijn, al was het maar omdat ze erin slaagde de onverzoenlijke mevrouw Snipp te kalmeren. De klanten waren dol op haar en omdat Hedy nu te oud was om naar school te gaan en werk nodig had, was dit de ideale oplossing. Het bood Hedy wat afleiding, zodat ze minder over haar familie tobde, en een gevoel van normaliteit na wat Gertie nu afdeed als 'die interneringsonzin.'

'Wat wordt ons eerste boek?' vroeg Betty.

'*Jane Eyre*,' zei Hedy, en ze glimlachte naar Gertie. 'We moeten met *Jane Eyre* beginnen.'

September bleek dat jaar uitzonderlijk warm te zijn, alsof de zomer een laatste uitbarsting van glorie bood voordat de herfst begon. Gerties tuin lag er prachtig bij. Plantenstengels bogen door onder het gewicht van de dikke rode tomaten, uien drukten hun papierachtige bollen door de aarde omhoog, de boomtakken hingen omlaag door de groene winterappels. Ze liep over het bedauwde gras om het afgevallen fruit te verzamelen en het rijpe fruit te plukken. Doordat haver niet op rantsoen was, vonden Hedy en zij het heerlijk om rijkelijk verse bramen in hun havermoutpap te doen. Gertie bleef staan om de pompoenplant te bewonderen, waarvan de stekelige stengels over de Anderson-hut kropen, die inmiddels als een vast onderdeel van de tuin aanvoelde. Charles had haar, vlak voordat de oorlog uitbrak, geholpen om hem in elkaar te zetten. Ze waren een hele ochtend gezellig bezig geweest met goten graven, zodat ze de golfplaten konden ingraven, waarna ze er geïmproviseerde stapelbedden in hadden gezet en het hele ding met nog meer aarde hadden bedekt.

'Het lijkt wel een iglo van modder,' zei Gertie, die haar handen aan een doek afveegde terwijl ze hun werk van een afstandje bewonderden.

'Hier zullen jullie veilig zijn,' zei Charles tevreden.

Gertie gluurde naar binnen. 'Er is ruimte genoeg voor zes personen. Het is veel te groot voor Hedy, Hemingway en mij alleen.'

'Je zou de buren kunnen vragen,' zei Charles, die over zijn schouder knikte naar waar de buurvrouw deed alsof ze de was ophing om hun gesprek te kunnen afluisteren.

'Goedemorgen, mevrouw Gosling,' riep Gertie. 'Wat een weertje, hè?'

De vrouw bromde als antwoord. 'Wat moet dat voorstellen?'

'Dat is een schuilkelder,' zei Gertie. 'Als het luchtalarm afgaat mag u gerust bij ons in de Anderson-hut komen.'

'Zal uw vriend er ook gebruik van maken?' vroeg ze, waarbij ze een afkeurende blik in de richting van Charles wierp.

'O, dat denk ik wel,' zei Gertie. 'We gaan daar wilde feesten houden. We zouden het leuk vinden als u ook komt.'

De vrouw keek van Gertie naar Charles, die zich had afgewend om zijn lachen te smoren. De vrouw draaide zich om, pakte haar mand onder haar arm en vluchtte naar binnen. 'Schandalig!' mompelde ze voordat ze de deur dichtsmeet.

'Gertie Bingham, je bent echt erg.'

'Dat weet ik, maar ik heb het altijd belangrijk gevonden om de fantasie van mensen te prikkelen,' zei ze. 'Vandaar dat ik boekverkoper ben geworden.'

Gerties mandje was al bijna vol met bramen en loganbessen. Ze wilde net naar binnen gaan om het ontbijt klaar te maken toen ze in de tuin van mevrouw Gosling een kind hoorde huilen. Ze gluurde over de schutting en tot haar verbazing zag ze een jongetje met zijn mond wijd open van wanhoop.

'Hallo,' zei Gertie zacht, omdat ze hem niet wilde laten schrikken. 'Wat is er aan de hand?'

De jongen hield op met huilen en keek haar met grote, natte ogen aan. Hij keek om naar het huis. 'Ik mag niet met vreemde vrouwen praten.'

'O,' zei Gertie, 'dan hebben we een probleem, want ik ben een vreemde vrouw.'

'Gertie, bent u buiten?' riep Hedy vanuit de keuken. 'Is er post?'

'Ja, ik ben in de tuin en nee, de post is nog niet geweest.' Dat was altijd Hedy's eerste vraag als ze wakker werd. Ze leerden om te gaan met leven op het scherpst van de snede, wachtend tot er nieuws van Sam of Hedy's familie zou zijn. 'Kom eens kijken wat ik in de tuin heb gevonden.'

Hedy kwam naast Gertie staan. 'Hallo daar,' zei ze. 'Hoe heet je?'

'Hij mag niet met vreemde vrouwen praten,' zei Gertie.

'Billy! Billy, waar ben je?' riep een boze stem vanuit het huis van de jongen.

Billy keek hen met bange ogen aan. 'Het is in orde. Hij is in de tuin,' riep Gertie.

Billy's moeder verscheen bij de achterdeur, was zo te zien overstuur. Ze had een peignoir aan en haar haar zat onder een sjaaltje. Ze had een bleek gezicht en er zat een roetveeg op haar wang. Ze liep met grote passen foeterend door de tuin. 'Billy,' zei ze, terwijl ze hem bij de schouders vastgreep. 'Wat heb ik nou tegen je gezegd over weglopen?'

Het jongetje begon weer te huilen. 'Het spijt me, mama.'

'Het is mijn schuld,' zei Gertie. 'Ik sprak hem aan. Hij gaf alleen maar beleefd antwoord.'

Zo te zien kon de vrouw zelf ook elk moment in huilen uitbarsten. Ze hurkte voor haar zoon neer en trok hem tegen zich aan. Hedy en Gertie wisselden een blik toen Billy zijn moeder troostend op de rug klopte. Ze maakte zich los uit de omhelzing, veegde de tranen uit haar ogen en drukte een kus op zijn hoofd. 'Het is in orde, Billy. Alles komt goed. We moeten dapper zijn, weet je nog? Heel, heel dapper.'

Billy knikte ernstig. 'Goed, mama.'

'Je bent een lieve jongen. Ga maar binnen spelen. Ik heb je puzzels gevonden en in je kamer gelegd.'

'Bedankt, mama.'

De vrouw stond op en legde een hand op haar hoofd. 'Sorry,' zei ze. 'Ik zie er niet uit. We zijn halsoverkop verhuisd en het is zo'n puinhoop in huis. Ik ben Elizabeth Chambers en dat is mijn zoon, Billy, maar dat wisten jullie waarschijnlijk al.' Ze schonk hun een meewarige glimlach.

'Aangenaam kennis te maken. Ik ben Gertie Bingham en dit is Hedy Fischer. Ik vroeg me al af wie onze nieuwe buren zouden worden nu mevrouw Gosling bij haar zus in Devon is gaan wonen. Laat het alstublieft weten als we u ergens mee kunnen helpen.'

Elizabeth Chambers knikte kortaf. 'Bedankt. Dat is heel aardig van u. Ik moet weer verder. Het lijkt wel of ik nog duizend dozen moet uitpakken.'

'Natuurlijk,' zei Gertie, die aanvoelde dat de vrouw met rust gelaten wilde worden.

Gertie en Hedy hadden inmiddels codes voor brieven en telegrammen om de dagelijkse spanning te verminderen. Een dag zonder post was 'geen nieuws is goed nieuws', een dag met een brief of telegram van één persoon was 'thee met koekjes' en een dag met nieuws van beide fronten was 'champagnecocktails bij Café de Paris'.

'Thee met koekjes vandaag, Gertie,' zei Hedy toen ze met een brief van Sam in haar handen liep alsof het een gewijd object was.

'Dat is twee dagen achter elkaar na dat telegram van je broer gisteren.' Hedy knikte. Gertie was onder de indruk van haar gelatenheid. De brieven van Sam waren vrolijk en vol nieuws, terwijl er in de telegrammen van haar familie schrikbarend weinig stond. Ze spraken er nooit over. Elk bericht bevestigde feitelijk alleen dat de afzender nog in leven was. Het was een ondraaglijk maar onontkoombaar feit. Als er geen brieven meer kwamen, zou het moeilijk zijn dat 'geen nieuws is goed nieuws' lang vol te houden. Diverse families in de buurt hadden al een zoon verloren. De oude meneer

Harris, een klant met een voorliefde voor Keltische geschiedenis, had te horen gekregen dat een van zijn kleinzoons bij Duinkerke was gesneuveld en mevrouw Herbert, de overbuurvrouw, had te horen gekregen dat haar man werd vermist. Die verschrikkingen leken in sommige opzichten ver van haar bed – vechten in een land ver weg was als het gerommel van onweer in de verte – en toch had Gertie het gevoel dat het noodlot binnenkort zou toeslaan.

Hedy en zij waren druk bezig de planken aan te vullen toen Betty die ochtend aankwam. Ze begroette hen lauw, wat niets voor haar was, waarna ze haar jas uitdeed en mompelde dat ze gauw verder moest met de bestellingen.

Hedy en Gertie keken elkaar aan toen ze een stapel boeken hoorden vallen en Betty hard 'verdorie!' hoorden roepen.

Ze liepen naar het magazijn. 'Is alles in orde, liefje?' vroeg Gertie.

Betty veegde een traan weg toen ze zich omdraaide. 'Sorry, het gaat zo wel weer.'

Hedy sloeg haar armen om Betty's schouders. 'Wat is er, Betty? Wat is er mis?'

Ze keek hen beiden zorgelijk aan. 'Ik heb al een week geen brief van Barnaby gehad.'

'Ach, liefje,' zei Gertie. 'Hij heeft waarschijnlijk gewoon geen tijd om te schrijven.'

Betty dacht hierover na. 'Hij heeft me tot nu toe elke dag geschreven, maar misschien hebt u gelijk. Wanneer heb jij voor het laatst iets van Sam gehoord?' vroeg ze aan Hedy.

'O, een week geleden,' zei Hedy, die een veelbetekenende blik op Gertie wierp. 'En je weet het: geen nieuws is goed nieuws.'

'Bedankt,' zei Betty. 'Jullie allebei bedankt. Ik weet dat jullie gelijk hebben. Sorry dat ik zo chagrijnig ben.'

'Je hoeft je nergens voor te verontschuldigen,' zei Gertie.

Het was druk die ochtend. 'We moeten Brontë en Dickens inkopen,' zei Gertie tegen Betty. 'En we moeten ook even kijken hoeveel misdaadromans en romantische fictie we op voorraad hebben. Hercule Poirot gaat momenteel heel hard, en Sherlock Holmes ook.'

'Okido, mevrouw B.'

Iets na elven werd de rust van de rondkijkende klanten verstoord door de komst van de nichtjes van mevrouw Snipp, een tweeling, Rosaline en Sylvie Finch. Ze kwetterden net zoveel als mussen en maakten vaak elkaars zinnen af alsof ze hetzelfde dachten. Zodra mevrouw Snipp hen zag binnenkomen, liep ze abrupt naar het achterste gedeelte van de boekwinkel.

'Hallo, tante Snipp,' riep Rosaline, die naar haar zwaaide terwijl Snipp zich haastig uit de voeten maakte.

'Tot ziens, tante Snipp,' voegde Sylvie eraan toe, die haar giechelende zus aanstootte.

'Goedemorgen, dames,' zei Gertie, die opkeek van de toonbank. 'Wat vonden jullie van *Jane Eyre*?'

Het tweetal wisselde een blik. 'We vonden dat Jane niet terug moest gaan naar meneer Rochester. Hij was veel te boos,' zei Sylvie.

'Hij was ontzettend boos,' beaamde Rosaline. 'Maar goed, die andere man, die dominee St. John, was oersaai, dus ze kon ook niet bij hem blijven.'

'Klopt,' zei Sylvie. 'Maar Jane is een aardige meid en moeder zei dat ze ons nog nooit zo rustig had gezien tijdens de verduistering, dus ze heeft ons hiernaartoe gestuurd om te vragen wat het volgende boek is.'

Gertie stak hun een boterbloemgeel boek met rode en zwarte letters toe.

'*Rebecca*,' las Rosaline, die haar vinger over het omslag liet glijden.

'Een nieuwe roman. Daphne du Maurier,' las Sylvie met lichte verbazing.

'Het is een meeslepend verhaal,' zei Betty, die erbij kwam staan. 'Ik kon er niet van slapen en de plotwending is geweldig. Ik denk dat jullie het een leuk boek zullen vinden.'

De twee meisjes wisselden een opgewonden blik en keken toen weer naar Gertie. 'We nemen hem. Dank u wel, mevrouw Bingham.'

'Eén exemplaar?'

Sylvie knikte. 'Ja, we vinden het leuk om naast elkaar te zitten en samen te lezen, zodat we even ver in het verhaal zijn.'

Gertie glimlachte. 'Ik hoor graag wat jullie ervan vinden.'

In de middag werd het rustiger en kwam er nog maar af en toe een klant in de winkel. 'Ik denk dat de meeste mensen van de laatste dagen van de zomer genieten,' zei Betty, die uit het raam keek. 'Ze zitten nu waarschijnlijk allemaal in hun tuin.'

Gertie wilde net voorstellen om eerder dicht te gaan toen het luchtalarm de rust verstoorde. Hemingway blafte geschrokken en ze keken elkaar verbaasd aan. 'Het is zover,' fluisterde Betty met nauwelijks verhulde opwinding. 'Nu wordt het menens.'

'Kom, meiden,' zei Gertie, 'naar de schuilkelder. Hemingway!'

Toen ze zich naar het achterste gedeelte van de winkel haastten, klingelde het belletje boven de deur. Gertie draaide zich om en zag een angstige Elizabeth Chambers die Billy aan de hand meevoerde. 'Mogen we erbij komen zitten?' vroeg ze alsof het om een theekransje in de tuin ging.

'Natuurlijk,' zei Gertie. 'Loop maar mee.'

'Ik hou van boeken,' zei Billy, die vrolijk naast zijn moeder liep. Zijn oog viel op de kwispelende Hemingway. 'En van honden.'

Eenmaal in de schuilkelder stak Gertie een kaars aan en ze keek om zich heen naar de kale bakstenen muren. 'De inrichting is wat karig, maar we zullen het hier snel gezellig hebben,' zei ze, en ze putte troost uit de planken vol met boeken boven hun hoofd.

'Komen de Duitsers nu?' vroeg Billy, die Hemingways zachte oren aaide terwijl boven hun hoofd het gezoem van vliegtuigen hoorbaar werd.

Ze keken elkaar aan. Niemand wist wat er ging gebeuren. Hier hielden ze al heel lang rekening mee en toch voelde het alsof ze slecht voorbereid waren. 'Misschien is het een oefening?' opperde Betty, maar dat idee werd vlug verworpen toen ze de eerste angstaanjagende explosies hoorden.

'Zijn dat bommen?' vroeg Billy met grote ogen van schrik.

Elizabeth Chambers slikte. Ze leek nog banger dan haar zoon. 'Dat denk ik wel, Billy, maar onze dappere soldaten zullen ervoor zorgen dat die niet meer uit de lucht komen vallen,' zei ze, waarbij ze zijn kleine handen in die van haar klemde.

'Ik ben bang,' zei hij. Zijn gezicht verwrong alsof hij elk moment kon gaan huilen.

Gertie zag een boek op de plank achter zijn hoofd. 'Ken je de verhalen van Winnie de Poeh?' vroeg ze, terwijl ze het boek pakte. Billy schudde zijn hoofd. 'Winnie de Poeh is een beer die veel vrienden heeft, zoals Knorretje, Teigetje en Janneman Robinson. Vooral Knorretje is vaak bang, maar zijn vrienden helpen hem altijd om minder bang te zijn.'

'Dat verhaal wil ik graag horen,' zei Billy, waarbij hij ernstig knikte.

Gertie sloeg het boek open. 'Luister maar.'

De eerste luchtaanval duurde ruim een uur. Gertie merkte dat iedereen luisterde terwijl ze voorlas. Het bood onnoemelijk veel troost het verhaal te horen van een kleine jongen en zijn beer, die met hun vriendjes in het bos speelden. Ze konden doen alsof het verhaal alleen voor Billy bedoeld was, maar ze waren allemaal dankbaar voor de afleiding van de verschrikkingen buiten. Toen het sein veilig werd gegeven, las Gertie het hoofdstuk uit waar ze mee bezig was en ze sloeg het boek dicht. 'Vond je het leuk, Billy?'

Hij knikte nadenkend. 'Ja, en als we net doen of de Duitsers Woezels zijn en leren om niet bang voor hen te zijn, dan komt alles goed.'

'Je bent een heel slimme jongen,' zei Hedy.

'Kunnen we meer van zulke verhalen lezen als de Duitsers weer komen?' vroeg hij.

'Misschien moet er ook een leeskring voor kinderen komen,' zei Hedy, waarbij ze Gertie aankeek.

'Wat een goed idee,' zei Gertie. 'En wie weet kan deze jongeman ons helpen om boeken uit te kiezen.'

'Krijg ik daarvoor betaald?' vroeg Billy.

'Billy!' riep Elizabeth. 'Het spijt me verschrikkelijk, mevrouw Bingham.'

Gertie lachte. 'Dat is nergens voor nodig. Ik bewonder je ondernemersgeest, Billy. Weet je wat, zullen we anders afspreken dat het boek over Winnie de Poeh je eerste salaris is?'

'Dat hoeft echt niet, mevrouw Bingham,' zei Elizabeth.

'Dat weet ik,' zei Gertie, 'maar ik wil het zo.'

'Dank u wel,' zei Billy. 'Als ik groter ben ga ik bij de RAF en dan kan ik jullie allemaal beschermen.'

'Mijn vriend zit bij de RAF,' zei Betty tegen hem. 'En die van Hedy ook.'

'Wow,' zei Billy met ogen vol ontzag. 'Dan moeten ze heel dapper zijn.'

'Dat zijn ze ook,' zei Betty, die Hedy aanstootte.

'Betty,' zei Gertie, 'bel je moeder anders even met de telefoon van de winkel, zodat ze weet dat alles in orde is.'

'O, ja, verdorie. Ze zal doodongerust zijn. Dank u wel, mevrouw B,' zei Betty, en ze liep de winkel in.

'Ik ben u heel dankbaar, mevrouw Bingham,' zei Elizabeth. 'Het is niet gemakkelijk geweest.' Haar stem trilde een beetje.

'Zeg maar Gertie,' zei Gertie, en ze raakte Elizabeths arm aan. 'Jullie zijn altijd welkom, hier of in de schuilkelder bij mijn huis. Ik zal de poort aan de zijkant voor jullie openlaten.'

Elizabeth knikte blij.

'Mama, het lijkt wel of de lucht in brand staat,' riep Billy, die zijn neus tegen de winkelruit drukte.

Bijtende rook drong hun neusgaten binnen toen Gertie de deur opendeed en ze de straat op liepen. Gertie speurde de hoofdstraat af. Gelukkig stond alles in dit hoekje van Londen nog overeind, waren de gesloten winkels allemaal nog tartend intact en tikte de klok boven de winkel van Robinson nog als vanouds. Haar blik werd naar de horizon getrokken, naar het centrum van Londen. 'Lieve help.' De anderen volgden zwijgend haar blik. De lucht boven Londen was één grote vuurzee.

'Het is begonnen,' mompelde Elizabeth.

'Jullie kunnen beter naar huis gaan,' zei Gertie.

'Dag, Gertie Bingham en Hedy Fischer,' riep Billy over zijn schouder toen Elizabeth zijn hand vastpakte. 'Denk eraan, niet bang zijn voor Woezels. Ik kom jullie binnenkort helpen met de boeken voor kinderen.'

Hedy en Gertie stonden even in de richting van Londen te kijken, naar de verschrikkingen als gevolg van de eerste luchtaanval. 'Gertie, ik ben bang,' fluisterde Hedy.

Gertie raakte Hedy's arm aan. 'Ik ook, liefje.'

'Ik maak me zorgen om Sam en Barnaby.'

'Dat weet ik.' Gertie keek naar de boekwinkel. 'Het enige wat we kunnen doen is onszelf en anderen een manier bieden om aan die angst te ontsnappen.' Hedy knikte. 'Kom, dan gaan we Betty zoeken en daarna gaan we naar huis.'

Hedy en Gertie keken met toegeknepen ogen de donkere boekwinkel rond toen ze naar binnen gingen. Betty stond roerloos in de deuropening naar de schuilkelder, haar gezicht bleek en uitdrukkingsloos alsof het van albast was. Ze leek in trance, keek dwars door hen heen. Hedy wierp een bezorgde blik op Gertie.

'Betty,' zei Gertie. 'Is alles in orde?'

Betty keek Gertie aan alsof ze haar voor het eerst zag. 'Ik heb mijn moeder net gesproken,' zei ze.

Gerties eerste gedachte was dat er iets met Sam was. Hedy dacht duidelijk hetzelfde want ze hapte huiverend naar adem. 'Wat is er?' fluisterde ze.

Betty's ogen werden groot van ongeloof. 'Hij is dood.'

'Nee,' riep Hedy, die haar hand voor haar mond sloeg.

'Wie is er dood, Betty?' vroeg Gertie, die een hand op Hedy's arm legde.

'Barnaby,' zei Betty, die hen beiden aankeek terwijl er tranen in haar ogen kwamen. 'Zijn vader heeft vanmiddag gebeld. Hij is zondag gesneuveld. Barnaby is dood.'

'Ach, liefje toch,' zei Gertie, terwijl Hedy en zij naar voren renden om haar snikkend te omhelzen.

En zo begint het, dacht Gertie terwijl ze de meiden stevig vasthield in een vruchteloze poging hen te troosten. De volgende ronde van zinloze doden. Weer een generatie die eindeloos zou treuren om degenen die nooit thuiskwamen, die nooit het leven konden leiden waarnaar ze hadden verlangd. Hoe was het mogelijk dat dit opnieuw gebeurde, en wanneer zou het ophouden?

11

Tel je zegeningen, waarvan ieder mens er veel heeft, niet je tegenslagen, waarvan alle mensen er een paar hebben.
Sketches by Boz, Charles Dickens

'Zou ik mevrouw Godwin kunnen spreken?'

Gertie keek op van de toonbank en zag mevrouw Pettigrew voor zich staan, met een rimpel van bezorgdheid op haar oudere voorhoofd. Ze was een piepkleine, tengere vrouw die overal een lavendelgeur achterliet. 'Mevrouw Godwin werkt hier helaas niet meer, mevrouw Pettigrew.'

'Lieve help,' zei mevrouw Pettigrew, terwijl ze haar handen wrong. 'Wat jammer.'

'Dat is zeker jammer,' zei Gertie, die terugdacht aan het gesprek met Betty toen die haar een maand na het overlijden van Barnaby thuis had opgezocht.

'Het spijt me, mevrouw B, maar ik heb besloten niet naar de boekwinkel terug te keren,' had ze gezegd. 'Ik word fulltime blokhoofd.'

'Dat is heel dapper van je, liefje,' zei Gertie.

Betty haalde haar schouders op. 'Ik weet eerlijk gezegd niet wat ik anders moet doen, maar ik kan het gewoon niet aan om in de boekwinkel te zijn. Dat herinnert me te veel aan...' Ze sloeg haar hand voor haar mond. 'Sorry.'

Gertie pakte haar hand vast. 'Zo was het bij mij ook nadat Harry was overleden,' zei ze. 'Ik heb de winkel een maand dichtgehouden. Het lukte me amper om de ene voet voor de andere te zetten en ik heb lange tijd niet meer gelezen.'

Betty keek haar aan. 'En hoe voelt het nu?'

Gertie dacht na over die vraag. Er was de afgelopen vier jaar veel veranderd. 'Ik mis hem nog elke dag,' zei ze, 'maar op de een of andere manier wordt de pijn draaglijker. Je zult je lange tijd ellendig voelen en je zult Barnaby altijd blijven missen, maar je zult een manier vinden om door te kunnen met je leven. Echt.' Ze bleven een tijdje zwijgend zitten, luisterden naar de tikkende klok. Hemingway lag te snurken op het kleed, Hedy neuriede in de keuken terwijl ze thee voor hen zette. Het leven ging door, trok hen mee naar voren, altijd weer naar voren.

'Hoe moet dat nou?' vroeg mevrouw Pettigrew, die Gerties gedachten weer naar het heden haalde.

'Ik kan u helpen,' bood Gertie aan.

De vrouw schudde haar hoofd. 'Nee, dat kan alleen mevrouw Godwin,' zei ze met trillende stem. 'Zij is namelijk de enige die het weet.'

'Die wat weet?' vroeg Gertie.

'O, mevrouw Pettigrew, daar bent u,' zei Hedy, die achter uit de winkel vandaan kwam. 'Ik vroeg me al af wanneer ik u zou zien. Betty heeft me uw lijst gegeven.'

Mevrouw Pettigrew keek Hedy vol verwachting aan. 'Mijn Georgette Heyer-lijst?'

Hedy knikte. 'Ja.' Ze haalde een notitieboekje uit haar zak en bladerde erdoorheen. 'Het volgende boek is *De Spaanse bruid*. Zal ik dat voor u pakken?'

'O, graag, meisje. Enorm bedankt.'

'Ze leest alles van Georgette Heyer,' zei Hedy later tegen Gertie. 'Maar ze kan niet onthouden welke boeken ze al heeft gelezen en dus hield Betty een lijst bij. Die heeft ze aan mij gegeven.'

Gertie glimlachte. 'Als ik jullie toch niet had...'

Het was inmiddels duidelijk dat Hitler het op Londen gemunt had. De bombardementen waren genadeloos. De vliegtuigen verschenen elke nacht en soms ook overdag, bestookten het centrum en de buitenwijken met een vuurtapijt. Gertie en Hedy raakten eraan gewend om nacht na nacht met Hemingway en de familie Chambers in de schuilkelder door te brengen. Gertie probeerde het er zo gezellig mogelijk te maken. Ze bracht een thermosfles thee mee en lekkernijen die ze die week van haar voedselbonnen had kunnen kopen. Elizabeth Chambers en Gertie zaten vaak te kaarten terwijl Hedy Billy voorlas. De kleine jongen bracht altijd zijn snoep mee om te delen, maar bewaarde de chocoladerepen voor Hedy, omdat hij wist dat ze die het lekkerst vond.

Op een avond las Hedy het boek van de kinderleeskring, *Peter Pan*, voor aan Billy.

'Ik wil niet volwassen worden,' zei Billy. 'Ik wil net als Peter altijd kind zijn en bij mama en jou en Gertie Bingham en Hemingway blijven.'

'Ik snap wat je bedoelt,' zei Hedy, die naar de ingelijste foto op de plank achter hun hoofden keek. Het was haar gewoonte geworden de foto van haar familie altijd mee te nemen naar de schuilkelder.

'Wie zijn die mensen?' vroeg hij.

'Dat is mijn familie. Mijn moeder, mijn vader, mijn broer Arno en onze hond Mischa.' Hedy stak haar hand uit naar Hemingway toen ze dat zei en kreeg een vriendelijke lik als antwoord.

'Ik dacht dat Gertie Bingham je moeder was,' zei hij.

'Nee, zij is mijn vriendin,' zei Hedy.

Gerties hart jubelde. Vriendin. Ze waren inderdaad vriendinnen geworden.

'Waarom is je familie niet hier bij jou?'

'Billy, niet zo nieuwsgierig,' waarschuwde zijn moeder.

'Het geeft niet,' zei Hedy. Ze richtte zich tot Billy. 'Mijn familie is in Duitsland. We zijn Joden en Hitler heeft een hekel aan Joden.'

'Hij is een slechte man,' zei Billy met gefronste wenkbrauwen.

'Ja,' zei Hedy. 'Een heel slechte man. Het is mijn ouders gelukt mij naar Engeland te sturen om bij Gertie te logeren.'

'Hoera voor Gertie Bingham!' zei Billy, en hij stak juichend zijn armen in de lucht.

'Ja, hoera voor Gertie Bingham,' zei Hedy, waarbij ze haar vriendin toelachte.

'Maar waarom kan jouw familie niet ook hier zijn?'

Hedy perste haar lippen op elkaar. Gertie zag dat ze vocht tegen haar tranen. 'Omdat dat van die slechte man niet mag.'

Billy sloeg zijn armen over elkaar. 'We moeten Gertie Bingham daarnaartoe sturen om hen te redden.'

'Weet je, Billy,' zei Hedy, die een traan wegveegde. 'Dat is een heel goed idee.'

'Genoeg gekletst, jongeman,' zei Elizabeth. 'Tijd om naar bed te gaan.'

'Mag Hedy me naar bed brengen?'

'Kom mee dan,' zei Hedy. 'Heb je Edward de beer?'

Billy liet haar een verbijsterd kijkende oranje teddybeer met een groene sjaal zien. 'Hier is hij.'

'Goed zo,' zei Hedy, die de lakens optrok tot zijn kin.

'Mag ik nog één verhaaltje, Hedy Fischer? Alsjeblieft.'

'William,' waarschuwde zijn moeder.

'Een kort verhaaltje, mama. Ik ben nog niet slaperig genoeg.'

Hedy lachte. 'Er zit een verhaal in mijn hoofd over twee dappere kinderen die Gertie en Arno heten.'

'Zijn dat Gertie Bingham en je broer?'

'Het zijn dezelfde namen, maar dit zijn kinderen en ze hebben magische krachten.'

'Wat voor magische krachten?'

Hedy's ogen glommen terwijl ze sprak. 'Als het moet kan Gertie in een boek verdwijnen en haar en Arno naar andere werelden brengen.'

'Tjonge. En Arno?'

'Arno kan supergoed rekenen en kan elke som heel snel uit zijn hoofd doen.'

'Ik wil graag een verhaal over hen horen,' zei Billy gapend.

'Weet je wat? Ik schrijf dat verhaal op en dan zal ik het een andere keer, als je minder moe bent, aan je voorlezen.'

Billy knikte terwijl zijn oogleden dichtvielen. 'En dan kan mama er tekeningen bij maken. Ze kan nog beter tekenen dan E.H. Shepard.'

'Dat is niet waar, hoor,' zei zijn moeder.

'Dat is wel waar,' fluisterde Billy tegen Hedy, waarna hij zijn armen stevig om haar nek sloeg. 'Ik ben blij dat Gertie Bingham je heeft gered.'

'Ik ook,' zei Hedy, en ze glimlachte naar Gertie. 'Welterusten, Billy.'

'Welterusten, Hedy Fischer,' mompelde hij, waarna hij in slaap viel.

'Sorry dat Billy zoveel vragen stelt,' zei Elizabeth, terwijl Gertie chocolademelk uit een thermosfles inschonk.

'Dat vind ik niet erg,' zei Hedy. 'Het is beter om eerlijk te zijn.'

Elizabeth keek haar aan. 'Je bent een heel dappere jonge vrouw.'

Hedy's ogen glinsterden in het lamplicht. 'We zijn nu allemaal dapper.'

Haar woorden weergalmden in de stilte van de schuilkelder, terwijl ze naar het gebulder van de strijd buiten luisterden. Gertie meende dat de bommen dichterbij kwamen. Vorige week was er een huis drie straten verderop vernietigd. Als de Duitsers overvlogen, lieten ze vaak 'broodmandjes' met brandbommen vallen, en dan lieten ze in hun kielzog brandende puinhopen achter. Hun leven was een surrealistische combinatie van verschrikkingen vermengd met alledaagsheid. Ze gingen door met hun dagelijks leven, stonden in de rij voor rantsoenen, luisterden naar de radio en wandelden door het park, maar alles had een randje van bange verwachting.

'Je weet gewoon dat er een bom is met jouw naam erop,' hoorde Gertie mevrouw Crow op een dag in de rij bij de slager zeggen tegen iedereen die maar wilde luisteren. Telkens als de sirene ging, sloeg de angst Gertie om het hart. Dit kon het einde zijn. *Misschien hebben we vannacht minder geluk.*

Gertie stond ervan te kijken dat ze met deze angst kon leven. Ze had gedacht dat ze een volgende oorlog niet aan zou kunnen zonder Harry om haar moed in te spreken. Ze wist dat ze veel aan Hedy te danken had. Samen deden ze het werk in de boekwinkel. Ondanks de twijfels van mevrouw Snipp bleek de ondergrondse leesclub aan te slaan. Ze hadden nu een aantal trouwe, dankbare leden en hadden de afgelopen maanden in de schuilkelder levendige discussies gehad over *Rebecca* en *Frankenstein*. Hoewel ze de bombardementen niet konden tegenhouden en de verliezen van mensen niet konden verzachten, was Gertie er trots op dat ze op hun eigen manier hulp boden.

Hedy was met de beker chocolademelk in haar handen in slaap gevallen. Gertie maakte Hedy's vingers voorzichtig los, zette de beker weg en legde een deken over haar heen. 'Billy is een heerlijk kind,' zei ze tegen Elizabeth.

Elizabeth staarde voor zich uit. 'Hij vindt het moeilijk zonder vader.'

'Ach, lieverd,' zei Gertie. 'Dat moet voor jou ook zwaar zijn.'

Elizabeth knikte. Ze deed haar mond open alsof ze nog meer wilde zeggen, maar klapte haar mond weer dicht. 'Wij moeten ook maar eens gaan slapen.' Ze keek naar Billy's slapende gestalte, zijn lippen op elkaar in een volmaakte boog, een lichte frons op zijn voorhoofd. 'Welterusten, mevrouw Bingham.'

'Welterusten, liefje,' zei Gertie. Ze bleef nog eventjes in de rust van de schuilkelder zitten. De afgesloten ruimte bood een onverwacht gevoel van veiligheid. De gestage ademhaling van haar metgezellen, het zachte gesnurk van Hemingway en de dreunende bommen in de verte waren vertrouwde achtergrondgeluiden. Ze ging liggen en sloot haar ogen, bedacht dat het raar was dat ze rust kon vinden te midden van de verschrikkingen, maar misschien was dat wel de enige manier om te overleven.

Gertie bleef staan om de hulstkrans te bewonderen die Hedy de dag daarvoor met een paars lint aan de deur van de boekwinkel had gehangen. In de etalage stonden exemplaren van *Een kerstvertelling*, het boek dat ze voor de maand december voor de leeskring hadden uitgekozen. Hedy had zorgvuldig een aantal van de prachtige illustraties van John Leech op de achterkant van rollen behangpapier overgetekend en had die achter de stapels boeken opgehangen. Gertie bedacht dat meneer Dickens trots zou zijn op hun feestelijke uitstalling.

Ze deed de deur van het slot en ging naar binnen. De geruststellende muffe geur van boeken deed haar goed. Het leek raar dat ze nog maar twee jaar geleden dit toevluchtsoord had willen opgeven. De muren hadden gegalmd van Harry's afwezigheid, elk boek was een grimmige herinnering aan het feit dat hij er niet meer was. Gertie liet haar handen over de zachte ruggen glijden. Harry was nog steeds hier, maar dat vervulde haar nu niet meer met droefheid. Het bood troost. Ze had een manier gevonden om verder te gaan met haar leven, om wat ze hadden opgebouwd verder uit te breiden. Gertie zou willen dat Harry hier was en dat hij dat kon zien, maar in haar hart voelde ze dat hij het wist. De boekwinkel had haar gered. Ze kon zich nu niet voorstellen dat ze er afstand van zou doen.

Tegen de tijd dat mevrouw Snipp en Hedy kwamen was het al druk in de boekwinkel. Er hing een sfeer van voorzichtig optimisme, want de mensen leken vastbesloten van de kerstdagen te gaan genieten.

'Ik heb gehoord dat de Duitsers met kerst een wapenstilstand zullen houden,' zei mevrouw Wise, die voor haar kleindochter een geïllustreerde editie van *Alice in Wonderland* kocht.

'Probeer dat de mensen in Manchester maar eens wijs te maken,' zei haar man, die opkeek van een boek over veeteelt. 'Die zijn momenteel slechter af dan wij.'

Tot Gerties verbazing stapte mevrouw Crow halverwege de ochtend naar binnen. Ze keek achterdochtig naar de planken. 'Goedemorgen, mevrouw Crow,' zei Gertie. 'Kan ik u helpen?'

'Ik wil een boek kopen,' zei ze met overslaande stem. 'Voor de zoon van mijn neef.'

'Aha, ik zal even kijken of Hedy u kan helpen. Die weet alles van kinderboeken.'

Hedy keek op van de plank die ze aan het afstoffen was. 'Natuurlijk. Hoe oud is de jongen?'

'Hij is vijf,' zei mevrouw Crow. Ze keek naar de vloer. 'Hij heeft net zijn vader verloren.'

'Ach, gecondoleerd,' zei Gertie.

Mevrouw Crow knikte kort terwijl Hedy drie boeken van de plank pakte. 'Ik ken een jongen die net zo oud is en die vond deze boeken heel leuk.' Mevrouw Crow bekeek de boeken stuk voor stuk en koos toen voor *Schateiland*.

'Een prima keuze,' zei Gertie. 'Ik weet zeker dat hij het leuk zal vinden als u hem hieruit voorleest.'

'Tja, ik...' begon mevrouw Crow.

'Philomena?' zei mevrouw Snipp, die achter uit de winkel kwam.

Mevrouw Crow verstijfde. 'Hallo, Eleanora,' zei ze met een ijzige klank in haar stem.

Mevrouw Snipp sloeg haar handen ineen. 'Ik heb je al een tijd niet gezien. Ik vind het heel erg van je neef.'

Mevrouw Crow meed haar blik. 'Tja, zo gaat dat in de wereld waarin we leven.' Ze pakte haar aankoop aan van Gertie. 'Bedankt, mevrouw Bingham,' zei ze, en ze deed het boek in haar mand. Ze wilde net weggaan toen het luchtalarm afging.

'Allemaal meekomen,' riep Gertie, die hen naar het achterste gedeelte van de boekwinkel loodste. 'Naar de schuilkelder. Deze kant op. Mevrouw Crow?'

De vrouw fronste haar wenkbrauwen en liep toen achter Gertie aan. 'O, goed dan.'

De volle schuilkelder deed Gertie direct denken aan vroeger, toen er bij de leeskring nog mensen hadden moeten staan. 'Gaat het?' vroeg ze, terwijl ze mevrouw Crow naar binnen duwde en de deur achter hen dichtdeed.

'Niet echt,' zei mevrouw Snipp, die boos naar haar nichtjes keek die op de rand van het bureau waren gaan zitten omdat alle stoelen bezet waren.

'O, tante Snipp, doe nou niet zo chagrijnig, het is bijna kerst.'

'Zeg dat maar tegen Hitler,' zei haar tante toen het geluid van vliegtuigen boven hun hoofd steeds luider werd.

'Zullen we het over *Een kerstvertelling* hebben? Wie heeft het boek gelezen?' vroeg Gertie. De helft van de mensen stak hun hand op. 'Geweldig. Wat vonden jullie ervan?'

'Zoals u weet, mevrouw, ben ik meer van militaire geschiedenis, maar ik moet zeggen dat ik ervan genoten heb,' zei meneer Reynolds, die op de zilveren knop van zijn wandelstok leunde. 'Ik hoop dat Hitler bezoek krijgt van de drie geesten en dat ook hij leert dat hij moet veranderen.' Overal in de schuilkelder klonk instemmend gemompel.

'Weet je nog dat we dit op school hebben gelezen?' zei mevrouw Snipp tegen mevrouw Crow. Mevrouw Crow stond met haar rug naar de anderen en deed of ze het niet hoorde. 'Philomena?'

Mevrouw Crow haalde diep adem. 'Ik wil er niet over praten.'

De schuilkelder leek in bijna verrukte stilte de adem in te houden bij het zich ontvouwende drama. 'Wat vonden jullie nog meer leuk aan het boek?' vroeg Gertie, die paniekerig naar Hedy keek.

'Mijn lievelingspersonage is kleine Tim,' zei Hedy.

'Dat is zo'n lief ventje,' zei Sylvie.

'Een charmant kereltje,' zei Rosaline.

'Hij is een metafoor voor de ontberingen van de allerarmsten van de Londense bevolking, wat een onderwerp was dat Dickens erg bezighield,' zei een stem. Iedereen draaide zich verbaasd om. Vanuit een hoek van de schuilkelder keek Cynthia Fortescue hen aan, haar wangen vuurrood, haar ogen zo groot als schotels, alsof het geluid van haar eigen stem haarzelf ook had verbaasd.

'Wat een fascinerend inzicht,' zei Gertie. Cynthia glimlachte verlegen, waarna ze zich weer terugtrok in het halfduister.

'Gertie, zou u alstublieft een stuk uit het boek willen voorlezen?' vroeg Hedy na een zeer harde explosie waar ze allemaal van schrokken. 'Ik weet zeker dat iedereen dat leuk vindt, ook de mensen die het verhaal al kennen.' Er werd instemmend gemompeld. Gertie keek naar de gezichten om zich heen. Sommige mensen keken bezorgd, andere bang, weer andere leken te bidden.

'Zal ik dat gedeelte voorlezen waarin Scrooge met de eerste geest op bezoek gaat bij zijn oude werkgever, meneer Fezziwig?'

'Dat is dat stuk met het feest. Ik ben dol op feesten,' verzuchtte Rosaline.

'Ik ook,' zei Sylvie, terwijl haar tante vertwijfeld omhoogkeek en hen tot stilte maande.

Toen Gertie begon te lezen bogen sommige mensen hun hoofd alsof ze zo beter in het verhaal konden opgaan. Ze waren erbij in het gezellige magazijn van Fezziwig, dat was omgetoverd tot een balzaal met muziek en feestgangers. Er werd gedanst en er werden spelletjes gedaan. De mensen smulden van de taart en het koude vlees, aten pasteitjes en dronken bier. Gertie keek op en zag dat hun gezichtsuitdrukking veranderd was. De gefronste wenkbrauwen waren verdwenen, er lag een zachte uitdrukking op hun gezicht terwijl Gertie over Fezziwig vertelde. 'Het geluk dat hij om zich heen spreidt is precies even groot als wanneer het een vermogen kostte.'

'Wat een geweldige kerel,' zei meneer Reynolds.

Toen het sein veilig werd gegeven, kwamen ze allemaal zeer opgelucht de schuilkelder uit. Gertie wilde zich omdraaien om iets tegen mevrouw Crow te zeggen, maar die was al verdwenen en de straat op gegaan.

'Ik wist niet dat jullie elkaar kenden,' zei ze tegen mevrouw Snipp.

Ze knikte. 'We hebben bij elkaar op school gezeten. We waren beste vriendinnen.' Haar stem stierf weg terwijl ze in de verte staarde.

'Gaat het, mevrouw Snipp?'

De vrouw richtte haar blik abrupt weer op Gertie. 'Ja, ja, alles is in orde. Ik heb geen tijd om te lanterfanten. We hebben vandaag al voldoende afleiding van ons werk gehad,' zei ze alsof de Luftwaffe alleen maar gestuurd was om haar planning in de war te schoppen.

'We zien u met kerst, tante Snipp,' zei Rosaline, terwijl ze zwaaide.

'Ja, tot ziens, tante Snipp,' riep Sylvie, die haar zus bij de arm greep terwijl ze haastig en giechelend de winkel verlieten.

'Hmm,' mompelde mevrouw Snipp, die weer in haar domein achter in de winkel verdween.

'We hebben het weer overleefd, mevrouw Bingham,' zei meneer Reynolds, die zijn hoed voor haar afnam, waarna hij vertrok. 'God zegene ons allemaal!'

12

Mij doen wijken? Het pad naar mijn vaste doel is uitgelegd met ijzeren spoorstaven, en mijn ziel is gegleufd om daarover te lopen.
Moby Dick, Herman Melville

Op eerste kerstdag was het fris, helder weer. Het was een kerst zonder het gebruikelijke klokgelui, maar met een welkome onderbreking van de bombardementen. Na Harry's overlijden had Gertie vrijwel niets meer aan de feestdagen gedaan en Hedy en zij hadden vorig jaar beiden geen zin gehad om kerst te vieren, maar dit jaar was het anders. Alles was veranderd en Gertie voelde zich verplicht te proberen er iets van te maken, terwijl Hedy graag nieuwe tradities wilde omarmen. Ze versierden het huis met hulst uit de tuin en hingen de kerstboom vol met glazen kerstballen en engelenhaar, die Gertie in een oude doos boven op de kledingkast had gevonden.

'Het ziet er prachtig uit, Gertie,' zei Hedy, die naar achteren stapte om het resultaat te bekijken. Gertie wist dat ze aan thuis dacht. De telegrammen kwamen nog vrijwel wekelijks, maar van vijfentwintig woorden werd je niet veel wijzer. Ze hadden gehoopt dat Sam met kerst verlof zou krijgen, maar de week daarvoor had hij geschreven dat dat onmogelijk was. Dat verbaasde Gertie niet. Telkens als ze vliegtuigen over hoorde vliegen, gingen haar gedachten direct naar Sam en de andere piloten, en bad ze in stilte voor hen.

Ze was het niet gewend om veel gasten over de vloer te hebben en toch organiseerde ze vandaag een diner voor zes personen.

Charles zou komen, en mevrouw Constantine, en na een gesprek met Elizabeth Chambers had ze haar en Billy ook uitgenodigd. Oom Thomas had haar uitnodiging beleefd afgeslagen, zei dat hij een ontzettende hekel aan kerst had en dat hij de voorkeur gaf aan het gezelschap van Dickens, zowel in boek- als in katvorm.

Gertie kon zich niet herinneren wanneer ze voor het laatst voor zoveel mensen had gekookt. Ze was blij dat haar moestuin dat jaar veel had opgeleverd. Ze had veel aardappelen en wortelen, en had zelfs een kip weten te bemachtigen, die ze zou braden.

Charles kwam als eerste. 'O, wat ruikt het hier lekker, Gertie,' zei hij toen ze zijn jas aanpakte en hem voorging naar de woonkamer. Hij begroette Hedy als een oude vriend en ze zaten gezellig te kletsen terwijl de platenspeler zacht kerstliedjes liet horen.

De volgende die kwam was mevrouw Constantine. Ze overhandigde Gertie met een knipoog een fles sherry. 'Tegen de kou.'

Gertie was glazen voor hen aan het inschenken toen er op de deur werd geklopt, een teken dat Billy en zijn moeder er waren. Het jongetje stond op de stoep en stak een modelvliegtuig op, een Spitfire, zodat ze die kon bewonderen. 'Vrolijk kerstfeest, Gertie Bingham.'

'Vrolijk kerstfeest, jongeman. Heb je die misschien van de kerstman gekregen?'

Billy knikte opgetogen. 'Ja, en ook een reep chocolade, en een walnoot en een sinaasappel, maar het was raar want het was een sinaasappel zonder schil.'

'Dat komt doordat ik de schil hiervoor heb gebruikt,' fluisterde Elizabeth, en ze overhandigde Gertie een blauw met wit gestreepte kom met een doek eroverheen.

Gertie lachte. 'Dank je wel, liefje. Heel fijn dat jij de pudding hebt gemaakt.'

Toen ze aan het diner zaten, keek Gertie om zich heen naar de gezichten van dit ongebruikelijke gezelschap. Als iemand haar twee jaar geleden zou hebben verteld dat ze kerst zou vieren met een verbannen Russische vrouw van adel, een Joodse vluchteling en een jongetje van vijf, zou ze dat nooit geloofd hebben. En toch kon ze geen enkele plek bedenken waar ze liever zou willen zijn. Natuurlijk had ze dolgraag gehad dat Harry erbij was, en haar ouders en haar broer, maar dat was niet langer de realiteit en in deze door oorlog geteisterde wereld die volledig op zijn kop stond, moest je je vastklampen aan de mensen die nog wel bij je waren. Iedereen aan deze tafel miste een dierbare. Charles had zijn beste vriend verloren, Billy en Elizabeth waren hier zonder de vader van de jongen, mevrouw Constantine had helemaal geen familie en Hedy... Ach, die lieve Hedy. Die zat gevangen in dat vreselijke niemandsland van altijd maar hopen en op nieuws wachten. Toen ze haar zag lachen om iets wat Billy zei, terwijl Charles en mevrouw Constantine het over Russische literatuur hadden en Elizabeth haar hand uitstak om door het haar van haar zoon te woelen, besefte Gertie dat ze gelukkig was. Niemand wist wat de avond of de volgende dag zou brengen, maar in de gloed van dit moment voelde ze alleen maar blijdschap.

Ze ging staan en hief haar glas. 'Ik wil graag een toost uitbrengen,' zei ze. 'Op vrienden en dierbaren, oud en nieuw, aanwezig en afwezig maar voor altijd in ons hart. Vrolijk kerstfeest.'

'Vrolijk kerstfeest!' riepen de anderen in koor.

Het moment werd onderbroken doordat er op de deur werd geklopt. 'Als jullie me even willen excuseren,' zei Gertie. Ze kende de vrouw die op de stoep stond niet, maar iets aan haar donkerbruine ogen kwam haar bekend voor. De vrouw droeg een mooie rode wollen mantel met een bijpassende hoed, en er lag een bontstola om haar schouders.

'Het spijt me ontzettend dat ik u lastigval,' zei ze, 'maar weet u misschien waar ik Elizabeth Chambers kan vinden?'

'Moeder?' zei Elizabeth, die naast Gertie opdook. 'Wat doet u in vredesnaam hier?'

'O, Elizabeth. Ik moest je zien.'

'Oma!' riep Billy. Hij rende door de gang en wierp zich in haar armen. 'Ik heb een Spitfire!'

'Ach, lieverd,' zei de vrouw. Ze klemde hem tegen zich aan en kreeg tranen in haar ogen. 'Wat ben ik blij jou te zien.'

'Wilt u binnenkomen?' vroeg Gertie.

'O, dat zou...'

'Nee, dat hoeft niet. Alles kan aan de deur gezegd worden,' zei Elizabeth, en ze sloeg haar armen over elkaar.

'O, mama, mag oma alstublieft blijven?'

Elizabeth keek naar het smekende gezicht van haar zoon en zuchtte. 'Als Gertie dat niet vervelend vindt.'

'Welnee, liefje. Je moeder is van harte welkom.'

Elizabeth wendde zich tot haar zoon. 'Billy, laat oma eens zien wat je voor kerst hebt gekregen.'

'Weet je, ik heb iets voor je in de auto.' De vrouw wierp een blik over haar schouder en wenkte de chauffeur, die een grote doos van de achterbank pakte en naar hen toe kwam.

Billy's ogen werden groot. 'Is dat voor mij?'

Zijn grootmoeder knikte. 'Zullen we dit mee naar binnen nemen?' Ze stak haar hand uit naar Gertie. 'Lady Mary Wilcox.'

De vrouw had zo'n vorstelijke uitstraling dat Gertie zich moest inhouden om geen reverence te maken. 'Aangenaam kennis te maken. Ik ben Gertie Bingham. Wilt u een kopje thee?'

'Heel graag.'

Ondanks haar adellijke afkomst zag Gertie lady Mary tot haar genoegen met haar kleinzoon over de vloer kruipen toen ze terugkwam met de thee. Tot groot plezier van Billy had hij van zijn oma een tinnen helm en een houten geweer gekregen. 'Ik ben sergeant Billy Chambers,' zei hij tegen hen allemaal. 'Ik zal jullie beschermen tegen de moffen.'

'O, dat is geweldig. Dank u wel, sergeant Chambers,' zei lady Mary, waarbij ze een hand op haar hart legde.

Gertie zag Elizabeth wat afzijdig staan. Ze volgde de verrichtingen van het tweetal met een gereserveerde blik. 'Thee, liefje?' vroeg ze.

'Bedankt,' zei Elizabeth, die het kopje thee van haar aanpakte.

'Het is heerlijk om Billy zoveel pret te zien hebben,' zei Gertie.

'Ja. Het is alleen jammer dat hij zijn oma niet vaker kan zien,' zei Elizabeth met een verbitterde klank in haar stem. 'Sorry.' Ze liep de kamer uit.

Gertie wilde net achter haar aan gaan toen ze zag hoe laat het was. 'Kom eens hier, allemaal,' zei ze. 'De toespraak van de koning begint zo.' Ze zaten zwijgend te wachten. Zelfs Billy was stil, liet zijn Spitfire door de lucht vliegen terwijl ze luisterden. 'We moeten de geestkracht die ons nu verbindt vasthouden. We zullen deze geestkracht in ons eigen leven nodig hebben, zowel mannen als vrouwen, en die geestkracht zal zelfs nog harder nodig zijn tussen landen onderling. We moeten minder aan onszelf en meer aan de ander denken, want alleen op die manier kunnen we de wereld hopelijk tot een betere plek maken en kunnen we het leven waardiger maken.' Gertie ving Hedy's blik en ze glimlachten naar elkaar.

Toen de toespraak was afgelopen ging lady Mary staan. 'Ik moet nu gaan.'

'Blijf alstublieft, oma,' zei Billy.

Ze nam zijn gezicht tussen haar handen en drukte een kus op zijn hoofd. 'Tot gauw, lieverd,' zei ze. 'Het was fijn jullie allemaal te leren kennen. God zegene jullie.'

Gertie liep net met haar mee naar de gang toen Elizabeth uit de keuken kwam. Moeder en dochter keken elkaar even aan. Lady Mary liep met uitgestoken hand op haar dochter af, maar Elizabeth deed een stap naar achteren. 'Wees alsjeblieft niet boos op me, Elizabeth.'

Elizabeth keek haar kil aan. 'Hoe gaat het met vader?'

Lady Mary kreeg tranen in haar ogen. 'Hij heeft het moeilijk.'

'Het is voor ons allemaal moeilijk.' Ze keek haar moeder even aan en wendde haar blik toen af. 'Bedankt voor Billy's cadeau. Tot ziens,' zei ze, en ze ging de woonkamer weer in.

Lady Mary zuchtte, waarna ze achter Gertie aan naar de deur liep. Op de drempel bleef ze staan. 'Dank voor uw gastvrijheid, mevrouw Bingham. Zoals u misschien gemerkt zult hebben, heb ik een moeizame relatie met mijn dochter, maar ik hou zielsveel van haar en van mijn kleinzoon.'

'Ik snap het,' zei Gertie. 'Het loopt niet altijd even soepel in families.'

Lady Mary keek haar strak aan. 'Wilt u alstublieft met Elizabeth praten en haar overhalen de jongen bij ons te laten wonen? Het is niet veilig in Londen en ik heb het gevoel dat ze wellicht naar u zal luisteren.'

Gertie aarzelde. Ze zag de radeloosheid in de ogen van de vrouw, maar Elizabeth was volwassen en maakte haar eigen keuzes over het welzijn van haar zoon. 'Het spijt me, maar dat is niet aan mij, lady Mary.'

De vrouw knikte. 'Nee. Nee, uiteraard niet. Tot ziens, mevrouw Bingham.'

'Tot ziens.'

Toen de kerst voorbij was en het nieuwe jaar in zicht kwam, leek de wapenstilstand voort te duren en de wereld voelde op de een of andere manier lichter. Zelfs mevrouw Snipp was in een goed humeur. Ze had de kerst bij haar zus doorgebracht, die er niet alleen in geslaagd was een konijn te bemachtigen voor het kerstdiner, maar die haar er ook een mee naar huis had gegeven. Gertie was voorzichtig optimistisch. Het was nog steeds oorlog, maar voorlopig leek Hitler hen met rust te laten.

'Ik heb gehoord dat hij zijn aandacht nu op Rusland richt,' zei meneer Reynolds, die door een exemplaar van *Martin Chuzzlewit* bladerde.

'Kameraad Stalin zal hem ongetwijfeld met open armen ontvangen,' zei mevrouw Constantine, die een exemplaar van *De hond van de Baskervilles* aan Gertie overhandigde. Ze had het hele oeuvre van Agatha Christie gelezen en was nu aan Arthur Conan Doyle begonnen. 'Ik moet zeggen dat ik in mijn nopjes ben met de volgende titel van de leeskring, mevrouw Bingham,' zei ze, waarbij ze naar de etalage knikte waar *Ontmoeting met den dood* stond uitgestald. 'Ik zal mijn best doen om bij de volgende luchtaanval hier te zijn, maar laten we hopen dat het ergste voorbij is.'

'Laten we het hopen,' zei Gertie. Ze pakte het boek in en overhandigde het aan mevrouw Constantine.

Gertie was het avondeten aan het klaarmaken toen het luchtalarm afging. Ze dacht direct aan Hedy. Die was met haar vriendin Audrey naar de bioscoop. Gertie had haar met kerst bioscoopkaartjes gegeven voor de nieuwe film van Charlie Chaplin.

Hemingway stond al bij de achterdeur te wachten, wat hij altijd deed als hij het luchtalarm hoorde. 'Met Hedy komt het goed,' zei ze tegen hem. Ze pakte de mand met daarin haar gasmasker, haar bonnenboekje en een bakvorm met de laatste overgebleven pasteitjes. 'Ze blijven daar of ze worden naar de openbare schuilkelder gestuurd.' Haar hart bonsde in haar oren toen ze haastig de tuin in ging. Net op dat moment kwamen Elizabeth en Billy door de zijpoort.

'Waar is Hedy Fischer?' vroeg Billy. Gertie zag dat hij zijn tinnen helm op had en zijn houten geweer bij zich had.

'Ze is met een vriendin naar de bioscoop, maar ze zal naar de schuilkelder gaan. Maak je geen zorgen, Billy,' zei Gertie, die besefte dat ze dat meer voor zichzelf zei.

'Zal ik ernaartoe gaan en haar naar huis begeleiden?' vroeg hij.

'Nee, jij moet hier blijven om ons te beschermen,' zei Elizabeth. 'Hedy komt zo terug.'

'Fijn, want ik wil horen hoe het verdergaat met Gertie en Arno.'

Ze wurmden zich in de schuilkelder en Gertie stak een kaars

aan. Het voelde raar dat Hedy er niet was. 'Misschien had ik haar niet moeten laten gaan,' zei Gertie, terwijl ze naar de vlam keek.

'Ze is een verstandige meid,' zei Elizabeth. 'Het komt wel goed. De blokhoofden zullen voor hen zorgen.'

Gertie knikte, maar haar maag verkrampte. Al was je nog zo verstandig, aardig of slim, je kon gewoon pech hebben. Daar hield het lot allemaal geen rekening mee. Je kon alleen maar hopen dat er iemand luisterde.

Het vertrouwde geronk van vliegtuigen op weg naar Londen klonk steeds harder en ze hoorden in de verte granaten ontploffen. 'Dat is ons luchtdoelgeschut,' zei Billy op gezaghebbende toon. 'Dat zorgt ervoor dat de slechte mannen er niet doorheen komen.'

Het werd algauw duidelijk dat de slechte mannen niet te stuiten waren. Wat eerst gegons in de verte was, werd onophoudelijk gedreun, wat snel in een huiveringwekkende kakofonie boven hun hoofd veranderde. Gertie en Elizabeth wisselden een blik, beseften beiden dat deze luchtaanval anders was. Het enorme aantal vliegtuigen met explosieven was angstaanjagend. Elizabeth sloeg een arm om haar zoon heen en trok hem tegen zich aan.

Ergens in de buurt klonk een bruisend gesis gevolgd door een helwitte lichtflits. En opnieuw en opnieuw.

'Het klinkt als vuurwerk,' zei Billy.

'Ja, laten we doen alsof het vuurwerk is,' zei Gertie. 'Een heel groot vuurwerk.'

Ze hoorden de explosieven neerkomen, soms heel dichtbij en soms ver weg. 'Eigenlijk zijn het brandbommen,' zei Billy voorzichtig. 'De slechte mannen gebruiken die om hun doelen goed te kunnen zien.'

Gertie schrok toen er dichtbij een neerkwam. Door een gaatje in de schuilkelder zag ze een groene vlam oplichten. Voordat ze tijd had om erover na te denken, stond ze op en rende ze de schuilkelder uit. 'Gertie Bingham!' riep Billy. Hemingway blafte uit protest. Gertie pakte een van haar grotere bloempotten en rende naar voren om de inhoud, met narcissenbollen en al, op de vlammen te kiepe- ren om die te doven. Een meter verderop kwam er weer een neer en ze deed hetzelfde. 'Niet waar ik bij ben,' riep ze naar de lucht.

'Blijf hier met Hemingway, Billy,' riep Elizabeth, toen ze naar buiten rende om Gertie te helpen. Samen doofden ze nog drie brandjes. Toen hield het gedreun op en verdwenen de vliegtuigen in de verte.

'Denkt u dat het voorbij is?' vroeg Elizabeth, die naar de horizon keek, naar het centrum van Londen. De lucht gloeide door hon- derden branden.

'Nee,' zei Gertie, toen ze in de verte het dreigende gemurmel van nog meer vliegtuigen hoorde. 'Ik denk dat dit nog maar het begin was. Kom, dan gaan we weer naar binnen.'

'Jullie waren heel dapper,' zei Billy in de aardachtige gloed van de schuilkelder. 'Ik ga morgen medailles voor jullie maken.'

Gertie keek naar haar trillende handen. In haar binnenste ver- sterkten angst en boosheid elkaar. Toen ze het eerste gefluit en ge- gil van bommen hoorde, vertrok haar lichaam van woede. Hoe durfden ze? Dit was haar thuis. Haar stad. Ze moest iets doen.

'Ik moet Hedy gaan zoeken,' zei ze tegen Elizabeth. 'Jij blijft hier met Billy en Hemingway.'

Elizabeth greep haar bij de arm. 'Wees voorzichtig, Gertie.'

Billy stak haar zijn tinnen helm toe. 'Deze mag u lenen, Gertie Bingham.'

Ze zette de helm op haar hoofd, pakte een zaklamp en ging haas- tig door de zijpoort de tuin uit. Het was aardedonker en muis- stil, alsof haar straat de adem inhield. Gertie liep doelbewust door donkere stukken, lette erop dat ze met haar zaklamp naar bene- den scheen om geen aandacht te trekken. Ze kuchte toen de bit- tere rook haar keel binnendrong en deed haar best om het drama dat zich in de lucht ontvouwde te negeren. Gertie had geen idee waar ze naartoe ging, maar wist dat ze door moest gaan, in bewe- ging moest blijven. Ze hoorde het gesis en gekraak van een brand, draaide zich om en zag vlammen de lucht in schieten. Om de een of andere reden liep ze erop af.

Net iets voor Gertie. Van de wal in de sloot, zei Jack altijd als zijn zus van hun vader op haar kop kreeg, meestal omdat ze met haar bijdehante opmerkingen de gouvernante boos had gemaakt.

Laat nooit de kans schieten om je ergens sterk voor te maken en te vechten, Gertie, had Lilian haar telkens voorgehouden. *Mensen zullen je altijd vertellen waarom je iets niet moet doen, wat precies de reden is dat je het wél moet doen.*

Tot haar eigen verbazing begon Gertie te rennen. Ze kon zich niet herinneren wanneer ze zich voor het laatst zo energiek had gevoeld. Zo vrij. En nog wonderlijker, ze kende geen enkele angst.

Toen ze de hoek om ging, zag Gertie dat de torenspits van de St Mark's Church verzwolgen werd in een karmozijnrode en amberkleurige koker. Ze zag twee brandweerlieden en twee blokhoofden hun best doen om het vuur onder controle te krijgen. Gertie herkende een van hen direct.

'Betty!' riep ze.

'Mevrouw B, wat doet u hier?'

'Ik zoek Hedy. Ze was in de bioscoop toen de luchtaanval begon.'

'Ze is vast naar de openbare schuilkelder gegaan. Mijn vriendin Judy is daar blokhoofd. Zodra we de situatie hier onder controle hebben zal ik proberen uit te zoeken waar ze is.'

'U hoort in een schuilkelder te zitten,' zei het andere blokhoofd tegen Gertie. 'Het is niet veilig.'

'Ik wil helpen,' zei ze.

'Heeft deze vrouw een officiële training gevolgd?' vroeg hij.

Betty keek hem kwaad aan. 'Nee, maar dat had jij tot twee weken geleden ook niet, Bill.' Ze wendde zich tot Gertie. 'Kunt u overweg met een handpomp-brandspuit? Er is er een over, we hebben niemand om die te bedienen.'

'Laat maar zien wat ik moet doen,' zei Gertie, terwijl ze haar mouwen opstroopte.

Het was zwaar werk, maar of het nu door boosheid of vastberadenheid kwam, Gertie bleef pompen tot de meeste vlammen waren gedoofd. 'Tjonge, we zouden u goed kunnen gebruiken bij de brandweer,' zei een van de brandweerlieden toen ze naar de mobiele kantine liepen waar vrijwilligers warme thee en soep uitdeelden. 'We hebben meer aan u dan aan Bill, dat is wel duidelijk.'

Gertie pakte dankbaar een tinnen mok thee aan. Ze keek rond, hoopte dat Betty er al was met nieuws over Hedy. Op de gezichten om haar heen zag ze met roet bedekte vermoeidheid. Vrijwilligers zaten langs de kant van de weg, dronken thee en rookten. Er hing een onheilspellende stilte alsof iedereen in shock was en hetzelfde dacht. Hoelang konden ze dit nog volhouden?

'Mevrouw B!' riep een stem. Gertie keek op en zag twee bekende gestalten in het donker naar haar zwaaien. Toen ze in het licht kwamen, sprong Gertie overeind. 'Kijk eens wie ik heb gevonden!' riep Betty.

Toen Gertie Hedy's vermoeide gezicht zag, werd ze overmand door emoties. Ze rende naar voren en omhelsde haar stevig toen pas goed tot haar doordrong dat het Gerties taak was om dit meisje te beschermen nu haar moeder dat zelf niet kon, om ervoor te zorgen dat ze veilig bleef. De rest was bijzaak. Dat wist ze nu. 'Gaat het, Gertie?' vroeg Hedy.

'Nu wel,' zei ze, toen ze elkaar loslieten.

'Sorry dat ik u zo heb laten schrikken,' zei Hedy. 'Toen het luchtalarm afging raakten we in paniek en zijn we teruggelopen naar Audrey's huis.'

'Lieve help. Waarom zijn jullie niet naar de schuilkelder gegaan?'

Hedy keek schaapachtig. 'Dat weet ik niet. Dit voelde veiliger, denk ik.'

'Het is maar goed dat jullie niet naar de schuilkelder zijn gegaan,' zei Betty ernstig. 'Er was een voltreffer bij de bioscoop. Ze zijn naar overlevenden aan het graven.'

Gertie en Hedy keken elkaar aan toen ze beseften hoe het ook had kunnen aflopen. 'O, Gertie,' fluisterde Hedy.

Gertie sloeg een arm om haar schouder en trok haar tegen zich aan. 'Het is in orde,' zei ze. 'Je bent veilig. Dat is het enige wat telt.'

'Alstublieft, mevrouw,' zei een aardige brandweerman, die naast haar kwam staan en haar zijn heupflacon toestak. 'Neem hier maar een slokje van.'

Gertie pakte de heupflacon aan en trok een gezicht toen ze de scherpe hitte van de alcohol voelde. 'Bedankt,' zei ze, en ze gaf de heupflacon aan hem terug.

'Niet weten waar een van je koters uithangt is het ergste wat er is. Zo is het toch?' zei hij, en hij glimlachte naar hen.

Gertie wilde hem net vertellen dat het anders zat, maar hij was al weg, in de duisternis verdwenen voor een volgende klus. Ze voelde Hedy tegen haar schouder leunen en trok haar automatisch tegen zich aan.

'De stad krijgt vannacht de volle laag,' zei een van de blokhoofden. Ze draaiden zich om en keken naar de scharlakenrode lucht met feloranje vingertoppen die naar de hemel reikten alsof ze om redding smeekten.

Mijn geliefde Londen, dacht Gertie. Hoe durven ze?

Hedy stak haar arm door die van Gertie. 'Laten we naar huis gaan.'

'Zal ik met jullie meelopen?' vroeg Betty. 'De bommenwerpers droppen hun lading dan wel vooral boven het centrum, maar het is nog steeds gevaarlijk.'

'Het gaat wel lukken, toch Hedy?' zei Gertie.

Hedy knikte. 'We hebben elkaar.'

Het was eng rustig op straat, op een zwarte kat na die midden in de nacht aan de wandel was. Het was harder gaan waaien en de wind gierde langs hun oren. Gertie zette de kraag van haar jas op en keek omhoog naar de lucht. Het vertrouwde geronk en gedreun was terug, maar de vliegtuigen vlogen nu allemaal de andere kant op.

'Het ergste is achter de rug en nu zijn ze op de terugweg,' mompelde ze toen ze de straat vlak bij hun eigen straat in liepen.

'Misschien wordt zo wel het sein veilig gegeven,' zei Hedy. Ze keek omhoog en bleef als aan de grond genageld staan. 'Gertie, kijk uit!'

Toen Gertie haar blik volgde, leek de wereld te vertragen alsof ze door stroop waadden. Ze zag de onderkant van een Duits vliegtuig, afgetekend tegen het maanlicht, een monsterlijke gier boven hun hoofd. Terwijl ze zag hoe het luik openging en er een bom uit werd geworpen, worstelde ze om de nachtmerrieachtige realiteit van wat er gebeurde te bevatten. Gertie kende het gefluit en gegil als deze verschrikkingen naar de aarde vlogen, maar ze was niet voorbereid op de stilte. Vlak voordat de bom insloeg was het doodstil. Een fractie van een seconde. Een onderbuikgevoel. Gertie pakte Hedy vast en trok haar mee over de dichtstbijzijnde tuinmuur, liet zich boven op het meisje vallen. Ze kneep haar ogen stijf dicht en hield haar adem in. Een harde krakende dreun. Een fractie van een seconde. Stilte.

Gertie deed haar ogen open en hees zichzelf tot zitpositie omhoog terwijl Hedy zich naast haar uitrekte. Ze gluurden over de tuinmuur, knipperden met hun ogen toen ze de grote krater met de onontplofte bom zagen. Een enorm sissend monster.

'Is alles goed met je, liefje?' vroeg Gertie toen ze elkaar overeind hielpen.

Hedy keek haar aan. 'Ja, met u ook?'

'We leven nog!' riep Gertie, die haar zacht heen en weer schudde. 'We leven nog, Hedy.' Ze vielen elkaar in de armen en huilden, van angst, van opluchting, van het feit dat ze het overleefd hadden.

Ze hielden elkaar nog steeds vast toen de politie kwam om de straat te evacueren. Bibberig liepen Gertie en Hedy gearmd achter de mensenmassa aan, terug naar hun eigen straat. Toen het sein veilig werd gegeven, ging er luid gejuich op.

'Gertie!' riep Elizabeth, die hen bij het hekje van de voortuin samen met Billy en Hemingway opwachtte. 'Zijn jullie ongedeerd?'

'Gertie Bingham en Hedy Fischer,' riep Billy met ogen die groot waren van opwinding. 'Er ligt een onontplofte bom in de volgende straat.'

'Dat weet ik, schat. Die heeft ons op een haar gemist.'

'Wow,' zei Billy met nog grotere ogen.

'Goddank zijn jullie ongedeerd,' zei Elizabeth opgelucht. Ze wendde zich tot haar zoon. 'Kom mee, Billy. Dan kunnen Gertie en Hedy naar binnen en jij moet naar bed. Dat was wel genoeg drama voor één avond.' Ze zwaaide vrolijk voordat Billy en zij weggingen.

Gertie stond te trillen op haar benen, maar was opgetogen. Ze leefden nog. Ze waren veilig. Ze hadden weer een avond overleefd. Dat was het enige wat telde. Ze vochten en ze zouden blijven vechten. Gertie, Hedy, de boekwinkel en de inwoners van Beechwood. Dit was haar wereld. Dit was de plek waar ze hoorde te zijn en die plek zou ze met alles wat ze in zich had verdedigen.

Ze waren net bij de voordeur toen er een schreeuw klonk. Gertie draaide zich om en zag Betty hun kant op rennen.

'Misschien heeft ze gehoord dat we bijna door een bom waren geraakt en komt ze kijken hoe het met ons gaat,' zei Gertie. Toen Betty hen bereikte, bleef ze abrupt staan en ze schudde haar hoofd. Haar gezicht was lijkbleek. 'Betty, wat is er?' vroeg Gertie met toenemende paniek.

'Ik weet niet hoe ik het moet zeggen.'

'Is er iets met Sam?' fluisterde Hedy.

Betty schudde fel haar hoofd. 'Nee, dat is het niet.'

'Wat is er dan, liefje? Wat is er in hemelsnaam gebeurd?' vroeg Gertie.

Betty vocht tegen haar tranen en zei: 'Het is de boekwinkel, mevrouw B. Het was een brandbom. De brandweer was te laat. Het spijt me.'

Hedy en Betty grepen Gerties armen vast toen ze naar de grond zakte. De bodem was opnieuw onder haar bestaan weggeslagen. Na elke valkuil in haar leven – het overlijden van Jack, haar vader, haar moeder en toen Harry – had Gertie geprobeerd weer op te krabbelen, minder als een feniks en meer als een gewonde vogel met gespalkte vleugels. Door de komst van Hedy en de realiteit van weer een oorlog had Gertie kracht gevonden om te vechten, om iets op te bouwen waar mensen behoefte aan hadden. Maar nu was dat voorgoed weg. Dit was het einde. Betty en Hedy deden hun best om haar te troosten, maar na jarenlang de zeurende pijn en zorgen onderdrukt te hebben, gaf ze zich nu gewonnen. Hedy trok haar dicht tegen zich aan toen Gertie haar handen voor haar gezicht sloeg en snikte.

1941

13

Zoet is de kern van tegenspoed die,
zoals de pad, dat lelijk giftig dier,
in het hoofd toch een kostbaar juweel draagt.
Elk wat wils, William Shakespeare

Ontmoeting met den dood. Gertie moest haar ogen tot spleetjes knijpen om de boektitel op het verschroeide omslag te kunnen lezen toen Hedy en zij naarstig in het verkoolde geraamte naar een sprankje hoop zochten.

Gertie had een tijdje terug foto's van een zwaar beschadigde boekwinkel gezien. Midden in de chaos zat een jongen te lezen. De winkel had geen voor- en achterkant meer, maar alle boeken waren onbeschadigd. De gedachte aan die foto had Gertie er vandaag toe gebracht hiernaartoe te gaan. Misschien was hun voorraad nog bruikbaar. Ze konden de glasscherven opvegen, de schade herstellen en dan weer opengaan. Het was niet goed tot haar doorgedrongen hoe groot de vernietigende kracht van een brandbom was en ook niet wat voor uitwerking die kon hebben op een ruimte vol zeer brandbare boeken. De brandweer kon het vele werk die avond niet aan en kwam te laat om nog boeken te kunnen redden. De boeken die nog niet verbrand waren liepen waterschade op van de waterstralen die het vuur uiteindelijk doofden.

'Het uithangbord is niet al te erg beschadigd,' zei Hedy die buiten stond en omhoogkeek naar de verschroeide randen en de loslatende goudkleurige letters. 'Het bord is een beetje geschroeid maar nog wel leesbaar.'

De goudkleurige letters van het uithangbord van BINGHAM BOOKS glommen Gertie niet langer tegemoet. Ze hadden net zo'n oplawaai gehad als Gertie zelf. De rode achtergrond die ooit zo vriendelijk en uitnodigend overkwam was nu zwartgeblakerd alsof het duister van de oorlog eindelijk Beechwood had bereikt. Gertie kreeg tranen in haar ogen toen ze haar blik door de hoofdstraat liet gaan. De klok die trots bij de schoenmaker aan de gevel had gehangen was losgeraakt en door de ruit van de snoepwinkel geslingerd. Ze mochten van geluk spreken, want dankzij het tijdstip van de luchtaanval was er niemand gedood. De straat was een verwrongen puinhoop van glasscherven en verspreid liggende brokstukken. De winkeliers deden hun best om op te ruimen, veegden en raapten scherven op, maar het was een gigantische klus. Alleen het plaatsnaambord van Beechwood had niets te lijden gehad. Het witte paard galoppeerde nog vrolijk verder. Normaal gesproken zou Gertie daar troost uit hebben geput, maar vandaag niet. Er hing een gelaten sfeer. Meneer Piddock junior zwaaide vermoeid naar haar, waarna hij doorging met vegen. Niemand was vandaag in de stemming om troost of optimisme te bieden. 'Ik kan dit niet,' fluisterde ze.

Hedy greep haar bij de arm. 'U kunt dit, Gertie. U bent sterk.'

Gertie schudde haar hoofd. 'Nee, ik ben niet sterk. Niet echt. Ik ben al die jaren doorgegaan omdat het moest, maar ik wil niet meer.'

Hedy gaf een kneepje in haar hand. 'U bent moe. We hadden hier vandaag niet naartoe moeten gaan. Het was te veel voor u om de winkel zo te zien. Kom, we gaan naar huis.'

Gertie bleef een maand in bed. Ze kwam alleen haar kamer uit om te eten of als er luchtaanvallen waren, en in dat laatste geval deed ze dat lijdzaam. Wat had het voor zin? Ze was alles kwijt wat haar dierbaar was: haar man, haar ouders, haar broer en nu ook haar geliefde boekwinkel. Als de Duitsers haar leven ook wilden hebben, gingen ze hun gang maar. Ze wist waar ze mee bezig was. Ze was koppig genoeg om te weten dat haar besluit vaststond. Gertie Bingham had het officieel opgegeven.

Hedy deed er alles aan om haar uit deze passiviteit te trekken. Ze nam de dagelijkse leiding over het huishouden op zich, stak de haard aan, kookte maaltijden en bakte gemberkoekjes omdat ze wist dat dit Gerties lievelingskoekjes waren. Ze overlaadde Gertie met thee en medeleven, en las grappige gedeelten voor uit de brieven van Sam om haar op te vrolijken.

'Hij schrijft dat hij erg genoten heeft van het boek van P.G. Wodehouse dat we hem met kerst hadden gestuurd. Kennelijk zit er een man in zijn eskader die hem aan Gussie Fink-Nottle doet denken omdat hij salamanders houdt.'

'Dat is leuk, liefje,' zei Gertie, die voor zich uit staarde. Ze waardeerde Hedy's pogingen en ze wist dat ze een vreselijke zeurkous was, maar Gertie had gewoon geen zin en geen kracht om zichzelf uit deze lethargie te halen.

Uit wanhoop nodigde Hedy al hun vrienden en kennissen uit om op bezoek te komen en te proberen Gertie op te monteren. Mevrouw Constantine kwam langs met een fles Franse cognac en zei dat de donkere wolken zouden verdwijnen omdat dat altijd gebeurde. Oom Thomas belde om zijn medeleven te betuigen en zei met de beste bedoelingen dat Gertie in goed gezelschap verkeerde, omdat zevenentwintig uitgevers op vergelijkbare wijze diezelfde avond vijf miljoen boeken hadden verloren met dank aan 'die gek met een snor'.

Gertie waardeerde hun vriendelijkheid, maar wilde nog steeds alleen maar in bed blijven en *Jane Eyre* lezen. Dat was het enige wat haar troost leek te bieden. Het boek bracht haar terug naar gelukkigere tijden toen Harry nog leefde en de wereld sprankelde van hoop.

Op een dag was ze dat weer aan het doen toen er op haar slaapkamerdeur werd geklopt. 'Binnen,' zei ze. Ze dacht dat het Hedy zou zijn. Toen de deur een eindje openging, zag ze tot haar verbazing Billy's kleine, ronde gezicht om het hoekje kijken. 'Hallo, jongeman. Wat doe jij hier?'

Hij wierp een steelse blik over zijn schouder, waarna hij een klein stukje de kamer in liep. 'Mama zit beneden thee te drinken met Hedy Fischer. Ze heeft vandaag een telegram van haar moeder gekregen en is blij maar ook een beetje verdrietig.'

Gertie voelde een steek van schuldgevoel dat ze niet ook beneden was om Hedy te troosten. Ze wendde zich tot Billy. 'Heeft je moeder je naar boven gestuurd?'

'Niet echt,' zei Billy, die zijn tenen over het tapijt liet gaan. 'Maar ze heeft ook niet gezegd dat het niet mocht.'

'In dat geval kun je beter echt binnenkomen.'

Billy liep om het bed heen en ging heel dicht bij Gertie staan, keek haar met heldere ogen aan. 'Ik ben nog nooit eerder in een damesslaapkamer geweest,' zei hij, 'behalve in die van mama natuurlijk.'

'Natuurlijk. En waaraan heb ik dit genoegen te danken?'

Er verscheen een nadenkende uitdrukking op zijn gezicht. 'Ik vond het heel erg toen ik het hoorde van de brand in de boekwinkel. Ik vind het heel erg voor u.'

'Dank je wel, Billy.'

'En ik wil u dit geven.' Hij stak zijn hand in zijn zak. 'Doe uw ogen dicht en steek uw hand uit.' Gertie deed wat haar was opgedragen. Ze voelde een vlaag van warmte toen hij iets zachts op haar handpalm legde. 'Doe uw ogen maar weer open.'

Ze zag een roodfluwelen geldbuideltje. 'Wat is dit?'

'Maak maar leeg, dan zult u het zien.' Gertie hield het op z'n kop en er rolde een verzameling penny's, shillings en een paar glanzende munten van zes pence uit. 'Dit is mijn spaargeld. U mag alles hebben zodat u een nieuwe boekwinkel kunt kopen.'

Er prikten tranen in Gerties ogen. 'O, Billy.'

'Ik verzamel ook postzegels. Die kunnen we verkopen als dit niet genoeg is.'

Gertie stak haar handen uit en pakte hem bij de schouders. 'Je bent de liefste jongen die ik ooit heb ontmoet. Dank je wel.'

'Billy Chambers. Kom onmiddellijk naar beneden!' riep zijn moeder onderaan de trap. Billy verstijfde.

'Elizabeth, het is in orde,' riep Gertie. 'Ik had gezegd dat hij binnen mocht komen.'

Billy kromp ineen toen hij zijn moeder de trap op hoorde komen. 'Gertie, het spijt me ontzettend dat Billy u gestoord heeft.' Ze richtte zich tot haar zoon. 'Jongeman, dat wordt vanavond zonder verhaaltje naar bed.'

'O, maar mama...'

'William Chambers. Niet zo brutaal zijn tegen je moeder.' Billy fronste verontwaardigd zijn wenkbrauwen. Elizabeth zag het geldbuideltje op het bed liggen. 'Is dat van jou, Billy?' Hij knikte langzaam.

'Hij heeft me zijn geld aangeboden zodat ik een nieuwe boekwinkel kan kopen,' zei Gertie.

Elizabeth knipperde verbaasd met haar ogen. 'O. Tjonge.'

'Dat is het mooiste wat ik ooit heb gehoord,' zei Gertie.

Elizabeths gezicht verzachtte. 'Je had niet naar boven mogen gaan, maar het was aardig van je om al je geld aan mevrouw Bingham aan te bieden.'

'Betekent dat dat ik toch mijn verhaaltje krijg? Toe, mama? Ik wil weten hoe het verdergaat met Pieter Konijn, of het hem lukt om uit de gieter te komen.'

'We zullen zien,' zei Elizabeth. 'En nu meekomen. We zullen mevrouw Bingham met rust laten.'

'Dag, Billy. Bedankt voor je komst.' Gertie deed de munten terug in het buideltje en stak het hem toe. 'Het lijkt me beter dat je het geld voorlopig veilig thuis bewaart.'

Billy knikte ernstig. 'Dat is goed, Gertie Bingham. Laat me maar weten wanneer u het nodig hebt.'

'Dat zal ik doen.'

Elizabeth werkte Billy de kamer uit en bleef in de deuropening staan. 'U was zo vriendelijk voor ons toen we hier net woonden. Laat het alstublieft weten als ik iets voor u terug kan doen.'

'Dank je, liefje,' zei Gertie. 'Is alles in orde met Hedy?'

Elizabeth kreeg tranen in haar ogen. 'Ze is de dapperste vrouw die ik ken. Ook al kan ik niet goed met mijn familie opschieten, ik zou er echt niet tegen kunnen als ik niet zou weten waar ze zijn of wat er met hen gebeurt.'

'Bedankt dat je haar getroost hebt.'

Elizabeth glimlachte. 'Zoals ik al zei, Gertie, jullie zijn allebei zo vriendelijk geweest. Nu is het mijn beurt.'

Gertie knikte, maar was het daar in haar hart niet mee eens. Iedereen deed erg zijn best om haar te helpen, maar diep vanbinnen wist ze dat er niets aan te doen was.

Alleen Charles leek te snappen hoe Gertie zich voelde. 'Ik zou tegen je willen zeggen dat je jezelf moet vermannen, maar dat zou hypocriet zijn. Nadat ik uit de vorige oorlog was teruggekeerd, ben ik een jaar lang amper het huis uit geweest,' zei hij tegen haar toen ze, tijdens een van de zeldzame keren dat ze beneden was, in de woonkamer thee zaten te drinken.

'Dat weet ik nog.' Ze herinnerde zich de bezoekjes aan zijn huis, samen met Harry, waarbij ze hun best deden om hem uit zijn apathie te trekken. Toen hij daar uiteindelijk uit kwam, was er iets in hem veranderd. Hij was dezelfde lieve man maar had iets onwrikbaars over zich, had een bijna roekeloze houding.

'Ik moet je zeggen dat ik niet denk dat deze oorlog snel is afgelopen.'

‘Dus ik moet doorvechten?’

Charles haalde zijn schouders op. ‘Wat moet je anders?’

Gertie keek naar de verzameling familiefoto’s op het bijzettafeltje, de lachende, hoopvolle gezichten van haar overleden dierbaren. ‘Ik weet het niet, hoor, Charles. Ik weet niet of ik nog kracht heb om te vechten. Het zou anders zijn als Harry er nog was, of Jack, of mama en papa.’

Charles knikte. Hij liep naar de schoorsteenmantel en pakte er een klein tinnen lijstje vanaf. ‘Is deze niet genomen tijdens het openingsfeest van de boekwinkel?’ vroeg hij toen hij weer naast haar kwam zitten.

Gertie glimlachte toen ze de foto van hem aanpakte. Ze stonden er allemaal op. Haar ouders, oom Thomas, Jack, Charles, Harry, zijzelf. Haar moeder stond naast haar, glom van trots, en Gertie keek met weemoedige vastberadenheid voor zich uit. ‘Ik stond erop dat we een feest gaven omdat we amper klanten hadden, behalve dan mevrouw Crow, die er was in haar officiële hoedanigheid van plaatselijke bemoeial. Ik weet nog goed dat Harry haar vroeg of hij haar ergens mee kon helpen en dat ze hem aankeek alsof hij had voorgesteld dat ze naakt midden op de straat de tango zouden dansen.’

Charles lachte. ‘Dierbare herinneringen. Zo is het toch, Gertie?’

Ze knikte. ‘Maar dat was ook de avond dat ik vader ruzie hoorde maken met Jack. Ze hebben daarna nooit meer goed met elkaar kunnen opschieten.’

Charles zweeg.

‘Jack was nogal een heethoofd. Harry vermoedde dat het met gokken te maken had, maar ik ben er nooit achter gekomen waar het over ging.’

‘Zei Harry dat?’ vroeg Charles, waarbij hij haar recht aankeek.

Gertie knikte. ‘Jack heeft zeker nooit aan jou verteld wat er was voorgevallen? Ik weet dat je in die tijd vaak naar zijn sociëteit ging.’

Charles richtte zijn blik op de haard. ‘Ik weet het niet meer, het is lang geleden.’

'Inderdaad. Het voelt als een ander leven. Maar goed, dat is allemaal verleden tijd. Die domme ruzies van toen. Uiteindelijk doen die er niet toe. Zo is het toch?'

'Nee,' zei Charles. 'Die zijn volkomen onbelangrijk.' Gertie legde haar hoofd op zijn schouder terwijl ze naast elkaar naar de foto keken. Twee vrienden met een afgetobd gezicht, die leden onder het leven maar troost putten uit gedeelde herinneringen. 'Ik ga een paar dagen weg,' zei Charles na een tijdje.

Gertie draaide haar gezicht naar hem toe en keek hem aan. 'Voor werk?'

Hij knikte. 'Als het goed is ben ik over een week terug.'

Het viel Gertie op dat hij haar niet aankeek. 'Het is toch niet gevaarlijk, hè, Charles?'

'Gertie, het is oorlog. Over straat lopen is al gevaarlijk, dat hoef ik jou niet te vertellen.'

Ze pakte zijn hand vast. 'Wees voorzichtig. Ik kan het niet aan jou ook te verliezen.'

Hij boog zich naar voren en drukte een kus op haar wang. 'Jij en ik, wij zijn overlevers. Vergeet dat nooit.'

'We klampen ons vast aan de wrakstukken van het leven.'

Charles glimlachte. 'Er is niemand met wie ik dat liever zou doen dan met jou.'

14

Het begin is altijd vandaag.
Short Stories, Volume 2, Mary Shelley

In de ruim zestig jaar van haar leven was Gertie gaan beseffen dat boodschappers van het lot in verschillende gedaanten kwamen. Soms was het overduidelijk, zoals toen ze Harry voor het eerst zag in de boekwinkel van haar vader. Maar soms had het lot een zetje nodig, zoals bij de gebeurtenissen voorafgaand aan de komst van Hedy. Ditmaal stond er onverwacht een boodschapper van het lot bij haar op de stoep, op een natte februarimiddag om ongeveer kwart over drie.

Hedy was met Betty naar de film en Gertie zat boven een roman van Dorothy L. Sayers te lezen toen er hard op de deur werd geklopt. Gertie zuchtte en legde haar boek met tegenzin neer. Ze controleerde in de spiegel hoe ze eruitzag en vroeg zich af wanneer ze zo'n rond gezicht had gekregen. Dat kwam waarschijnlijk door Hedy's geweldige bakkunsten. Ze streek haar haar glad en ging naar beneden, waar ze in de gang Hemingway tegenkwam. Gertie deed de deur open in de veronderstelling dat het Hedy zou zijn die haar sleutel vergeten was. Tot haar verbazing keek ze recht in het boze gezicht van mevrouw Crow.

'Goedemiddag, mevrouw Bingham. Komt het gelegen?' vroeg ze, waarbij ze een kritische blik op de koekkruimels op Gerties blouse wierp.

Terwijl Gertie de kruimels onopvallend probeerde weg te vegen, dook Hemingway enthousiast op de heerlijke stukjes af. 'Natuurlijk,' zei ze. 'Wilt u een kopje thee?'

Mevrouw Crow leek zich even geen raad te weten, alsof ze nog nooit thee aangeboden had gekregen. 'Ja, dat is goed. Graag.'

'Loop maar door naar de woonkamer. Ik kom zo.' Toen Gertie de woonkamer binnenliep, stond mevrouw Crow onbeholpen bij de schoorsteenmantel. 'Gaat u alstublieft zitten.'

Mevrouw Crow ging op het randje van een fauteuil zitten terwijl Gertie haar een kopje thee aangaf. 'Dank u wel.'

'Zo,' zei Gertie, die op de bank plaatsnam. 'Wat kan ik voor u doen?'

Mevrouw Crow keek haar met haar kraaloogjes aan. 'U moet de boekwinkel weer openen.'

Van alle zinnen die uit de mond van mevrouw Crow konden komen, was dit voor Gertie toch wel de meest onwaarschijnlijke, samen met 'Wat ziet u er vandaag beeldig uit, mevrouw Bingham' en 'Ik zal mijn voedselbonnen met u delen'. 'Pardon?' zei ze.

Mevrouw Crow fronste haar wenkbrauwen alsof ze met een zwakbegaafde van doen had. 'Uw boekwinkel,' zei ze langzaam. 'Die moet u weer openen.'

Gertie knipperde met haar ogen naar haar. 'Maar die is vernietigd.'

'Tja,' zei mevrouw Crow, die aan het oor van haar kopje frunnikte, 'daar heb ik het met Eleanora over gehad.'

'Met mevrouw Snipp?'

'Ja. Toen we van school waren hebben we ruzie gekregen. Over iets doms, nou ja, over een jongeman.' Gerties ogen werden groot bij het idee dat mevrouw Snipp en mevrouw Crow om de aandacht van dezelfde man streden. 'Uiteindelijk is hij met iemand anders getrouwd, dus het was allemaal voor niets.'

'Aha,' zei Gertie. Ze snapte er nog steeds niets van, maar genoot van het verhaal.

'Maar goed,' ging mevrouw Crow verder. 'Na wat er met mijn

neef was gebeurd en na die avond dat uw winkel werd vernietigd, besefte ik dat ik dom bezig was geweest, dus ik ben naar Eleanora toe gegaan en we hebben het bijgelegd.'

'Wat fijn voor jullie. Ik snap alleen niet wat dat met de boekwinkel te maken heeft.'

'Het is het lot,' zei ze, waarbij er ergernis in haar stem doorklonk. 'Dankzij de boekwinkel zijn we weer vriendinnen. Ik kwam daar een boek voor de zoon van mijn neef kopen. *Schateiland*. Hij vond het trouwens een fantastisch boek.' Ze meed Gerties blik en sprak verder. 'Het punt is dat ik nooit goed heb kunnen lezen. Eleanora heeft me geholpen, zodat ik kleine Fred nu kan voorlezen.'

'Dat is geweldig, mevrouw Crow.'

'Ja, inderdaad. Maar snapt u het dan niet?' zei de vrouw, die met haar handen fladderde van ongeduld.

'Niet echt.'

'U moet de boekwinkel weer openen.'

Gertie verschoof op de bank. 'Dat gaat helaas niet.'

'Als u zich zorgen maakt over de schade, dat is nergens voor nodig. Ik heb meneer Travers gesproken en bouwtechnisch gezien is het pand volkomen stevig. Alles kan gerepareerd worden.'

Behalve een hart, dacht Gertie. 'Ik waardeer het dat u tijd hebt gemaakt om me dat te komen vertellen, mevrouw Crow, maar het antwoord is nog steeds nee.'

Mevrouw Crow fronste haar wenkbrauwen. 'Mag ik vragen waarom?'

Gertie zuchtte. 'Ik heb dat bedrijf in ruim vijfentwintig jaar samen met mijn man opgebouwd. Ik kan niet weer van voren af aan beginnen.'

'O,' zei mevrouw Crow, die haar theekopje neerzette en opstond. 'Dan zijn we uitgepraat.'

'Dat denk ik ook. Sorry dat u voor niets bent gekomen.'

Mevrouw Crow liep naar de deur maar bleef even staan toen ze een foto van Harry op de schoorsteenmantel zag. Die was genomen vlak nadat hij zijn bibliothecarisdiploma had behaald en het was een van Gerties lievelingsfoto's. 'Het overlijden van meneer Bingham was een groot verlies voor Beechwood,' zei ze.

'Ik waardeer het dat u dat zegt.'

'Hij was een aardige man,' zei mevrouw Crow. 'Vriendelijk.'

'Ja, dat was hij zeker.'

'Ik kan me niet voorstellen dat hij deze gemeenschap zou opgeven.'

Daar was het. Het lot. Het streek niet met een fluwelen handschoen langs haar wang, maar ramde een ijzeren vuist in haar gezicht. Gertie kookte van verontwaardigde woede. Ze zou niet toestaan dat Philomena Crow het laatste woord had. Deze vrouw had geen weet van de pijn die ze doorstaan had. 'Hoe durft u?' stamelde ze. 'Ik ben alles kwijt.'

'Is dat zo?' zei mevrouw Crow, waarbij haar ogen vuur schoten. 'U hebt dit huis nog. U hebt die jonge vrouw nog die om u geeft.' Gertie bloosde van schaamte. 'Ze is trouwens bij Eleanora langs geweest, omdat ze bezorgd was en wilde weten of er iets gedaan kon worden. Sterker nog, zij is de reden dat ik hier ben. Maar nee, maak u niet druk. U bent alles kwijt. Blijf gerust hier, zwelgend in zelfmedelijden.' Ze rechtte haar schouders en keek Gertie met een kille blik aan. 'Iedereen is wel iets of iemand kwijt. U bent niet anders dan de rest van ons. En u bent een lafaard als u het nu opgeeft.'

Gertie deed haar mond open om te protesteren, maar hoe vervelend ze het ook vond, ze moest bekennen dat mevrouw Crow gelijk had. Ze gaf het inderdaad op. Ze verstopte zich. Meed de wereld. Had medelijden met zichzelf. Dat moest ophouden. Dat was ze aan Hedy, aan haar ouders, aan Jack en aan die lieve Harry verplicht. En ze was het vooral aan zichzelf verplicht. Ze wendde zich tot mevrouw Crow. 'Zei u nou dat meneer Travers heeft gezegd dat alles gerepareerd kan worden?'

De vrouw knikte kortaf. 'Kom morgen naar de winkel, klokslag negen uur, dan kunt u het zelf zien.'

Als Clark Gable haar ten huwelijk had gevraagd, had Gertie niet verbaasder kunnen zijn. Toen Hedy en Gertie de volgende dag de boekwinkel binnengingen, was het alsof iedereen die daar ooit over de drempel was gestapt er was. Mevrouw Snipp keek met een met roetvegen bedekt gezicht boos naar de muur die ze aan het schrobben was alsof ze die uitdaagde om vies te blijven. Elizabeth Chambers en mevrouw Wise zeulden zakken troep door de achterdeur naar buiten. Zelfs mevrouw Constantine was er, die het hele gebeuren wat glamour gaf. Haar haar zat onder een roodpaarse zijden hoofddoek en ze was met elegante halen de vloer aan het vegen. 'Goedemorgen, dames,' zei ze, terwijl ze opkeek.

'Goedemorgen,' zei Gertie, waarbij haar stem een beetje oversloeg.

'Ik zal u helpen, mevrouw Constantine,' zei Hedy.

'Graag, liefje. Meneer Reynolds en ik zouden dit om beurten doen, maar hij is momenteel ergens anders mee bezig,' zei ze, en ze knikte naar de oude man, die in de hoek met zijn hoofd op zijn borst op een stoel zat. Op de vloer, bij zijn voeten, lag een exemplaar van *Amid These Storms* van Churchill.

'Ah, mevrouw Bingham. U moet ik hebben,' zei Gerald Travers, die achter uit de winkel kwam. 'Ik hoop dat u het niet erg vindt, maar ik heb een vriend die er verstand van heeft voor de zekerheid alles laten nakijken. Om het zekere voor het onzekere te nemen. Bouwtechnisch gezien is het pand in prima staat. Gelukkig zat de deur naar de schuilkelder dicht en die is zo dik als een B-2-blok, dus...'

'De boeken?'

'Kijk zelf maar,' zei hij, gebarend als een tovenaar die een truc gaat laten zien.

Gertie stapte naar voren en duwde de met roet bedekte deur open. 'Ze zijn er nog,' fluisterde ze. Het was alsof ze een kamer vol oude vrienden binnenstapte. Ze zag Jane Eyre, Bertie Wooster, David Copperfield, monsieur Poirot, de dochters van de familie

March. Ze waren daar al die tijd geweest, hadden op haar gewacht. Het maakte niet uit dat er weinig op voorraad was. De boeken waren genoeg. Ze pakte een exemplaar van *Winnie de Poeh* en bladerde erdoorheen. Ze rook as en zwavel, maar daarachter zat de troostende muffe geur van boeken.

'Als we er vaart achter zetten, denk ik dat de winkel binnenkort weer open kan,' zei meneer Travers.

Gertie pakte zijn handen vast terwijl ze haar tranen weg knipperde. 'Ik ben u ontzettend dankbaar.'

Hij gaf een klopje op haar hand. 'En ik ben u nog steeds dankbaar voor al uw vriendelijkheid toen mijn Beryl door ziekte geveld was, mevrouw Bingham. Zo doen we dat in Beechwood.'

Zo doen we dat in Beechwood. Gertie glimlachte toen ze weer de winkel in liep. 'Bedankt,' zei ze tegen de verzamelde helpers. 'Allemaal reuze bedankt. Ik had er geen idee van dat de mensen zo dol waren op de boekwinkel.'

'Het is zoveel meer dan een boekwinkel, mevrouw Bingham,' zei mevrouw Snipp op verwijtende toon. 'Het is een schatkamer van kennis en verbeelding. Boeken kunnen de loop van de geschiedenis veranderen en ze zullen ons helpen deze oorlog te winnen. Let op mijn woorden.'

'Bravo,' zei mevrouw Wise, die opkeek van het vegen. 'Mijn Ted zou nog geen schilderij kunnen ophangen als u hem dat boek niet had aangeraden, mevrouw Bingham. Hij heeft trouwens gezegd dat hij na zijn werk hiernaartoe zal komen om de planken te repareren als u zover bent.'

'Ja, en meneer Reynolds zei dat hij nog oude verf heeft staan die u mag gebruiken,' zei mevrouw Constantine. 'Zo is het toch, Wally? Wally!'

Meneer Reynolds schrok wakker. 'Wat? Wie is daar? Dat dacht ik niet, Adolf. Ik ram zo je kop eraf!' Hij knipperde verbaasd met zijn ogen toen hij doorhad waar hij was. 'Sorry, ik moet in slaap zijn gevallen.'

'En ik kan het uithangbord opnieuw schilderen,' zei Elizabeth. 'Ik zat te denken aan een kleine goudkleurige feniks als teken van een nieuw begin.'

'Ik weet niet wat ik moet zeggen,' zei Gertie, die naar de mensen om zich heen keek. 'Ik kan jullie niet genoeg bedanken. Dat meen ik.'

'U hoeft niets te zeggen,' zei mevrouw Crow, 'maar ik hoop dat dat niet uw beste kleren zijn.' Ze stak haar een bezem toe. 'De boekwinkel heeft u nodig.'

De weken daarna zag Gertie vol trots en dankbaarheid Bingham Books weer tevoorschijn komen. Ze moest denken aan Harry's slapende magnoliaknoppen en zijn bewering dat 'de wereld altijd weer opnieuw begint'. Hij had gelijk en ze was blij dat ze zich had laten overhalen het niet op te geven en hulp te accepteren. Die hulp kwam in vele vormen, de ene vorm wat praktischer dan de andere. Op een ochtend kwamen de zusjes Finch helpen met verven, maar ze werden algauw door hun tante weggestuurd, omdat ze de jongere mannelijke helpers alleen maar afleidden. Mevrouw Crow verbaasde iedereen met haar arendsoog als het ging om het recht ophangen van planken. En uiteraard was meneer Travers er altijd. Elke dag bracht hij een paar collega's van de luchtbeschermingsdienst mee om dingen te herstellen of te vervangen, te verven en te lakken, totdat alleen nog de planken gevuld moesten worden. Een paar dagen voor de grote heropening bracht hij een ander blokhoofd mee, Evan Williams, een boom van een vent die op iedereen grote indruk maakte toen hij, zonder zelfs maar te transpireren, de grote eikenhouten toonbank terug op zijn plaats zette en wiens vrouw de lekkerste Welsh cakes aan deze kant van de rivier de Severn bakte.

'We komen u helpen met de laatste loodjes, mevrouw Bingham,' zei Gerald. 'En Evan en ik willen graag de volgende titel van de leeskring weten.'

'Lieve help, daar heb ik nog niet over nagedacht. Hebt u een suggestie?'

'Wat mij betreft graag iets van Steinbeck,' zei Gerald.

Evan stak zijn enorme klauwachtige hand in zijn zak en haalde er een boek uit. 'Zou ik dit mogen voorstellen, mevrouw Bingham? Het lijkt me heel passend. Mijn vrouw en ik hebben er erg van genoten.'

Gertie pakte het boek glimlachend aan. 'Dank u wel, meneer Williams. Ik verheug me erop het te lezen.'

Het was geen verrassing voor Gertie dat mevrouw Constantine op de dag van de heropening de eerste was die over de drempel stapte. Hemingway begroette zijn oude vriendin met opgetogen gekwispel, waarna hij voor haar ging zitten als de braafste hond ter wereld.

'O, wat heb ik jullie gemist,' zei ze. Ze stak haar hand in haar tas en beloonde hem met een half lamskoteletje.

'Bedoelt u ons of de boeken?' vroeg Gertie.

'Allebei,' zei mevrouw Constantine met een tedere glimlach. 'En nu ter zake, Gertie. Ik wil graag een detective als je die hebt. Ik kon niet goed opschieten met Sherlock Holmes. Wat een arrogante vent. Hij deed me denken aan een oom van me aan wie ik een bloedhekel had.'

'Ja, ik heb wel iets voor u,' zei Gertie, en ze pakte een detectiveroman van Dorothy L. Sayers. 'Speurder lord Peter Wimsey. De auteur beweert dat hij een kruising is tussen Fred Astaire en Bertie Wooster.'

'Dat klinkt geweldig. Ik neem hem.' Ze wendde zich tot Hedy. 'En hoe gaat het met jou, liefje? Nog nieuws?'

Hedy keek op van het bestelboek. 'Vorige week heb ik een brief van Sam gekregen. Hij is tot korporaal bevorderd. En hij ziet Betty soms nu die bij de WAAF zit, de door vrouwen geleide hulporganisatie van de RAF. Hij zegt dat ze nog net zo irritant is als vroeger, maar dat het fijn is dat hij zo een beetje op haar kan letten.'

Mevrouw Constantine gniffelde. 'Hij is een goede jongen. Nog nieuws van thuis?'

'Niet meer sinds het telegram van mijn moeder vorige maand. Toen maakte iedereen het goed.'

Mevrouw Constantine pakte haar hand en gaf er een kneepje in. 'Dat is zo goed als het kan zijn, liefje,' zei ze. 'En wat is dit?' Ze pakte een exemplaar van *Hoe groen was mijn dal* van een stapel op de toonbank.

'Dat is de nieuwe titel voor de leeskring. Het boek is me aangeraden door een van de blokhoofden,' zei Gertie. 'Het gaat over een dorp in Wales waar mensen elkaar door moeilijke tijden heen helpen. De personages zijn geweldig.'

'Wat toepasselijk,' zei mevrouw Constantine, en ze legde het boek op haar andere boek. 'Die neem ik ook.'

1943

15

Wie zo liefheeft, gelooft het onmogelijke.
Elizabeth Barrett Browning

Archibald Sparrow was een lange, verlegen man die op aandringen van zijn moeder voor dominee had geleerd, maar niet meer geloofde in de God die 'mijn twee broers in de Eerste Wereldoorlog heeft laten omkomen'. Hij had zelf niet in dienst gehoeven doordat hij ontzettend slecht zag, wat tot gevolg had dat hij zijn geliefde poëzie moest lezen door een bril van schildpad met dikke glazen, waardoor hij eruitzag alsof hij zich aldoor verbaasde. Hij speurde uren de planken van Bingham Books af, meestal op een tijdstip dat het heel rustig was in de winkel. Zodra het druk werd, rekende hij snel af of hij maakte zich uit de voeten zonder iets te kopen. Gertie had een zwak voor deze wat onhandige man. Hij deed haar denken aan Harry toen ze hem leerde kennen.

'Goedemorgen, meneer Sparrow. Zoekt u iets speciaals vandaag?' vroeg ze toen hij op een dag verscheen.

'G-g-goedemorgen, mevrouw B-b-bingham,' antwoordde hij op gedempte toon. Hij had een zachte, vriendelijke manier van praten. Het viel Gertie op dat Hemingway, wiens standaardbegroeting geblaf was, bij meneer Sparrow altijd vriendelijk kwispelde.

Dan legde Archibald als antwoord zijn hand op de hondenkop alsof hij hem de zegen gaf. 'Ik k-k-kijk alleen. Dank u.'

'Natuurlijk. Laat het maar weten als ik iets voor u kan doen.'

Als antwoord tikte hij tegen zijn hoed en hij stevende regelrecht af op de planken met poëzie. De bel boven de winkeldeur klingelde en Gerald Travers stapte naar binnen.

'*Oorlog en vrede*, mevrouw Bingham,' zei hij bij wijze van groet. 'Hebt u dat?'

Gertie pakte drie boeken met rood stofomslag van de plank. Sinds hij het lezen herontdekt had, was meneer Travers een van haar beste klanten geworden. 'Dat is momenteel het bestverkopende boek, dus u hebt geluk dat ik het nog op voorraad heb,' zei ze. 'Daar bent u wel even zoet mee.'

'Tjonge,' zei Gerald, die naar de boeken keek zoals men naar de top van de Mount Everest zou kijken. 'Tja, er lijkt maar geen eind aan deze oorlog te komen, dus ik kan net zo goed iets meenemen wat me een tijd bezighoudt.'

'Ah, meneer Travers,' riep een stem zo hard dat meneer Sparrow bijna de dichtbundel van Keats, waar hij doorheen bladerde, uit zijn handen liet vallen. Ze draaiden zich om en zagen Margery Fortescue door de deur schrijden, waarbij ze alle hoeken en gaten met haar persoonlijkheid leek te vullen. Ze droeg een flessengroen uniform van harristweed met een platte hoed die maar net op haar onberispelijke wolk van donkergrijs haar bleef staan. Ze werd op de voet gevolgd door Cynthia, die hetzelfde gekleed was en een klembord vasthield.

De ogen van meneer Travers glinsterden toen hij zich omdraaide om hen aan elkaar voor te stellen. 'Hebt u al kennisgemaakt met mevrouw Fortescue?' vroeg hij aan Gertie.

'Niet officieel,' zei ze, en ze stak haar hand uit. 'Gertie Bingham.'

Mevrouw Fortescue schonk haar een gelukzalige glimlach toen ze haar de hand schudde. 'Margery Fortescue, hoofd van de plaatselijke wvs. Aangenaam kennis te maken. En dit is mijn dochter en plaatsvervanger, Cynthia.' Cynthia werd vuurrood toen haar naam werd genoemd.

'Goed,' zei mevrouw Fortescue, die met kritische blik de winkel rondkeek. 'Heeft meneer Travers u het nieuws verteld?'

'Dat denk ik niet,' zei Gertie, die een blik op Gerald wierp.

Meneer Travers keek verbouwereerd. 'Nieuws?'

Margery fronste even haar wenkbrauwen. 'Dat de WVS een nieuw onderkomen nodig heeft.'

'O, dat,' zei Gerald. 'Het ministerie van Voedsel gaat het dorpshuis vorderen en...'

Margery onderbrak hem. 'Nee, het wordt niet gevorderd. We gaan het dorpshuis ontruimen. Wij stellen nu eenmaal andere eisen aan het pand,' sprak ze verbeten.

Cynthia keek haar moeder in opperste verwarring aan. 'Maar, mama, dat is toch in verband met de consternatie na een demonstratie van "breien met hondenhaar" toen er een hele lading pruimenjam bedorven is geraakt?'

'Ze hebben er uren over gedaan om al dat pekinezenhaar op te vegen,' zei Gerald ernstig.

Het gezicht van mevrouw Fortescue stond op onweer. 'Daar heeft het niets mee te maken. Het punt was dat het roostertechnisch niet uitkwam en aangezien de WVS van vitaal belang is voor de oorlogsmachine...'

'Van vitaal belang,' herhaalde Gerald met een ferme knik.

'... vonden de gezagdragers het noodzakelijk dat wij het exclusieve gebruiksrecht van een ruimte zouden hebben en aangezien het pand hiernaast al geruime tijd leegstaat, worden wij buren, mevrouw Bingham. Een boekwinkel en de WVS. Een rare combinatie zou je zeggen, maar we zullen elkaar vast niet voor de voeten lopen.' Ze liet het als een uitdaging klinken.

Gertie rechtte haar schouders. 'Vast niet. Loop gerust hier binnen als jullie iets nodig hebben.'

'O, dat zal beslist niet nodig zijn. Wij zijn namelijk degenen die hulp bieden,' zei Margery, die zich tot haar volle, niet geringe hoogte oprichtte.

'Misschien kunnen we jullie helpen met boekentips om bij te komen van het harde werken,' zei Gertie toen Hedy met een stapel boeken achter uit de winkel kwam.

Mevrouw Fortescue fronste haar wenkbrauwen. 'Ik ben nooit zo'n lezer geweest. Ik hou meer van opera, maar Cynthia zit altijd met haar neus in een boek. Zo is het toch, liefje?' Haar dochter piepte zacht als antwoord.

'Ja, ik heb je weleens in de winkel gezien,' zei Gertie. Cynthia knikte verlegen. 'Dit is trouwens Hedy Fischer. Die werkt hier.' Cynthia keek Hedy verwonderd aan alsof ze zojuist aan de koningin was voorgesteld.

Hedy glimlachte. 'Hallo. Dit is het boek van de maand bij de leeskring, voor het geval je geïnteresseerd bent.'

Cynthia pakte het boek met eerbiedig ontzag aan.

'*Het blazoen van de Woosters*,' zei Margery, en ze snoof minachtend. 'Dat klinkt als een afgrijselijk communistisch pamflet.'

'Het is geschreven door P.G. Wodehouse, mama. Die schrijft ontzettend grappig,' zei Cynthia.

Margery Fortescue sloeg haar armen over elkaar en keek haar dochter lang en streng aan. 'Oorlog is geen tijd voor lichtzinnigheid, Cynthia. Kom mee, we moeten meneer Travers laten zien wat er hiernaast allemaal moet gebeuren. Tot ziens, mevrouw Bingham. Mejuffrouw Fischer.' Margery Fortescue schreed de winkel uit zoals ze ook was binnengekomen, als een zwaan, waardig en als iemand die men beter niet boos kon maken.

Gerald keek van Margery's vertrekkende gestalte naar zijn nog niet afgerekende boeken en toen naar Gertie. 'Geen zorgen, meneer Travers, ik zal ze voor u apart leggen.'

'Dank u wel, mevrouw Bingham,' zei hij, en hij ging haastig achter de ontzagwekkende vrouw aan.

Cynthia aarzelde, wilde duidelijk nog wat langer blijven. 'Cynthia!' riep Margery met verrassend veel volume vanuit het pand ernaast. 'Komt er nog wat van?'

'Tot ziens,' zei ze, en ze liep haastig naar de deur.

'Pardon?' De stem klonk zo zacht dat het Gertie verbaasde dat Cynthia het hoorde. Cynthia draaide zich om en zag Archibald Sparrow op haar af komen. 'U hebt d-d-dit laten vallen,' zei hij, en hij stak haar een van haar mosterdkleurige leren handschoenen toe.

'Dank u wel,' zei Cynthia eveneens zacht.

Gertie en Hedy wisselden een blik toen de twee elkaar even aankeken.

'Archibald Sparrow,' zei hij.

'Cynthia!' bulderde Margery weer.

'Ik moet gaan,' zei Cynthia. 'Sorry.'

Archibald legde een dichtbundel van Elizabeth Barrett Browning op de toonbank en slaakte een zucht. 'Alleen d-d-deze graag, mevrouw Bingham.'

'Tjonge,' zei Gertie toen hij weg was. 'Het is alsof we zojuist een toneelstuk van Shakespeare hebben gezien: liefde, drama, intriges. En Margery Fortescue heeft beslist een sterke persoonlijkheid.'

Hedy lachte. 'Ik vraag me af of Hitler weet wat hem te wachten staat.'

Gertie had de klok erop gelijk kunnen zetten wanneer er een telegram van Else Fischer kwam: elke maand op nagenoeg hetzelfde tijdstip. Sommige mensen dachten dat het lastig was om alles wat je wilde zeggen in vijfentwintig woorden kwijt te kunnen, maar Hedy's moeder slaagde daar altijd in. Gertie mijmerde vaak dat als het leven wreed was, er niet veel meer te zeggen viel dan 'ik hou van je'. Dat was het enige wat je moest horen. Het telegram van vandaag was echter anders van toon.

'Wat denkt u dat ze met "naar het oosten reizen" bedoelt?' vroeg Hedy, die fronsend naar de woorden keek alsof ze zou willen dat die de antwoorden boden waar ze naar verlangde.

Gertie zag de wanhoop in haar ogen en zou haar graag een sprankje hoop bieden, maar vorige week had ze Charles aan de telefoon gehad en dat gesprek gonsde nog na in haar hoofd. Hij was pasgeleden teruggekeerd van weer een reis. Gertie had niet gevraagd waar hij was geweest. Het leek haar beter dat niet te vragen.

'Hoe gaat het met Hedy?' had hij gevraagd. 'Heeft ze nog iets van haar familie gehoord?'

Iets aan zijn stem deed haar vermoeden dat hij meer wist. 'Alleen dat ze nog in Theresienstadt in Tsjechoslowakije zijn nadat ze daar vorig jaar naartoe zijn verhuisd. Hoezo?'

Hij kuchte. 'Zomaar. Er gaan momenteel veel geruchten.'

'Wat voor geruchten?'

'O, gewoon geruchten, Gertie. Ik wil niet dat Hedy en jij je onnodig zorgen maken. Vooral Hedy niet.'

Gertie zuchtte. 'O, Charles, die rotoorlog. Wanneer houdt het op?'

'De vraag is niet wanneer maar hoe die zal aflopen.'

Het enige wat Gertie nu kon doen was Hedy een geruststellende glimlach schenken. 'Maak je geen zorgen. Dit bewijst dat het goed gaat met je familie en dat ze je nog berichten kunnen sturen.'

'Maar waar gaan ze naartoe?'

'Wist ik het maar. De oorlog maakt alles onzeker.'

Er verschenen grote tranen in Hedy's ogen. 'Ik wil mijn moeder, Gertie. Ik mis haar zo.' Gertie sloeg haar armen om Hedy heen terwijl die snikte. Ze dacht terug aan toen Hedy net bij haar woonde, hoe ze ervoor had teruggedeinsd haar te omhelzen. Nu leek dat een natuurlijke reactie. Hemingway ging bij haar staan en legde zijn grote zachte kop in Hedy's schoot.

'Ik weet het, liefje,' zei Gertie. 'Ik weet het. Ik zou willen dat ik een toverstafje had en ze allemaal hiernaartoe kon toveren: je lieve moeder, je dierbare vader en je knappe broer.'

'En Mischa?' vroeg Hedy, die Hemingways oren aaide.

'Mischa natuurlijk ook, die zou de eregast zijn.'

'Ik weet zeker dat u mijn familie aardig zult vinden.'

Gertie stak haar hand uit en veegde Hedy's tranen weg. 'Door alles wat je me verteld hebt, heb ik het gevoel dat ik ze al ken.'

'Denkt u dat ik hen ooit zal terugzien?'

Gertie dacht koortsachtig na, zocht naar de juiste woorden. 'Het is mijn grootste wens dat dat zal gebeuren. We kunnen alleen maar hopen en bidden.'

'Ik voel me zo nutteloos,' zei Hedy. 'Wat kunnen we doen om dit te laten ophouden als we niet mogen vechten?' Hedy had een punt en Gertie vond het zelf ook zeer frustrerend. Ze werden aangespoord om 'te graven voor de overwinning' en 'te sparen voor de oorlogsinspanningen' en ook om 'hun mond te houden', maar wat haalde dat uit als de oorlog nog lang zou voortduren?

'Als Margery Fortescue het voor het zeggen had, zou de oorlog tegen theetijd voorbij zijn.'

'Misschien moeten we ons aanmelden.'

Gertie trok haar wenkbrauwen op. 'Misschien moeten we dat inderdaad doen.'

Margery Fortescue bleek voor Gertie een voortdurende bron van ergernis te zijn. Het was duidelijk dat ze de boekwinkel van weinig belang vond voor de oorlogsinspanningen. Op een dag zorgde het luchtalarm ervoor dat ze toch aan elkaar overgeleverd waren.

'Mogen mevrouw Fortescue en haar vrijwilligers alstublieft gebruikmaken van uw schuilkelder, mevrouw Bingham?' riep Gerald vanuit de deuropening toen het luchtalarm afging. 'Die van hen is nog niet helemaal klaar.'

'En aan wie ligt dat, meneer Travers?' zei Margery, die naar binnen schreed en boos naar de boeken keek alsof die haar diep beledigden. 'Dit is zeer ongebruikelijk, maar het kan er waarschijnlijk wel mee door. Kom, dames. Loop maar achter me aan.' Ze ging hun voor naar het achterste gedeelte van de winkel. Gerald schonk Gertie een huiverende grijns, waarna hij wegging.

'Ja, het is die kant op,' zei Gertie, die knarsetandend moest toegeven dat ze onder de indruk was van de manier waarop deze vrouw de leiding nam in elke situatie waar ze mee geconfronteerd werd.

'O, wat gezellig hier,' zei Emily Farthing, een van Margery's fanatiekste breisters toen ze allemaal in de schuilkelder waren en Gertie de deur dichtdeed.

'Gewoonlijk bespreken we tijdens luchtaanvallen het boek van de leeskring,' zei Gertie. 'Deze maand is dat *Het blazoen van de Woosters* van P.G. Wodehouse. Heeft iemand het boek gelezen?'

'Gewoonlijk zingen we tijdens luchtaanvallen om het moreel op peil te houden,' zei Margery.

'Ik heb het g-g-gelezen, mevrouw B-b-bingham,' zei iemand in de hoek. Margery keek kwaad in de richting waar de stem vandaan was gekomen.

'Meneer Sparrow,' zei Gertie, en ze wierp een opgeluchte blik op Hedy. 'Ik had niet door dat u hier ook was. Wilt u iets over het boek vertellen?'

Archibald keek alsof hij nog liever de straat op zou rennen met het gevaar dat hij ten prooi zou vallen aan een van Hitlers Messerschmitts dan dat hij iets tegen deze groep vrouwen zou zeggen, en al helemaal tegen Margery. Ze keek hem minachtend en met opengesperde neusgaten aan als iemand die net iets vies heeft geroken. 'Eh, ik weet niet...'

Er klonk een andere stem. 'Het begint allemaal als de tante van Bertie Wooster, tante Dahlia, hem opdracht geeft een antiquair over te halen haar voor een lagere prijs een achttiende-eeuwse roomkan in de vorm van een koe te verkopen. Als Bertie bij de antiekhandel aankomt, ziet hij daar sir Watkyn Bassett, de plaatselijke magistraat, samen met Roderick Spode, de fascistenleider van de Redders van Brittannië. Sir Watkyn heeft op slinkse wijze de roomkan voor zichzelf bemachtigd. Vervolgens stuurt tante Dahlia Bertie naar het huis van de familie Bassett om de roomkan te stelen. Het wordt allemaal heel ingewikkeld als Berties vriend, Gussie Fink-Nottle, die gaat trouwen met de dochter van sir Watkyn, Madeline, hem om hulp vraagt. Door allerlei misverstanden denkt Madeline dat Gussie haar ontrouw is en ze besluit van Bertie te houden. Ondertussen steelt tante Dahlia de roomkan en ze dwingt Bertie die in zijn appartement te verstoppen. Sir Watkyn wil Bertie laten opsluiten voor diefstal, maar gelukkig weet Bertie dat Roderick Spode clandestien in damesondergoed handelt in een winkeltje dat Eulalie Soeurs heet. Bertie haalt Spode over de schuld op zich te nemen, zo niet, dan zal Bertie hem in diskrediet brengen door deze informatie door te spelen aan diens fascistische volgelingen. Uiteindelijk weet de altijd trouwe butler Jeeves Bertie te redden door een onopzettelijke verloving te voorkomen en dan gaan ze samen op reis door Europa.'

Alleen het gedreun van de overvliegende vliegtuigen was te horen toen iedereen verbaasd naar Cynthia Fortescue keek, die knalrode wangen had en lichtelijk buiten adem was nadat ze het verhaal had samengevat. 'Wow,' zei Archibald.

'Bravo,' zei Gertie. Gertie en Hedy keken elkaar glimlachend aan.

'Ik wil ook wel een exemplaar van dat boek, mevrouw Bingham,' zei Emily. 'En u denk ik ook, mevrouw Wise? U bent dol op ondeugende streken.'

De vrouw naast haar knikte. 'Dat klopt. Die Bertie Wooster lijkt me een geschikte kerel.'

'Hij is een beetje een sukkel,' zei Cynthia, die rechter op haar stoel ging zitten. 'De echte held is Jeeves. Hij is superslim en zorgt ervoor dat Bertie niet al te erg in de problemen komt.'

'En Roderick Spode?' vroeg Hedy. 'Wat vonden jullie van hem?'

'Een b-b-briljant staaltje p-p-politieke satire van Wodehouse,' zei Archibald, die naar de muur keek terwijl hij dat zei. 'Door het fascisme te hekelen, wordt het minder b-b-beangstigend.'

'En het geeft mensen moed om ertegen te vechten,' zei Cynthia knikkend.

Archibald waagde het Cynthia's kant op te kijken. 'Dat ben ik helemaal met je eens.'

Alleen Margery hield tijdens dit hele gesprek haar lippen stijf op elkaar, pufte af en toe van ongeduld als een oude stoommachine. Toen het sein veilig werd gegeven, sprong ze overeind. 'Kom, dames. Genoeg tijd verspild. Bedankt dat we uw schuilkelder mochten gebruiken, mevrouw Bingham.' Ze liep vastberaden door de winkel en riep nog een laatste opmerking over haar schouder voordat ze naar buiten stapte. 'Denk eraan, we vechten voor de overwinning, we sparen voor de overwinning, we graven voor de overwinning, maar we lézen niet voor de overwinning.'

Gertie hield wel van een uitdaging, zeker als het ging om een mening die bijgesteld moest worden. In haar jonge jaren was ze waarschijnlijk zo op Margery Fortescue afgestapt om haar terecht te wijzen. Gertie wist echter dat het soms beter was om mensen te vleien, en diep in haar hart voelde ze aan dat Margery en zij misschien iets gemeenschappelijks hadden in het braakland van het weduwschap. Bovendien had Gertie bewondering voor hoe Margery dingen aanpakte. Ze organiseerde haar troepen, zoals ze die noemde, met de militaire precisie van een veldmaarschalk. Op maandag kwamen er vrijwilligers breien. Het geklikklak van hun breinaalden vulde de lucht met bedrijvigheid, terwijl er talloze sokken en sjaals gebreid werden. Woensdag stond in het teken van behelpen en herstellen. Haar leger naaisters repareerde zakken vol met uniformen die uit alle hoeken van het land naar hen werden opgestuurd. Op vrijdag was iedereen welkom die hulp nodig had na de bombardementen. De vrijwilligers probeerden huisvesting voor mensen te regelen als dat nodig was, gaven hun tassen vol met kleding en andere essentiële benodigdheden, schonken thee en boden een luisterend oor. Mevrouw Fortescue zette dan enorme hoeveelheden thee met behulp van de Oude Generaal, zoals ze de grote waterkoker noemde die in de hoek van de ruimte stond te sissen als een band die permanent leegliep.

Gertie genoot vooral van de vrijdagen. Dan kwam het pand naast de boekwinkel tot leven en waren daar kleine kinderen, vermoeide moeders met baby's en verbijsterd kijkende oude mensen die behoefte hadden aan hulp of een kopje thee. Op die dagen was Margery in haar element. Gertie zag haar vriendelijk tassen met kleding en speelgoed uitdelen, en medeleven uiten. Weg was de bazigheid van maandag en woensdag. Opeens was daar de eenvoudige zorg van een vrouw die anderen probeerde te helpen.

Op een vrijdag trok Gertie de stoute schoenen aan en liep met een doos onder haar arm naar het pand ernaast. 'Hebben jullie hier wat aan?' vroeg ze. 'Het zijn tweedehandsprentenboeken. Misschien leuk voor de kinderen.'

Margery bekeek het aanbod met op elkaar geperste lippen en wilde al bedanken. 'Kijk, mama,' zei Cynthia ongekend stoutmoedig terwijl ze een exemplaar van *De avonturen van Alice in Wonderland* uit de doos pakte. 'Dat las u me voor toen ik klein was. We vonden het heel leuk om samen de plaatjes te bekijken. Het witte konijn deed ons aan vader denken.'

Margery's gezicht leek te rimpelen toen er een maalstroom aan emoties overheen trok. 'Ja,' fluisterde ze, 'dat weet ik nog.' Ze trok haar uniform recht en tilde de doos op. 'Dank voor uw gulle gebaar, mevrouw Bingham. Hoe gaat het in de boekwinkel?' Ze sprak het woord 'boekwinkel' uit alsof ze naar een ziekte informeerde.

Gertie weigerde zich te laten afschrikken. 'O, heel goed. Dank u.'

'Fijn dat te horen,' zei ze. Ze ging zitten en begon een mand kleding te sorteren. 'We hebben het nogal druk. Was dat alles?'

'Hoe word je vrijwilliger?' De woorden floepten uit Gerties mond voordat ze die kon tegenhouden. 'Ik vraag dat voor mezelf en ook voor Hedy.'

Mevrouw Fortescue stond op en nam haar kritisch op. Ze was langer dan de meeste mannen die Gertie kende en was beslist langer dan Gertie. 'Kunt u naaien?'

Gertie trok een gezicht. 'Niet echt. Mevrouw Deeble, mijn naaijuf op school, zei dat ik de lelijkste festonsteek maakte die ze ooit had gezien.'

'Och, heden.'

'Zeg dat wel, maar Hedy heeft het naaitalent van haar moeder geërfd.'

'Heel fijn. Zeg tegen haar dat ze naar me toe moet komen. Als u niet kunt naaien, kunt u dan wel breien?'

'Een beetje, maar ik heb eens een paar sokken voor mijn vader gebreid en toen vroeg hij in welk gat hij zijn voet moest steken.' Een van de vrijwilligers snoof van het lachen.

'Mevrouw Farthing, gedraag u,' zei mevrouw Fortescue, die lachen blijkbaar tijdsverspilling vond. 'Kunt u theezetten?'

'O ja, daar ben ik een ster in.'

'Prima. 's Avonds gaan we met mobiele kantines rond voor de mensen van de burgerbescherming. Kan ik u voor een paar diensten inroosteren?'

'Jazeker.'

Mevrouw Fortescue stak haar hand uit. 'Welkom bij de wvs, mevrouw Bingham.'

16

We moeten doorgaan, want terug kunnen we niet.
Schateiland, Robert Louis Stevenson

Gertie tilde de Oude Generaal op de balie van de mobiele kantine en vulde die met grote kannen water. Ze keek op haar horloge en fronste haar wenkbrauwen. Het was niets voor Margery Fortescue om laat te zijn. De afgelopen maanden had ze heel wat diensten samen met haar gedraaid en Margery was er altijd als eerste, een wervelwind van efficiëntie. Gertie vond haar niet de gemakkelijkste in de omgang. Ze deed kortaf maar beleefd tegen Gertie, maar als er een afgepeigerd lid van de burgerbescherming aankwam die dringend behoefte had aan wat vrolijkheid en een kop thee, veranderde ze als bij toverslag.

Gertie herinnerde zich die avond dat er een jong blokhoofd, ongeveer net zo oud als Hedy, terugkwam van een incident bij een pub om de hoek. Een voltreffer. Het hele gebouw was als een kaartenhuis in elkaar gezakt. Ze hadden uren naar overlevenden gezocht, hadden tevergeefs door het puin gegraven. De ogen van de jongen waren zo groot als schoteltjes toen hij op de mobiele kantine af liep. Gertie kon zich niet herinneren wanneer ze voor het laatst iemand had gezien die zo bleek en bang was. Hij mompelde. Gertie draaide zich om en wilde Margery attent op hem maken, maar die was de wagen al uit en sloeg een deken om de jongen heen.

'We konden ze niet redden,' zei hij tegen haar. 'Er was niets van over. Alleen armen en benen. En...'

'Ik weet het,' zei Margery op sussende toon. 'Het is afschuwelijk, maar je had niets kunnen doen. Je moet nu uitrusten.'

'Hier, mevrouw Fortescue,' zei Gertie, en ze stak haar een mok thee toe. 'Ik heb er drie klontjes suiker in gedaan voor de schrik.'

'Dank u, mevrouw Bingham.' Ze zette de mok bij de jongen aan zijn lippen. 'Je moet dit opdrinken. Dan zul je je wat beter voelen.'

'Benen en armen,' zei hij tegen haar. Hij liet het klinken als een vraag, was verdoofd van afgrijzen.

'Stil maar. Kom met me mee. Je kunt nu uitrusten. Je móét uitrusten,' zei ze, en ze voerde hem mee.

Gertie zag hen gaan. Het was duidelijk dat er onder het robuuste, in tweed gehulde voorkomen van Margery Fortescue een groot, zacht hart lag.

Ondanks Margery's bruuske manier van doen genoot Gertie van haar nachtdiensten in de mobiele kantine. Ze had verwacht dat het behelpen zou zijn, vergelijkbaar met kamperen, maar Margery leek altijd over de beste proviand te beschikken. Naast sigaretten en genoeg thee om de dorst van half Londen te lessen, waren er sandwiches, pasteitjes, worsten, cakes en koekjes, en één keer was er zelfs broodpudding.

'Een leger draait op de maag,' zei Margery altijd op gezaghebbende toon als ze de ene na de andere mok thee inschonk. 'En dit leger heeft ons nodig om ze te voeden.'

Als Gertie de dankbare, met as en smeer bedekte gezichten van de mannen en vrouwen zag na een dienst waarin ze branden hadden bestreden of met ingestorte gebouwen of verwrongen lichamen te maken hadden gehad, wist ze dat Margery gelijk had. Een mok thee, een snee moutbrood en een vriendelijk woord, het stelde weinig voor, maar Gertie draaide lang genoeg mee om te weten dat dit, zeker in duistere tijden, het verschil kon maken.

Ze was bijna klaar met het neerzetten van de theemokken toen Margery met een rood hoofd en buiten adem aankwam.

'Het spijt me ontzettend, mevrouw Bingham,' zei ze, toen ze de wagen binnenstapte. 'Ik werd afgeleid door een huishoudelijke kwestie.'

'Het geeft niet,' zei Gertie. 'Is alles in orde?'

'O, jazeker. Dank u,' zei Margery. 'Hoe gaat het met de Oude Generaal?'

'Die komt zoals gebruikelijk sputterend tot leven,' zei Gertie.

Margery snoof van pret, wat niets voor haar was. 'Mooi.'

Het viel Gertie op dat haar gezicht wat rood zag en dat er een afwezige blik in haar ogen lag. 'Mevrouw Fortescue,' zei ze vriendelijk. 'Hebt u gedronken?'

Margery hikte en sloeg een hand voor haar mond. 'Een klein glaasje sherry, meer niet. Dat doe ik elk jaar op deze dag.'

'O,' zei Gertie. 'Is het een speciale gelegenheid?'

Margery's schouders zakten een eindje. 'Het is de verjaardag van mijn lieve Edward,' zei ze. 'Ik toost altijd met een klein glaasje sherry op zijn nagedachtenis, maar ik denk dat ik daarna ben ingedut, vandaar mijn vertraging.'

Gertie stak een mok thee op. 'Gefeliciteerd, Edward.'

Margery glimlachte gelaten. 'Hij zou vandaag tweeënzeventig geworden zijn. Ik mis hem elke dag.' Ze staarde even in de verte en vermande zich toen. 'Sorry, mevrouw Bingham. Dat was ontzettend slechtgemanierd van me en ik was ook al te laat. Het spijt me.'

'U hoeft zich niet te verontschuldigen. Ik mis mijn man nog elke dag.'

Margery keek haar even aan. 'Hoe heette hij?'

'Harry.'

Margery stak een mok thee op. 'Op Harry en Edward.'

'Op Harry en Edward,' zei Gertie. 'Mevrouw Fortescue?'

'Ja?'

'Zullen we elkaar bij de voornaam aanspreken? Ik vind dat formele mevrouw Bingham soms zo stijf. Zou u me Gertie willen noemen?'

Margery rechtte haar schouders en streek haar uniform glad.

'Dat is zeer ongebruikelijk, maar we kunnen het proberen, Gertie.'
'Bedankt, Margery,' zei Gertie met een glimlach.

Gertie ging zo volledig op in het aanaarden van haar aardappels dat ze de deurbel aanvankelijk niet hoorde. Het was een ongekend warm voorjaar en ze genoot van haar zondagen in de tuin met een tinnen mok met thee en Hemingway als gezelschap. Het was dat de schuilkelder er stond, die nu deels overgroeid was met uitlopers van de pompoenplanten, en dat er in de verte een rij versperringsballonnen hing, anders zou je bijna vergeten dat het oorlog was. De lucht was korenbloemblauw met af en toe een wolkje dat langstrok in het briesje. Gertie ademde diep in en besefte dat ze gelukkig was. Op dit moment, in haar tuin, terwijl Hedy boven brieven en verhalen zat te schrijven, was ze gelukkig. Niemand kon voorspellen wat er ging gebeuren, maar als ze in de afgelopen vijf jaar één ding had geleerd, dan was het wel dat je bij de dag moest leven. Het leven was immers een aaneenschakeling van momenten die gekoesterd moesten worden. Harry leren kennen, de boekwinkel vinden, Hedy in haar leven toelaten en nu Margery helpen bij de oorlogsinspanningen. Gertie had weer het gevoel dat ze vooruitging, in plaats van hardnekkig vast te zitten in het verleden.

Het was Hemingway die haar als eerste attent maakte op de bezoeker toen hij zijn dutje in de zon onderbrak en terugliep naar de keuken. Toen Gertie Hedy een kreet hoorde slaken, liet ze haar schopje vallen en stoof ze naar het huis. Nieuws. Er moest nieuws zijn. *Laat het alsjeblieft goed nieuws zijn.*

Gertie botste bijna tegen het nieuws op toen dat in de gedaante van Sam, hand in hand met Hedy, door de keukendeur naar buiten kwam. 'Sam heeft me ten huwelijk gevraagd,' riep ze.

'O, dat is geweldig nieuws, lieverds,' zei Gertie, en ze spreidde haar armen. Op dat moment snapte ze hoe het voor moeders moest zijn. Sommige moeders zagen hun zoons ten oorlog trekken, andere zagen hun dochters alleen achterblijven. Wachten.

Hopen. Bidden. Verliefd worden zou niet met gevaar omgeven moeten zijn, zou niet zo van het lot moeten afhangen. Hun leven zou gevuld moeten zijn met moeiteloos geluk. Een huwelijk, een gezin, een leven samen. Maar de oorlog maakte het onmogelijk om plannen te maken of hierop te hopen. Ze herinnerde zich beschaamd dat ze Harry's liefde voor lief had genomen. Het leven was heel kwetsbaar en toch vergaten mensen dat snel als ze meegezogen werden door de gebeurtenissen. Ze vonden alles heel vanzelfsprekend. 'Wanneer gaan jullie trouwen?' vroeg ze.

'Pas als mijn ouders het weten,' zei Hedy. 'Ik heb het in mijn brieven aan hen uiteraard wel over Sam gehad, maar dit is anders.'

Sam sloeg een arm om zijn verloofde heen en drukte een kus op haar hoofd. 'Als deze oorlog voorbij is, komt er een bruiloft waar alle andere bruiloften bij in het niet vallen.'

'Ik ga alvast mijn voedselbonnen opsparen voor de taart,' zei Gertie. Ergens was ze blij dat ze niet meteen gingen trouwen. Ze kende te veel jonge weduwen die dat hadden gedaan. Terwijl Sam, Hedy en zij het vierden met thee en een stukje gembertaart, ging het over de toekomst, over trouwplannen, dat Hedy's familie ervoor naar Engeland zou komen, dat haar moeder de trouwjurk zou maken. Gertie wist dat dit de enige manier was om een oorlog te overleven. Doorgaan en reiken naar een felverlichte horizon en wat daarachter lag.

Het werd algauw duidelijk dat de gevoelens die Gerald Travers voor Margery Fortescue had verder gingen dan alleen vriendschap en dat dat wederzijds was. Hedy was de eerste die dat doorhad en ze maakte Gertie hier vlug op attent.

'Let op. Elke dag om tien voor elf loopt hij langs de winkel om haar te zien.'

'Weet je zeker dat je geen spoken ziet door recente romantische verwikkelingen in je eigen leven?' vroeg Gertie. 'Je was ook heel stellig over de boekkeuze van de leeskring deze maand,' voegde ze eraan toe, knikkend naar de exemplaren van *Gejaagd door de wind* die Hedy in de etalage aan het uitstallen was.

Hedy schudde haar hoofd. 'Ik was pasgeleden bij zo'n behelpen-en-herstellen-bijeenkomst en je had haar gezicht eens moeten zien toen hij binnenkwam. Net Scarlett O'Hara en Ashley Wilkes.'

Gertie lachte.

'Pardon, ik neem aan dat er een fout is gemaakt?'

Gertie keek op, recht in het boze gezicht van een man die vermoedelijk van dezelfde leeftijd was als haar oom Thomas. 'Een fout?' vroeg ze.

'Ja,' zei de man, die een exemplaar van *Gejaagd door de wind* omhoog hield. 'Een boekwinkel raadt een boek zoals dit toch zeker niet aan?'

Gertie trok haar wenkbrauwen op. 'Wat hebt u daar precies op tegen?'

Hij keek nog norser en in combinatie met zijn ronde brilletje gaf hem dat de uitstraling van een boze mol. 'Nou, dit is niet bepaald literatuur.'

Gertie sloeg haar armen over elkaar. 'En wat is dan de definitie van literatuur?'

De man maakte een veelomvattend gebaar met zijn armen. 'Tolstoj, Dickens, Henry James. Niet van dit emotionele gekrabbel.'

Gertie keek hem strak aan. 'Een goed verhaal is een goed verhaal, en wat dit boek betreft is de helft van de lezende wereld het met me eens,' zei ze. 'Het is een van onze bestsellers.'

De man slaakte een geërgerde zucht en legde een exemplaar van *Moby Dick* op de toonbank. 'Deze graag.' Hij legde een exemplaar van *Gejaagd door de wind* erbovenop. 'En deze, voor mijn vrouw. Die houdt van pulpromans.'

'Wat een verwaande vent, zeg,' zei Gertie nadat hij was vertrokken.

Hedy haalde haar schouders op. 'Wat de een niet lust, daar eet de ander zich dik aan.'

'Gertie, heb je even?' riep Margery, die in de deuropening verscheen. 'Kunnen we misschien door het parkje bij het dorpshuis lopen? Het is min of meer een noodgeval.'

'Natuurlijk,' zei Gertie. Ze keek Hedy met grote ogen aan. 'Ik ben zo terug.'

Gerald hield de tuin rondom het dorpshuis bij met de toegewijde tederheid van een man die net vader was geworden. Er stonden heerlijk ruikende muurbloemen tussen narcissen en tulpen, die allemaal in het zachte briesje wiegden. Het was een prachtige lentedag met amper een wolkje aan de lucht. In directe tegenstelling tot de schoonheid van het tafereel stond Margery daar voor een vlierboom, met een nors gezicht en haar armen over elkaar geslagen.

'Is alles in orde?' vroeg Gertie.

Margery ademde diep in en uit. Als ze een draak was geweest, zou er rook uit haar neus zijn gekomen. 'We zijn toch vriendinnen?'

'Ja, natuurlijk.'

'Kan ik openhartig met je spreken?'

'Jazeker,' zei Gertie, met een toenemend gevoel van angst.

Margery sprak langzaam, benadrukte elk woord. 'Meneer Travers heeft me op de thee gevraagd. Bij hem thuis.'

'Aha.' Gertie wachtte op meer informatie maar er kwam verder niets meer. 'Ja, en?'

Margery keek haar geschrokken aan. 'Is dat nog niet genoeg?'

Gertie vernauwde haar ogen tot spleetjes en probeerde het te snappen. 'Sorry, Margery, maar wat is het probleem als jij en meneer Travers samen thee zouden drinken?'

Margery gooide haar armen in de lucht. 'Ik ben een alleenstaande vrouw en hij is een alleenstaande man. Dat zou ongepast zijn,' riep ze.

'O, op die manier. Je maakt je zorgen of het wel fatsoenlijk is.'

Margery zette grote ogen op. 'Het zou een schandaal veroorzaken, Gertie.'

'Och, heden.' Gertie voelde aan dat deze kwestie heel voorzichtig aangepakt moest worden. 'Om te beginnen, zou je thee met meneer Travers willen drinken?'

Margery's gezicht verzachtte. 'Ja, dat wil ik wel.'

'Hoe zou je het vinden als ik met je meeging? Als chaperonne.'

'Zou je dat willen doen?'

'Natuurlijk, Margery. We zijn immers vriendinnen.'

Gertie was volledig verrast toen Margery haar om de hals vloog. 'Dank je wel, Gertie. Je moest eens weten wat dit voor me betekent.'

Gertie klopte haar op de rug. 'Graag gedaan.'

Margery maakte zich los en streek haar uniform glad. 'Jeetje, sorry voor die uitbarsting. Ik weet niet waar dat vandaan kwam. Goed. We zullen deze oorlog nooit winnen als we hier blijven kletsen. Aan de slag.'

'Aan de slag,' herhaalde Gertie, die er klaar voor was om achter haar aan te lopen. Voordat ze wegging, zag ze de mopperende klant van eerder die dag in een hoek van het parkje in de zon zitten. Hij had een glimlach op zijn gezicht en zijn exemplaar van *Gejaagd door de wind* lag opengeslagen voor hem. 'Iedereen heeft behoefte aan wat romantiek,' mompelde ze.

Een paar weken later had Betty verlof. Gertie greep haar kans en nodigde haar uit om bij hen te komen eten. Hedy en zij waren in opperbeste stemming toen ze de tafel dekten met Gerties beste servies en bestek. Gertie had hun voedselbonnen opgespaard, zodat er drie karbonaadjes in de provisiekast lagen die zo de pan in konden, en Hedy had een pruimentaart gemaakt van pruimen die Gertie vorig jaar had ingemaakt. Ze sneed ook een paar bloemen uit de tuin en was die kunstig in een vaas aan het zetten toen er op de deur werd geklopt. Ze liepen er vlug naartoe, met Hemingway op hun hielen.

'Luchtmachtofficier Betty Godwin meldt zich,' zei Betty met een grijns. 'Ik moest dit uniform dragen. Het kriebelt, maar ik vind het best stijlvol.'

'O, Hedy, ziet ze er niet prachtig uit?' riep Gertie.

'Heel mooi,' zei Hedy. 'Dat blauw staat je goed. Kom binnen, dan kunnen we je beter bekijken.' Betty paradeerde door de gang, poseerde als een Hollywoodster op de rode loper, waarna ze in lachen uitbarstte en hen beiden omhelsde.

'Wat heerlijk om jullie te zien,' zei ze toen ze naar de keuken liepen. 'Mijn broer is een idioot, maar ik ben heel blij dat we zussen zullen worden,' zei ze tegen Hedy. 'En ik heb gehoord dat u dikke maatjes bent geworden met mevrouw Fortescue en dat u bij de WVS zit. Is ze nog even erg als eerst?'

'Bij vlagen wel,' zei Gertie. 'Vertel eens hoe het met je gaat terwijl ik het avondeten verder klaarmaak.'

Betty's ogen straalden. 'Ik heb de tijd van mijn leven.'

'Wat fijn om te horen, liefje,' zei Gertie.

'Het is hard werken, maar ik heb het gevoel dat ik echt meehelp om de oorlog te winnen.'

'Is het werk moeilijk?' vroeg Hedy.

'Daar mogen we niet over praten, maar ik kan je wel vertellen dat we een gedegen opleiding krijgen. Het is ook heel interessant. We hebben een leuke groep meiden bij ons op de luchthaven. Veel meiden van jouw leeftijd, Hedy. We kunnen heel goed met elkaar opschieten en maken samen lol, gaan de stad in. Er is daar een danszaal, en ook een theater. En, o ja, ik heb een man leren kennen.'

'Wat voor man?' vroeg Hedy. Haar ogen glommen van opwinding.

'Hij is Amerikaan. William Hardy. Ik had tegen hem gezegd dat ik bij jullie op bezoek ging en toen heeft hij dit meegegeven.' Betty haalde een chocoladereep uit haar tas. HERSHEY'S TROPICAL CHOCOLATE, stond erop.

Hedy keek haar aan. 'Chocolade?'

'Ze hebben zat van dat spul. Ze hebben ook nylonkousen en sigaretten. Over sigaretten gesproken, vindt u het erg als ik rook, mevrouw B?'

'Welnee,' zei Gertie, en ze haalde een asbak uit de kast die ze daar had staan voor de dure Cubaanse sigaren van oom Thomas.

'Onze leidinggevende is nogal een zuurpruim, maar ze mag me. Ze zei dat ik beter ben dan de helft van de kerels met wie ze heeft gewerkt,' zei Betty.

'Dat klinkt allemaal heel interessant,' zei Hedy.

'Het is heus niet alle dagen feest. Pasgeleden is een van de meiden bij een luchtaanval omgekomen,' zei Betty, en ze nam een haal van haar sigaret. 'Elke dag hoor je wel dat iemands geliefde is omgekomen. Dat herinnert je eraan dat je in het moment moet leven.'

'Het eten is klaar,' zei Gertie, en ze zette de schaal met karbonaadjes en de schalen met aardappels, kool en wortelen uit eigen tuin voor hen neer.

'O, wat een traktatie,' zei Betty. 'Dank u wel, mevrouw B. Het eten op de basis is niet slecht, maar er gaat niets boven een zelfbereide maaltijd.'

Ze hadden net hun mes en vork gepakt toen het luchtalarm afging. 'Een etentje in de schuilkelder dan maar?' zei Gertie. Hedy en Betty lachten toen ze hun bord pakten en achter haar aan door de deur de koele avondlucht in liepen.

De volgende ochtend kwam Billy vroeg naar de boekwinkel om te helpen met de voorbereidingen voor de ondergrondse leesclub voor kinderen. Hoewel er tegenwoordig minder vaak luchtaanvallen waren dan eerst, zaten ze nog steeds met de verduistering en de moeders in het dorp waren blij dat Gertie en Hedy afleiding boden. Bovendien vonden de kinderen het leuk om één keer per maand bij elkaar te komen in de schuilkelder van de boekwinkel.

'Het is hier zo gezellig,' zei een meisje dat Daisy heette. 'Veel gezelliger dan in de schuilkelder thuis, en ik hou van de geur van boeken.'

'Ik vind het leuk omdat het donker is en we elkaar spookverhalen kunnen vertellen,' zei een jongetje dat Wilfred heette en altijd een roetveeg op het puntje van zijn neus had.

Vandaag hielp Billy Hedy met het maken van een stuk of tien ooglapjes, omdat ze *Schateiland* gingen bespreken. Hij nam zijn rol van hulpje bij de kinderleeskring zeer serieus en had oog voor de details van het verhaal. Hij was dan ook heel streng voor de leden en had Wilfred eens naar huis gestuurd toen die niet kon zeggen hoe de tante van Tom Sawyer heette.

'Ik vond dat stuk met het skelet niet leuk,' zei hij huiverend tegen Hedy. 'Ik weet niet of ik wel op reis zou willen om een schat te zoeken.'

'Maar stel je voor dat je goud zou vinden, dan zou je rijker zijn dan je ooit had kunnen dromen.'

Billy haalde zijn schouders op. 'Opa is rijk, maar volgens mij is hij niet gelukkig.' Hedy wisselde een blik met Gertie. 'Maar ik zie hem niet vaak, dus ik kan het hem niet vragen.'

'Hij zal het wel druk hebben. Gelukkig zie je je oma soms wel,' zei Gertie.

'Ja, maar ik wil ze allebei vaker zien, en ik wil papa vaker zien, maar mama zegt dat hij met belangrijke dingen bezig is.' Billy boog zich naar voren en fluisterde: 'Ik denk dat hij een spion is.'

Gertie wilde net antwoord geven toen de deur van de boekwinkel openvloog. Daar stond Betty. Zo te zien was ze overstuur. Zodra hun blikken elkaar kruisten, wist Gertie dat ze slecht nieuws kwam brengen. De wereld leek stil te staan toen Hedy op haar af liep. 'Het is Sam, hè?' fluisterde ze. Betty knikte. 'O, Gertie,' riep Hedy, en ze keek haar smekend aan.

Gertie rende naar voren en sloeg een arm om Hedy's schouders. Ze voelde Hedy's lichaam trillen en bad in stilte. *Laat hem alstublieft nog in leven zijn. Pak dit arme meisje alstublieft niet elk beetje hoop af.*

Betty pakte Hedy's handen vast en zei met overslaande stem: 'Hij vloog over Europa toen zijn vliegtuig werd neergeschoten. Het spijt me dat ik je moet vertellen dat hij vermist wordt.'

Gertie nam de snikkende Hedy in haar armen en Billy legde een hand op haar schouder. 'Rustig maar, Hedy Fischer,' zei hij. 'Alles komt goed. Dat zul je zien.' Gertie streek over de wang van deze aardige jongen en hoopte met heel haar hart dat hij gelijk had.

17

Op een verstandige manier beminnen is ongetwijfeld het best; maar op een dwaze manier liefhebben is beter dan helemaal niet ontvankelijk zijn voor liefde.
The History of Pendennis, William Makepeace Thackeray

Gertie keek om zich heen in de gezellige woonkamer met het kleed met roze rozen, twee grote grijsgroene fauteuils en daartussenin de radio. Haar blik gleed van de trouwfoto van een stralende Gerald en Beryl op de stoffige schoorsteenmantel naar de kleine, vierkante eettafel met tegenover elkaar twee windsorstoelen en de stapel met Geralds tuinboeken die de ruimte in beslag nam waar het stel samen had gegeten en de dag had doorgenomen. De geest van Beryl Travers had niet duidelijker aanwezig kunnen zijn als ze de kamer in was gezweefd en in de hoek naar hen had staan zwaaien.

Margery zat kaarsrecht op de rand van de bank naast Gertie, terwijl ze wachtten tot Gerald terugkwam met de thee. Ze hoorden hem fluiten terwijl hij theekopjes neerzette en laden opentrok en dichtdeed. Gertie wierp een blik op Margery, wilde iets zeggen, maar Margery keek voor zich uit, hijgde en keek met een nors gezicht naar de twee bij elkaar horende porseleinen Staffordshire-spaniëls op de schoorsteenmantel die haar op hun beurt verbijsterd aankeken. Ze zag eruit als een vrouw die ontzettende kiespijn had.

'Zo,' zei Gerald, die met het dienblad de kamer binnenkwam en dat op het bijzettafeltje neerzette. 'Zal ik de moeder zijn en inschenken?'

Margery liet een hoog, nerveus lachje horen, waardoor Gertie bijna opsprong van de bank. 'O, ja, prima.'

'Melk, suiker, mevrouw Bingham?'

'Alleen melk graag, meneer Travers.'

'En u, mevrouw Fortescue?'

'Hetzelfde graag,' zei Margery met een schrikbarend brede glimlach. Gertie kon zich niet herinneren dat ze dat ooit eerder bij haar had gezien.

Gerald zette de theekopjes voor hen neer, waarna hij een koektrommel openmaakte en die Margery voorhield. 'Het was heel aardig van u om rotsjes te bakken, mevrouw Fortescue. Die heb ik niet meer gegeten sinds...' Uit zijn glazige blik concludeerden ze dat hij aan Beryl dacht. 'Laat maar, tast toe.'

Margery wierp een geschrokken blik op Gertie. 'Hebt u misschien gebaksbordjes, meneer Travers?' vroeg Gertie, die snapte wat Margery wilde.

Gerald sloeg zijn hand tegen zijn voorhoofd. 'Het spijt me ontzettend, dames. Ik krijg tegenwoordig zelden bezoek. Ik ben zo terug.'

Margery wendde zich tot Gertie. 'Dit is een grote vergissing.'

'Hoezo?'

'Ik had niet moeten komen. Dit is helemaal verkeerd. Ik moet de hele tijd aan die lieve Edward denken en het is duidelijk dat meneer Travers nog steeds overweldigd wordt door gedachten aan zijn vrouw. Kijk om je heen, Gertie. Ze is overal.'

'Tja, je kunt niet verwachten dat hij alle aandenkens aan zijn vrouw weghaalt. Ze zijn ruim veertig jaar getrouwd geweest.'

Margery trok een gezicht. 'Natuurlijk verwacht ik dat niet. Maar...'

'Kijk eens,' zei Gerald, die terugkwam en triomfantelijk gebaksbordjes, servetten en rotsjes uitdeelde. 'Het was even zoeken. Ik had ze al lang niet meer gebruikt. Eerlijk gezegd was ik vergeten dat we die hadden.'

'Dank u wel, meneer Travers,' zei Gertie, die besloot het gesprek naar neutraler terrein te sturen. 'Uw voortuin ligt er prachtig bij. Hoe krijgt u het voor elkaar om zoveel rozen aan één struik te krijgen?'

'Paardenmest.'

'Pardon?'

'Paardenmest,' herhaalde hij. 'Ik ken een boer en ik kan zakken vol van hem krijgen als ik dat wil. Werkt uitstekend.'

'Tjonge,' zei Gertie. 'Wat geweldig.'

'Weet u wat pas geweldig is?' zei Gerald. 'Deze rotsjes. Ze zijn werkelijk verrukkelijk, mevrouw Fortescue.'

'Dank u, meneer Travers. En ik ben het met u eens wat betreft de paardenmest, maar nadat die is verspreid, hangt er wel een paar dagen een penetrante geur.'

Gerald gniffelde. 'Nou en of. Beryl foeterde altijd omdat ze dan alle ramen dicht moest doen. Ze luchtte het huis graag dagelijks.'

Gertie voelde Margery naast zich verschuiven. 'Harry was net zo,' zei ze tegen hem. 'Ik kan beslist niet tegen tocht. Hij gooide 's ochtends alle ramen open en dan ging ik ze weer allemaal dichtdoen.'

Gerald knikte. 'Ik weet nog dat uw Harry me geholpen heeft om een boek voor Beryl uit te zoeken toen ze ziek was. Hij had altijd een vriendelijk woord paraat als je daar behoefte aan had. Dat heb ik zeer gewaardeerd.'

Gertie glimlachte. 'Uw Beryl ook. Ik had nog niet half zoveel pronkbonen gehad als zij me geen advies had gegeven. Het was een gouden tip om Oost-Indische kers ernaast te zetten tegen de luizen.'

'Ja, Beryl wist alles van groente en fruit verbouwen. Bloemkolen zo groot als je hoofd, en haar zwarte bessen? Ze had er genoeg om voor de hele straat taarten te bakken en sap en jam te maken.'

'Wat hebben we geluk gehad, hè?' zei Margery kalm. Haar gezicht straalde van ingetogen blijdschap. 'Dat we zulke mensen hebben leren kennen en met hen getrouwd zijn geweest.'

'Ja,' zei Gerald, die haar blik ving. 'We hebben veel geluk gehad.'

De auto stond op Gertie en Hedy te wachten toen ze op een dag terugkwamen van de boekwinkel. Gertie herkende de auto direct van die keer dat Sam hen naar het strand had gereden. Dat leek een ander leven. Uiteraard was het niet Sam die achter het stuur zat. Het was een oudere versie van Sam met keurig gekamd donkergrijs haar. De man was in slaap gevallen. Zijn bril was naar het puntje van zijn neus gezakt.

Hedy tikte zachtjes op het raam. 'Meneer Godwin,' zei ze. Haar stem klonk vol verwachting.

Meneer Godwin schrok met een luid gesnuif wakker, knipperde met zijn ogen naar hen en probeerde zich te herinneren waar hij in hemelsnaam was. Gertie had de vader van Betty en Sam maar een paar keer ontmoet, maar ze zag dat de dagelijkse zorgen over een oorlog waarin zijn zoon verwikkeld was geraakt hun tol hadden geëist. Hij zag er vermoeid en afgetobd uit. Meneer Godwin stapte moeizaam uit de auto en wendde toch tot Hedy. 'Ik heb strikte instructies van Betty gekregen om direct naar je toe te gaan en je het nieuws te brengen. Samuel zit in een krijgsgevangenenkamp in Polen.' Hij stak haar een papiertje toe. 'Daphne heeft het adres voor je opgeschreven.' Hedy keek even naar het papiertje en vloog hem toen om de nek. De man wierp verbaasd een blik op Gertie, waarna hij haar omhelzing glimlachend beantwoordde. 'Rustig maar, liefje. Je hoeft niet overstuur te raken. Alles is in orde.'

'Dank u,' fluisterde Hedy. 'Dank u wel.'

'We weten nu in elk geval dat hij veilig is,' zei hij. 'We kunnen niets anders doen dan bidden.'

'Ik ga meer doen dan dat,' zei Hedy met een vastberaden blik.

De volgende dag stond Gertie met Hedy naast zich voor het plaatselijke wervingsbureau. 'Weet je zeker dat je dit wilt?' vroeg ze. 'Je weet toch dat ze je naar de Buiten-Hebriden kunnen sturen?'

Hedy knikte fel. 'Ik wil doen wat Betty doet. Ik wil mijn steentje bijdragen. Ik wil helpen hier een eind aan te maken.'

Gertie wilde dolgraag tegen Hedy zeggen dat ze haar ontzettend zou missen, dat het huis weer leeg zou zijn zonder haar, maar ze zag hoe vastberaden Hedy was. Ze herkende dat vuur, die vechtlust. Sinds kort voelde Gertie dat zelf ook weer. 'Kom, dan gaan we je inschrijven.'

Ze duwden de deuren van het kale, eenvoudige kantoor open en volgden de bordjes naar een ruimte waar een verveeld kijkende man van Gerties leeftijd in gesprek was met een jonge vrouw van Hedy's leeftijd.

'Je kunt aan de slag op het platteland of in een munitiefabriek,' zei hij.

'Ik hou niet van beesten,' zei het meisje. 'Maar ik hou ook niet van wapens.'

De man zuchtte. 'Zal ik je dan naar een aardappelboerderij sturen? Daar zijn geen dieren.'

'Moet ik daar graven?'

De man trok zijn wenkbrauwen op. 'Soms.'

'Hmm, goed dan, al moet ik niet hebben dat mijn nagel afbreekt.'

De man schreef iets op haar formulier, zette er een stempel op en gaf het aan haar terug. 'Volgende.'

Het meisje lachte naar Hedy en Gertie toen ze langsliep. 'Aardappels,' zei ze vrolijk.

'Fijn voor je,' zei Gertie.

'Naam?' zei de man.

'Hedy Fischer,' zei Hedy, en ze overhandigde haar papieren.

De man keek verbijsterd toen hij het hakenkruis zag, alsof hij verwachtte dat het hele Duitse leger achter haar naar binnen zou marcheren. 'Je bent Duits.'

'Ja, dat klopt,' zei Hedy. 'Ik ben een Duitse Jood die in 1939 aan de nazivervolging ontsnapt is.' Gerties wangen gloeiden van trots.

De man schoof de papieren terug over de tafel. 'Sorry. We mogen vijandelijke buitenlanders niet aannemen voor het oorlogswerk. Die vormen een te groot risico.'

Gertie keek de man kwaad aan. 'Hebt u enig idee wat deze jonge vrouw heeft doorstaan?'

De man keek haar uitdrukkingsloos aan. 'Sorry, ik bepaal de regels niet.'

Hedy raakte Gerties arm aan. 'Kom, Gertie. Het heeft geen zin. We gaan.' Toen ze door de wirwar van gangen liepen, zag Gertie een ruimte met op de deur een bordje PAKKETDIENST KRIJGSGEVANGENEN. 'Wat is dat?' vroeg Hedy.

'Ik heb een idee,' zei Gertie met een glinstering in haar ogen. 'Maar ik moet thuis eerst even iets opzoeken.'

De brief lag precies waar ze dacht dat die zou liggen, in een wortelhouten kistje met een geheim laatje. Omdat Gertie dat kistje als kind intrigerend had gevonden, had haar moeder het aan haar nagelaten. In dat kistje bewaarde Gertie haar kostbaarste bezittingen. 'Hebbes,' zei ze, en ze ging naast Hedy op de rand van het bed zitten. 'Dit is Jacks laatste brief, verstuurd in 1917.'

'Uw broer had een vreselijk handschrift,' zei Hedy.

Gertie lachte. 'Mijn vader werd er gek van, want Jack weigerde te oefenen om zijn handschrift te verbeteren. Zal ik de brief voorlezen?' Hedy knikte en hing tegen haar aan als een kind dat naar een verhaal luistert. Gertie kuchte.

Lieve Gertie,

Ik hoop dat je in goede gezondheid bent als je deze brief ontvangt. Bedankt voor je brief en het pakketje. Ik ben blij met het exemplaar van De 39 treden, *en de rest van de mannen hier ook. Het is saai om gevangen te zitten, maar ik weet dat ik niet mag klagen. Ik heb gehoord hoe de omstandigheden zijn in de kampen voor gewone soldaten. De bewakers hier vallen nog wel mee zolang je in het gareel blijft. Ons verblijf is heel eenvoudig en verre van schoon. We doen ons best de moed erin te houden. We voeren toneelstukjes op of we zingen, maar het is zwaar, Gertie. Ik denk dat ik het leven als vrij man nooit meer vanzelfsprekend zal vinden. Dit zet je aan het denken over het leven dat je hiervoor leidde. Ik weet dat je erom zult lachen, maar ik zweer je dat ik mijn leven zal beteren als ik weer thuis ben. Ik weet dat ik in het verleden egoïstisch ben geweest, maar ik ga veranderen, Gert. Daar mag je me aan houden. Ik denk vaak aan die vakantie in Suffolk, toen we jong waren. Weet je nog? We raakten aan de praat met een boer en die liet ons zijn honden en paarden en varkens zien. Herinner je je die varkens nog? We hebben vader wekenlang aan zijn hoofd gezeurd of we een varken mochten. Kun je het je voorstellen? Ik denk vaak terug aan die tijd, omdat ik toen het gelukkigst was. Het leven was eenvoudig en we hoefden ons nergens zorgen om te maken. Ik vind een volwassen man zijn soms heel overweldigend. Daarom doe ik zo raar en drink ik te veel. Ik verberg me achter een façade, doe me anders voor dan ik ben. Nou, dat gaat veranderen als ik weer thuis ben. Je zult het zien, Gertie. Ik word de man die ik hoor te zijn en dan slijt ik mijn dagen op een boerderij in Suffolk. Dan kun je bij mij, mijn honden en mijn varkens op bezoek komen. Ik krijg gewoon kippenvel bij de gedachte alleen al. Ik ben moe, dat zal het zijn. De man in het bed naast me is de halve nacht op en hoest de longen uit zijn lijf. Ik voel me vandaag ook niet top. Dat komt vast door die smerige dunne pap die we hier te eten krijgen. Maak je geen zorgen. Als deze oorlog voorbij is, ga ik Harry en jou weer lastigvallen. Doe Harry de groeten. Ik plaag je met hem, maar hij is een goed man. Je mag blij zijn dat jullie elkaar hebben gevonden. Hoe gaat het met vader en moeder? Mama schrijft me wekelijks, maar ik hoor nooit iets van papa. Vorige week heb ik een brief van Ashford gekregen. Die heeft pech, want die zit er nog middenin. Ik mis je, Gertie. Je brieven beuren me echt op. Ik verheug me op de dag dat we, samen met Harry en Charles, weer in The Savoy kunnen dineren. Ik trakteer.*

Je liefhebbende broer,
Jack

Hedy had een zakdoek vast en stak haar hand uit om Gerties tranen weg te vegen. 'Jack en u zijn net als Arno en ik,' zei ze.

Gertie hield haar blik even vast. 'Ik wil iets voor krijgsgevangenen doen, zoals ik dat ook voor Jack heb gedaan. Ik wil Sam en al die andere arme jongens helpen om deze oorlog door te komen.'

Hedy knikte. 'Ik vind het een briljant plan.'

'Er is alleen één probleem,' zei Gertie.

'Mevrouw Snipp?'

Gertie knikte.

Hedy keek haar met een wijze blik aan. 'Laat dat maar aan mij over, Gertie. Ik weet hoe we dat moeten aanpakken.'

Mevrouw Snipp was de bestellingen al aan het sorteren toen Gertie en Hedy de volgende dag, met Hemingway in hun kielzog, bij de boekwinkel aankwamen. 'Kopje thee, mevrouw Snipp?' zei Gertie. 'Hedy heeft vanmorgen gemberkoekjes gebakken.'

Mevrouw Snipp vernauwde haar ogen tot spleetjes. 'Hebt u iets van me nodig, mevrouw Bingham?'

'Ik zou graag uw advies willen, mevrouw Snipp. Als u daar tijd voor hebt.' Gertie kende Eleanora Snipp lang genoeg om te weten dat ze voorzichtig te werk moest gaan. Mevrouw Snipp was niet iemand die veranderingen met open armen ontving. Ze had er ruim vijf jaar over gedaan om zich neer te leggen bij het feit dat vrouwen kiesrecht hadden gekregen. En als ze daarover sprak, huiverde ze nog steeds van afschuw.

'Dat kan,' zei mevrouw Snipp.

'Gezien het succes van onze ondergrondse leesclub denk ik erover om ook zoiets te gaan doen voor krijgsgevangenen.'

Mevrouw Snipp knipperde met haar ogen. 'Krijgsgevangenen,' herhaalde ze.

'Inderdaad. Maar ik zou uiteraard nooit aan zoiets beginnen zonder dat eerst met u te overleggen.' Mevrouw Snipp knikte ernstig. 'Zou u me kunnen vertellen wat daar administratief gezien allemaal bij komt kijken?' vroeg Gertie, die zo kon opsommen wat daar allemaal voor nodig was.

'Hmm,' zei mevrouw Snipp met een moeizame zucht. 'Er komt veel papierwerk bij kijken en er moet uiteraard contact opgenomen worden met de betrokken instanties zoals het Britse en het internationale Rode Kruis, om nog maar te zwijgen van al het benodigde verpakkingsmateriaal.'

'Hmm,' zei Gertie. 'Dat klinkt als veel extra werk. Misschien is het dat allemaal niet waard. Hedy, ik weet dat je graag boeken naar Sam en zijn medekrijgsgevangenen wilt opsturen, maar het is een enorm karwei. Dat snap je toch wel, liefje?'

Hedy beet op haar lip om niet te lachen. 'Ja, dat snap ik.'

Mevrouw Snipp keek Gertie aan alsof die zojuist had voorgesteld dat de geallieerden zich direct zouden overgeven. 'We vinden er wel iets op,' zei ze.

'Zeker weten?' vroeg Gertie.

'Natuurlijk.' Ze wees naar Hedy. 'Alles om dit arme meisje te helpen.'

Hedy rende naar voren en vloog mevrouw Snipp om de nek. 'O, mevrouw Snipp. U bent een engel. Ik zal u overal mee helpen. Dank u wel.'

Mevrouw Snipp knipperde verbaasd met haar ogen en klopte Hedy stijfjes op de rug. 'Weet je, meisje, we moeten allemaal ons steentje bijdragen. Mevrouw Bingham, het kan zijn dat we extra hulp nodig hebben bij het inpakken,' zei ze, waarbij ze een verwijtende blik op Gertie wierp.

'Dat ga ik regelen,' zei Gertie, en ze liep naar de deur.

'Een leeskring voor krijgsgevangenen?' zei Margery, toen ze door het parkje bij het dorpshuis liepen.

Gertie knikte. 'Mijn broer was krijgsgevangen gemaakt in de vorige oorlog en hij was altijd blij met de boeken die ik hem opstuurde. Hij was vooral blij met *De 39 treden*, dus ik zou met dat boek willen beginnen.'

'Ik wist niet dat je een broer had.'

Gertie knikte. 'Hij is in het gevangenenkamp overleden. Een uitbraak van tyfus.'

Margery hield haar blik even vast en knikte toen ernstig. 'Wat moet er gebeuren?'

'Nou, ik had bedacht dat we een distributiecentrum kunnen worden en dat we dan in de voedselpakketten van het Rode Kruis ook een boek kunnen stoppen.'

Margery bleef even staan en keek vol bewondering naar een grote bloeiende roos die de kleur had van een rijpe perzik. Ze ademde in en sloot haar ogen toen de heerlijke geur haar neusgaten binnendrong. 'Ik vind het een geweldig idee, Gertie.'

'Ik hoopte al dat je dat zou zeggen.' Gertie keek haar vriendin even aan. 'Je straalt helemaal, Margery. Mag ik vragen of dat iets met meneer Travers te maken heeft?'

Margery keek haar met een dromerige blik aan. 'Hij heeft me meegevraagd naar een dansavond.'

'Een dansavond?'

Ze knikte. 'Op zaterdag. Heb je zin om mee te gaan?'

'O, dat weet ik niet, hoor.'

'Ga mee, Gertie. We moeten deze momenten van blijdschap met beide handen aangrijpen. Wie weet wat de volgende dag brengt.'

'Dat is waar.'

'Dus je gaat mee?'

Gertie zuchtte. 'Goed dan. Ik zal mijn oude vriend Charles Ashford vragen om me te vergezellen.'

'Geweldig,' zei Margery. Ze gingen het parkje uit en liepen in de richting van de hoofdstraat. 'Is het goed gegaan bij het wervingsbureau?'

Gertie schudde haar hoofd.

'Wat een dwaasheid,' zei Margery. 'En maar roepen dat we de handen uit de mouwen moeten steken. We hebben alle slimme jonge vrouwen nodig om te helpen bij de oorlogsinspanningen.' Toen ze bij de boekwinkel kwamen, zag Margery door de ruit dat Gerald binnen door een boek stond te bladeren. Ze gebaarde dat Gertie haar moest volgen. 'Meneer Travers,' zei ze bij wijze van groet toen ze naar binnen schreed. 'Bent u nog op zoek naar nieuwe blokhoofden voor de luchtbeschermingsdienst?'

Gerald keek op van het boek van George Orwell waar hij doorheen bladerde, was kennelijk niet verbaasd dat ze die vraag zo plompverloren had gesteld. 'Jazeker.'

'Denkt u niet dat deze jongedame daar heel geschikt voor zou zijn?' zei Margery, waarbij ze naar Hedy wees.

Gerald nam haar even op. 'Jazeker.'

'Echt waar?' riep Hedy. 'Maar krijgt u dan geen problemen met het wervingsbureau?'

Gerald tikte tegen de zijkant van zijn neus. 'Wat niet weet, wat niet deert. Je opleiding begint morgen klokslag zes uur. Zorg dat je op tijd bent.'

Gertie deed verbouwereerd haar kledingkast open. Het was jaren geleden dat ze zich had opgedoft en ze kon zich niet herinneren wanneer ze voor het laatst naar een dansavond was geweest. Ze was toch zeker veel te oud om op stap te gaan? Ze keek in haar kast, streek de gladde, koele plooien van haar turkooizen zijden baljurk glad en vroeg zich af waarom ze die in hemelsnaam had bewaard. Gertie kon zich alleen herinneren dat ze die jurk naar een van haar ooms literaire etentjes had gedragen en dat was minstens twintig jaar geleden. Ze had die jurk voor de oorlogsinspanningen moeten inleveren. Ze zag al voor zich dat Margery daar minstens tien zakdoeken van maakte.

'O, dit is hopeloos,' riep ze, en ze keek naar de rijen tuttige rokken en eenvoudige oude jurken.

'Gaat het?' vroeg Hedy, die in de deuropening verscheen en de rollers in Gerties haar en de radeloze uitdrukking op haar gezicht zag.

'Wat dragen mensen tegenwoordig naar een dansavond?' vroeg Gertie.

Hedy haalde haar schouders op. 'Niets bijzonders. Gewoon een leuke jurk en schoenen waar je goed op kunt dansen. Zal ik u helpen?'

'Ja, graag. En het zou helemaal geweldig zijn als je me ook de charleston zou kunnen leren.'

Hedy lachte. 'Geen zorgen. U moet er gewoon een leuke avond van maken.' Gertie wist dat ze gelijk had en toch voelde het heel raar. Wanneer had ze voor het laatst iets gedaan alleen maar omdat dat leuk was? Mocht dat eigenlijk wel nu de wereld in brand stond? Toen keek ze naar Hedy met al haar zorgen en problemen. Die bleef vrolijk, ging naar de bioscoop, ging met haar vriendinnen ergens dansen. Ze ging door, want wat moest je anders? Het leven ging door en het enige wat je kon doen was zelf ook doorgaan. 'Ik vind dat u deze moet aandoen,' zei Hedy, en ze pakte een donkerblauwe nette jurk met een patroon van piepkleine witte appelbloesem uit de kast. 'Deze is heel mooi.'

'Ik was helemaal vergeten dat ik die had,' zei Gertie.

'Zal ik uw haar doen?' vroeg Hedy. 'Ik hielp mijn moeder als die zich klaarmaakte voor een concert, dus ik weet hoe dat moet.'

Gertie glimlachte. 'Heel graag. Dank je wel, liefje.'

Charles stond in de gang op Gertie te wachten toen ze even later de trap af kwam. 'Ik heb het idee dat ik een Hollywoodster over de rode loper naar beneden zie komen,' zei hij, en hij hield zijn handen zo voor zich dat het leek of hij een foto nam.

'Dat komt allemaal door Hedy. Zij heeft mijn kleding uitgezocht en mijn haar gedaan,' zei ze, en ze klopte op haar keurig opgestoken krullen.

'Goed gedaan, Hedy,' zei Charles. 'Je ziet er prachtig uit, Gertie.' Hij pakte haar hand en drukte er een kus op, waarna hij haar zijn arm aanbood. 'Zullen we dan maar?'

'Tot straks,' riep Gertie over haar schouder.

'Veel plezier,' zei Hedy, die vanuit de deuropening zwaaide terwijl Hemingway trouw naast haar zat.

Gertie had zich niet druk hoeven maken dat ze te oud was voor de Orchid Ballroom. De meeste stellen die avond waren mensen van in de zestig of jonge vrouwen die met elkaar dansten. Er hing een zekere zorgeloosheid in de danszaal terwijl de mensen ervan genoten om aan hun eentonige oorlogsbestaan te ontsnappen. Een driekoppige band met zanger speelde 'Don't Sit Under the Apple Tree' toen ze aankwamen, waardoor het onmogelijk was om niet direct de dansvloer op te gaan. Gelukkig voor Gertie had Charles ook weinig danservaring, maar ze slaagden er vrij redelijk in om de andere dansers bij te houden, bewogen over de dansvloer zonder op elkaars tenen te trappen. Gerald en Margery daarentegen bleken zeer sierlijk te dansen en er werden veel bewonderende blikken hun kant op geworpen voor hun stijlvolle wals. Kennelijk had Margery in haar jeugd niet alleen operazangeres willen worden, maar was ze ook een veelbelovende danseres geweest. Gerald en Beryl hadden samen gedanst sinds ze elkaar op school hadden leren kennen toen ze twaalf waren. Gertie vergat al snel haar gebrekkige talent. Ze betrapte zichzelf erop dat ze Hedy's advies opvolgde en kreeg een giechelbui toen Charles een mislukte poging deed om bij de 'Pennsylvania Polka' in de maat te blijven.

'Ik denk dat dit onze aanwijzing is om te pauzeren,' zei Charles.

'Goed idee,' zei Gertie, en ze liet zich door hem meevoeren naar de rode pluchen banken aan de zijkant en ging dankbaar naast hem zitten. De band had een charleston ingezet en ze keken verbaasd toe toen de menigte uiteen week, zodat Gerald en Margery en een handjevol andere dansers alle ruimte kregen. 'Margery Fortescue verbaast me telkens weer,' zei Gertie tegen Charles, toen ze hen zag draaien en schoppen.

'De charleston is niets voor ons, hè?' zei hij.

Gertie lachte. 'Nee. Harry had twee linkervoeten dus we gingen nooit dansen, maar ik moet zeggen dat ik het heel erg naar mijn zin heb.'

'Ik ook.'

'Je zou bijna vergeten dat het oorlog is.'

'Dat is soms de enige manier om het vol te houden.'

'Dat trucje heb ik van Hedy geleerd,' zei Gertie.

'Al met al lijkt ze vrolijk.'

Gertie knikte. 'Ik ben trots op haar. Gerald leidt haar op tot blokhoofd. En je mag dit niet tegen haar zeggen, maar ik ben blij dat ze zich niet voor oorlogswerk kon aanmelden. Nu weet ik tenminste waar ze is.'

'Je klinkt als een moederkloek.'

'Mooi.'

Charles stak zijn arm uit en pakte haar hand. 'Weet je, ik heb veel fouten gemaakt in mijn leven, maar het enige waar ik nooit spijt van zal krijgen is dat ik jou gevraagd heb om een kind in huis te nemen. Het heeft je veranderd, Gertie. Ik had nooit gedacht dat ik je weer zo gelukkig zou zien.'

Ze keek hem even aan. Dat aardige, knappe gezicht van een vriendelijke man die haar zo aan Harry herinnerde. Of het nu door de muziek kwam of het gevoel van zijn hand in die van haar,

Gertie wist opeens weer hoe het was om jong en verliefd te zijn. Er stroomde een onverwachte golf van hoop door haar hart. 'Ik ook niet,' zei ze.

18

Zijn verdriet was mijn verdriet, en zijn blijdschap zond sprongetjes en lachjes door mijn hele gestalte...
Uit 'Brother and Sister', George Eliot

De twee brieven kwamen een paar dagen na elkaar. De eerste was van Sam. In de eerste week van de maand stuurde hij Hedy altijd een lange brief, gevolgd door een ansichtkaart in de tweede en vierde week. Hedy's gezichtsuitdrukking veranderde als er een bij de post zat. Dan klemde ze de envelop tegen haar borst en sloop ze weg om de brief in haar eentje in haar kamer te lezen. In de avond kwam ze dan bij Gertie in de woonkamer zitten en vertelde ze zijn anekdotes. Gertie was dol op Sam en zijn vermakelijke verhalen. Hij had een goede vriend in het kamp die Harris heette en samen organiseerden ze optredens om iedereen te vermaken. Het tweetal verkleedde zich als adellijke dames en dan zongen ze met hoge stem. Kennelijk waren er zelfs Duitse bewakers die van deze optredens genoten.

De tweede brief kwam twee dagen later. Gerties hartslag schoot omhoog toen ze de Duitse tekst en het Zwitserse poststempel zag. 'Hedy!' riep ze. 'Hedy, kom eens gauw.'

Hedy haastte zich de trap af, op de voet gevolgd door Hemingway. 'Wat is er?'

Gertie stak haar de envelop toe. Hedy pakte hem met trillende vingers aan. 'Arno,' fluisterde ze. Ze keek naar de letters alsof ze durfde te hopen dat hij tevoorschijn zou komen.

'Wil je de brief in je eentje lezen?' vroeg Gertie.

Hedy schudde haar hoofd.

'Kom mee naar de keuken, dan lezen we hem samen.'

Ze gingen aan tafel zitten met Hemingway kaarsrecht tussen hen in alsof hij snapte hoe gewichtig dit moment was. Hedy vouwde het blauwe flinterdunne papier open en keek verbaasd naar de tekst. 'Hij heeft in het Engels geschreven.'

'Waarschijnlijk om te voorkomen dat te veel Duitse ogen zouden meelezen,' zei Gertie.

Hedy haalde diep adem. '*Mijn dierbare Hedchen.*' Hedy zweeg toen er tranen over haar wangen drupten.

'Zal ik hem voorlezen?' vroeg Gertie vriendelijk. Hedy knikte. Gertie pakte de brief uit Hedy's trillende handen en begon te lezen.

Mijn dierbare Hedchen, lieve zus,

Ik kan alleen maar hopen en bidden dat deze brief veilig bij je aankomt. Ik heb hem aan iemand meegegeven die me vast niet teleur zal stellen, maar niets is zeker in deze oorlog. Ik moet vlug schrijven, want ik heb weinig tijd. Ik ben veilig, werk in een fabriek in Polen. Ik heb geluk gehad dat ik dit baantje kreeg en daar ben ik dankbaar voor. De laatste keer dat ik papa en mama heb gezien, was voordat we naar het oosten reisden, en afgezien van de honger waren ze toen in goede gezondheid. Ik hoop dat je een fijn leven hebt in Engeland. Ik denk vaak aan je, aan de middagen dat we door de Englischer Garten wandelden, Pfeffernüsse *aten…*

Hedy snikte luid. Hemingway legde zijn grote, warme kop in haar schoot. 'Zal ik stoppen met lezen, liefje?' Hedy schudde haar hoofd, knuffelde de hond en trok hem tegen zich aan. Gertie las verder.

... het over onze toekomstplannen hadden. Ik zou de hoogste wolkenkrabber van Europa bouwen, hoger dan het Empire State Building, en jij zou boeken schrijven, avonturenverhalen over dappere meisjes en jongens die schurken versloegen. Ik hoop dat we daar nog steeds over dromen, mijn dierbare Hedchen, en ik hoop dat de dappere meisjes en jongens de schurken uiteindelijk zullen verslaan. Ik mis je ontzettend en ik hou heel veel van je. Ik hoop dat je onder de indruk bent van het eenvoudige Engels van je broer. Ik denk dat jij inmiddels beter Engels spreekt dan de koningin.
Voor altijd de jouwe, je broer, Arno

Er stroomden tranen uit Gerties ogen toen ze bij het eind van de brief kwam. Gertie en Hedy hielden elkaar lange tijd vast, huilden om degenen die ze niet konden beschermen. Na een tijdje stak Gertie haar hand in haar zak en ze haalde er een zakdoek uit. Heel voorzichtig streek ze ermee over Hedy's ogen en ze drukte een kus op haar voorhoofd. 'Hij leeft, Hedy. Je broer leeft,' zei ze, en ze omhelsde haar stevig.

Oom Thomas reisde niet graag naar plekken ten zuiden van de rivier. Sterker nog, hij kwam al niet graag buiten Cecil Court, maar voor de vierenzestigste verjaardag van zijn nichtje maakte hij een uitzondering. Het etentje was Hedy's idee. Ze had voorgesteld dat de gasten allemaal iets te eten zouden meebrengen om langer met hun rantsoen te kunnen doen.

'Mijn ouders organiseerden zulke etentjes in ons appartement in München. Dat vond ik als kind geweldig. Het huis was dan vol met artiesten en muzikanten die dronken, rookten en over kunst en literatuur praatten,' vertelde ze aan Gertie toen ze de tafel dekten en er ook een vaas met rozen, vers uit de tuin, en een zilveren kandelaar op zetten.

Gertie glimlachte, zette de schalen met salade neer, gemaakt van ingrediënten uit eigen tuin. De afgelopen weken was het haar opgevallen dat Hedy zelfverzekerder was geworden. Volgens Gerald was ze 'competenter dan alle mannen die ik ooit heb opgeleid', en haar verloving met Sam en de brief van Arno leken haar nieuwe levenslust te hebben gegeven. Ze verslond het nieuws uit de kranten en op de radio, en zat uren verwoed in notitieboeken te schrijven. Ze had haar verhalen nog niet aan Gertie laten lezen, maar op een dag had Billy zijn hoofd over de schutting gestoken om een praatje met Gertie te maken en toen had hij haar in vertrouwen medegedeeld dat 'deze verhalen voor kinderen zijn en dus niet echt voor u, Gertie Bingham. Ik was erbij toen ze die aan mama liet zien. Ze zijn heel goed.'

De eerste die aankwam voor het feestje was oom Thomas. Gertie was benieuwd wat hij bij zich had. 'Een hartige taart met spek en ei,' zei hij trots, toen hij haar een met een doek bedekte schaal overhandigde.

'Tjonge,' zei Gertie. 'Hebt u die zelf gemaakt?'

Hij snoof van het lachen. 'Haha, Gertie. Heel grappig. Ik kan nog geen ei koken. Nee, mevrouw Havers heeft hem voor me in elkaar geflanst. Helaas heeft ze aardappelmeeldeeg en eipoeder moeten gebruiken, het is niet anders.' Hij haalde een in bruin papier gewikkeld pakje uit zijn zak. 'Gefeliciteerd, lieverd.' Ze maakte het pakje open en zag een kleine poëziebundel met een blauw stoffen omslag en zilverkleurige letters.

'George Eliot,' zei ze. Ze gaf hem een zoen op zijn wang. 'Dank u wel, lieve oom.'

'Als blijk van mijn waardering en genegenheid,' zei hij. 'O, en voor jou heb ik dit gevonden, jongedame,' voegde hij eraan toe. Hij haalde een boek uit zijn andere zak en gaf het aan Hedy.

'*Emiel en zijn detectives*,' riep ze. 'Arno en ik waren dol op dit boek. Dank u wel.'

Oom Thomas knikte goedkeurend. 'Liefje, je hebt zeker niet nog ergens wat whisky van Harry staan? Je weet hoe mijn gestel eronder te lijden heeft als ik zo ver naar het zuiden moet reizen.'

Gertie glimlachte. 'Voor medicinale doeleinden kan ik wel wat voor u inschenken.'

'Dank je zeer, Gertie. Dank je zeer.'

De volgende die kwam was Charles. Hij had een schaal zalmkoekjes bij zich. 'Zelfgemaakt,' zei hij, toen hij ze aan Hedy overhandigde.

'Ik wist niet dat je over zulke talenten beschikte,' zei Gertie. Ze kuste hem op de wang en ving de geruststellende geur op van cederhout en kruiden.

'Als je zo lang alleen woont als ik en in het leger hebt gezeten, leer je wel het een en ander,' zei hij. 'Gefeliciteerd, lieve Gertie.' Hij stak haar een roodfluwelen doosje met een goudkleurige sluiting toe.

'Dit is toch geen huwelijksaanzoek, hè, Charles?'

Hij lachte. 'Vandaag niet. Maak maar open.'

Gertie drukte het knopje omlaag en zag een ketting met een hartvormige hanger met een piepkleine robijn. 'Hij is prachtig,' zei ze toen ze de ketting uit het doosje haalde.

'Ik ben blij dat je hem mooi vindt. Kom, ik zal je helpen.' Toen hij de ketting om haar nek vastmaakte, tintelde Gerties huid bij zijn aanraking. 'Prachtig,' zei hij, toen hij naar achteren stapte om haar te bewonderen.

De laatste gasten die aankwamen waren Billy en zijn moeder. 'Gefeliciteerd, Gertie Bingham,' riep Billy, toen hij met ferme passen de kamer binnenstapte. 'Dit is uw cadeau.' Hij overhandigde haar een plat rechthoekig pak dat losjes in bruin papier was gewikkeld.

'Dank je wel, Billy. Wat zou het zijn?' Ze maakte het papier los en haalde er een ingelijste aquarel uit.

'Die heeft mama gemaakt,' zei hij blij. 'Knap, hè?'

'Met excuses aan meneer E.H. Shepard,' zei Elizabeth.

Gertie bekeek de aquarel. Elizabeth had Gertie, Hedy en

Hemingway afgebeeld die met Billy en haar in de schuilkelder zaten. Ook Winnie de Poeh en Knorretje waren erbij. 'O, wat mooi. Dank je wel,' zei ze, en ze kuste haar op de wang.

Elizabeth glimlachte verlegen. 'En dit is onze bijdrage voor het eten,' zei ze, en ze overhandigde haar een kom met een doek eroverheen. 'Ik heb een zomerpudding gemaakt.'

'Mijn lievelingspudding,' zei oom Thomas met een tevreden lach.

Na het eten stond Gertie op. Ze hief haar glas. 'Dank jullie wel. Dankzij jullie is mijn verjaardag een heel speciale dag geworden. Hedy, dank je wel dat je dit hebt georganiseerd. Het was geweldig.'

'Ik heb nog een verrassing voor u,' zei Hedy. Ze ging de kamer uit en kwam even later terug met een stapel dubbelgevouwen papieren. 'Dit is het eerste hoofdstuk. Daar werk ik al een tijd aan. Elizabeth heeft er prachtige illustraties bij gemaakt.'

Gertie pakte de stapel papieren aan en hield ze tegen haar borst. 'Ik ga het lezen voor het slapengaan,' zei ze. 'Bedankt. Jullie allebei.'

'En mag ik als eerste mijn diensten als literair agent aanbieden?' zei oom Thomas. Hij stak zijn hand in zijn zak, haalde er een visitekaartje uit en schoof dat over tafel. Elizabeth en Hedy keken elkaar lachend aan.

'Waar gaat je verhaal over, Hedy?' vroeg Charles.

Hedy's ogen glinsterden toen ze antwoordde: 'Over een broer en een zus die veel avonturen beleven en de schurken altijd verslaan.'

'Heet de jongen Billy?' vroeg Billy.

'Dat had gekund, maar ik vind Billy eigenlijk een heel passende naam voor hun zwart-witte hond, die heel goed is in het vinden van aanwijzingen.'

Billy dacht hier even over na. 'Ik vind het niet erg om een hond te zijn,' zei hij, en hij stak zijn hand uit om Hemingway te aaien, die bij zijn voeten lag te slapen.

'Heet de jongen toevallig Arno?' vroeg Gertie.

Hedy knikte. 'En het meisje heet Gertie.'

Charles lachte. 'Gertie Bingham. Eindelijk in gedrukte vorm! O, wat zal mevrouw Snipp daarvan zeggen?'

'Die heeft het te druk met klagen over al het extra werk dat ze moet doen voor de leeskring van krijgsgevangenen,' zei Gertie. 'Kennelijk komt het door *De 39 treden* dat haar ischias weer is opgelaaid.'

'John Buchan zou zich moeten schamen,' zei oom Thomas met een twinkeling in zijn ogen.

'Het is goed dat je dat doet, Gertie,' zei Charles. 'Ik durf te wedden dat die jongens heel blij zijn dat ze iets hebben om de tijd door te komen.'

'Sam zegt dat ze een godsgeschenk zijn,' zei Hedy. 'De boeken van Maugham en Hemingway die we naar hem opgestuurd hebben zijn al door zoveel mannen gelezen dat ze bijna uit elkaar vallen.'

'Schrijft hij ook hoe het leven daar is?' vroeg Elizabeth.

Hedy schudde haar hoofd. 'Niet echt. Ze zijn blij met de voedselpakketten omdat de rantsoenen karig zijn en ze houden zichzelf bezig.'

'Wat moet je anders in deze rotoorlog?' zei oom Thomas.

'Dat is waar,' zei Gertie, die een klopje op zijn hand gaf. 'Goed, wie wil er thee?'

'Je hoort niet zelf thee te zetten op je verjaardag,' zei Charles, en hij stond op.

'Je mag me wel helpen.'

De lucht was een kleurenpalet van perzik- en abrikoostinten toen de zon achter de bomen zakte en de wereld in het duister hulde. Gertie en Charles liepen gemoedelijk door de keuken, zetten kop-en-schotels klaar en zetten de ketel op het fornuis om water te koken. Gertie neuriede terwijl ze melk pakte.

'Het is fijn om je gelukkig te zien, Gertie.'

Ze keek in zijn helderblauwe ogen, wilde hem opeens dolgraag over haar gevoelens vertellen. Precies op dat moment ging het luchtalarm af. ‘Thee smaakt altijd lekkerder in de schuilkelder,’ zei ze. ‘Kom mee allemaal. Opschieten!’

‘Dat is dus precies de reden dat ik de rivier niet oversteek,’ zei oom Thomas, die naar de achterdeur strompelde.

‘Volgens mij zijn er ten noorden van de rivier ook luchtaanvallen, oom,’ zei Gertie. Ze ondersteunde zijn elleboog en leidde hem de tuin in.

‘Zullen we een spelletje doen?’ vroeg Billy met glinsterende ogen, toen ze opeengepakt in de schuilkelder zaten.

‘Of zullen we een verhaal vertellen?’ zei Hedy. ‘Dat deed ik weleens met mijn familie en dan zei iedereen om beurten een paar regels.’

‘Dat klinkt leuk,’ zei Gertie, en ze nam een slokje thee. ‘Wie wil er beginnen?’

‘Ik!’ riep Billy.

‘Prima, jongeman. Ga je gang.’

Billy schraapte zijn keel. ‘Er was eens een meisje. Ze heette Gertie Bingham,’ begon hij. ‘Ze woonde in een huis vol boeken en ze was heel dapper...’

‘Ik mag haar nu al,’ zei Charles, en hij lachte naar Gertie. Billy keek boos. ‘Sorry, Billy. Ga door.’

‘Ze woonde in een huis vol boeken en ze was heel dapper, maar ze was eenzaam.’ Gertie merkte dat Charles haar hand vastpakte. ‘Uw beurt, mama.’

‘Op een dag,’ zei Elizabeth, ‘werd er op de deur geklopt en daar, op de stoep, lag een gigantisch ei.’

‘Een dinosaurusei?’ fluisterde Billy.

‘Wacht maar af,’ zei Elizabeth. ‘Hedy, jij bent de verhalenverteller. Ik vind dat jij nu verder moet gaan.’

Hedy dacht even na. ‘Gertie nam het ei mee naar binnen en legde het op een plank in de droogkast, zodat het warm zou blijven. Een paar dagen later was ze net het ontbijt aan het klaarmaken toen ze gepiep en gekraak uit de kast hoorde komen. Toen klonk er een luide krak!' Billy gilde. Hedy keek hem met uitpuilende ogen aan en fluisterde: 'Gertie sloop naar de kast en deed heel langzaam de deur open. In de kast zat...' Ze keek naar Charles.

'Wat?' riep Billy, die heen en weer wiegde. 'Wat zat er in de kast?'

Charles aarzelde even en vertelde toen verder. 'In de kast zat een babydraakje.'

'Ik hou van draken,' zei Billy.

'Deze jonge draak was een meisje. Ze was wilgengroen, maar de randen van haar schubben waren paars. Toen Gertie de kast opendeed, nieste het draakje. Er vloog een vlammetje uit haar neusgaten en Gertie moest opzijspringen, anders had ze zich gebrand. De meeste mensen zouden schrikken als ze een draakje in hun droogkast zagen zitten, maar Gertie niet. Ze nam het draakje mee naar de keuken en voerde het gerookte haring als ontbijt.' Hij gniffelde naar Gertie, die vertwijfeld omhoogkeek. 'Jouw beurt.'

Ze glimlachte. 'Gertie wist eerst niet wat ze met het draakje aan moest,' zei ze, en ze wierp een blik op Hedy. 'Maar na een tijdje besefte ze hoezeer ze haar nodig had en ze was heel blij dat het draakje bij haar logeerde.'

'Is het verhaal nu afgelopen?' vroeg Billy met iets van teleurstelling in zijn stem.

'Nu ben ik aan de beurt,' zei oom Thomas. 'De draak werd te groot en blies een enorme vlam uit en daardoor brandde het hele huis af.'

'O,' zei Billy. 'Waren er gewonden?'

'Nee, iedereen was ongedeerd. Hij maakte maar een grapje,' zei Gertie. Tot haar opluchting werd het sein veilig gegeven. 'En daarom kunt u beter boeken verkopen dan schrijven,' zei ze tegen oom Thomas toen ze hem uit de schuilkelder hielp.

'We gaan naar huis, want Billy moet naar bed,' zei Elizabeth. 'Het is al heel laat.'

Gertie gaf hun allebei een kus toen ze weggingen. 'Bedankt voor jullie komst. En voor het mooie schilderij.'

‘Ik ga er ook vandoor, liefje,’ zei oom Thomas, en hij kuste haar op de wang. ‘Geweldig feest. Het is lang geleden dat ik het zo naar mijn zin heb gehad.’

Toen ze teruggingen naar de woonkamer, zag Gertie dat de whiskyfles nog op het bijzettafeltje stond. ‘Nog een afzakkertje?’ vroeg ze aan Charles, omdat ze graag wilde dat hij nog wat langer bleef.

‘Waarom ook niet?’

Gertie schonk twee glazen in en gaf een daarvan aan hem.

‘Op je gezondheid,’ zei hij met een glimlach.

Hedy pakte Elizabeths schilderij om het te bewonderen. ‘We moeten bedenken waar we het gaan ophangen.’

Gertie wees naar een klein ingelijst herderstafereel naast de boekenkast. ‘Haal dat schilderij maar weg, dan kan het misschien daar hangen.’

Hedy haalde het schilderij van de muur, maar toen ze dat deed, viel er iets op de vloer. Ze bukte zich om het op te rapen. ‘Ik denk dat dit van u is, Gertie,’ zei ze toen ze het papier openvouwde.

Zodra Gertie de woorden ‘*Mijn allerliefste*’ zag staan, wist ze wat dit was. De woorden zwommen voor haar ogen, maar ze hoefde ze niet te lezen. Ze kende ze uit haar hoofd. Elke lettergreep stond in haar geheugen gegrift, had het gewicht van de slinger van een grote staande klok die eindeloos met schuldgevoelens en spijt doortikte. Dat was de reden dat ze die brief al zo lang verborg. Ze kon het niet over haar hart verkrijgen hem weg te gooien, maar wilde ook niet dagelijks aan de inhoud ervan herinnerd worden.

‘Gaat het, Gertie?’ vroeg Charles toen ze met een lijkbleek gezicht op de bank ging zitten.

‘Het was mijn schuld,’ fluisterde ze. Ze klemde de brief tegen haar hart terwijl er tranen in haar ogen kwamen.

Toen Harry voor het eerst zei dat hij zo moest hoesten, had ze dat afgedaan als een gewone verkoudheid. Een week later kwam hij zijn bed niet meer uit. Toch liet ze geen dokter komen. Harry zou vanzelf beter worden. Ze had Jack en haar ouders verloren, maar Harry? Harry ging nergens naartoe. Dat zou ze eenvoudigweg niet toestaan. Op de dag dat ze hem bij thuiskomst op de badkamervloer zag liggen, wist ze dat ze een fout had gemaakt.

'Wist u niet van de aandoening die hij als kind had opgelopen?' vroeg de arts op beschuldigende toon.

Gertie knikte. 'Dat was de reden dat hij niet in het leger hoefde.'

'Hij had veel eerder hiernaartoe moeten komen. Hij is ernstig ziek.'

Gertie was het ziekenhuis uit gelopen en was rechtstreeks naar de kathedraal van Southwark gegaan. Er was een dienst bezig en ze was stilletjes achterin in een bank geglipt. Terwijl ze daar in de gewijde rust zat, hief ze haar radeloze gezicht op naar de engelen en aartsengelen.

Alstublieft. Niet Harry.

Haar gebed leek verhoord, want Harry begon op te knappen. 'Hij heeft heel veel geluk gehad,' zei dezelfde arts.

Toen het herstel doorzette, hadden Gertie en Harry afgesproken dat ze niet meer elke dag op bezoek zou komen en ze waren elkaar brieven gaan schrijven. Gertie schreef hele verhalen over wat er die dag in de boekwinkel was gebeurd. Dat mevrouw Snipp tegen meneer Barnaby Salmon, een vertegenwoordiger, gezegd had dat het een schande was dat zijn uitgever het zover had laten komen dat de titels van Florence L. Barclay niet meer leverbaar waren. Dat meneer Travers zo verdrietig was nu zijn vrouw was overleden. Hoe boos ze op Hemingway was geworden toen die een eerste druk met gedichten van Thomas Hardy kapot had gebeten. Op zijn beurt schreef Harry over het ziekenhuisleven. Dat een patiënt ruzie met zijn vrouw had gehad, waarop zij zijn houten kruk had gepakt en hem daarmee op het hoofd had geslagen, en van de heisa toen de politie erbij gehaald moest worden. Hij schreef dat Winnie zijn favoriete verpleegkundige was, omdat ze hem aan een aardige tante deed denken van wie hij altijd koekjes kreeg. Zijn minst favoriete verpleegkundige was Enid. Ze had een scherpe tong en deed hem denken aan een heks uit een sprookjesboek, omdat ze een moedervlek met haar op haar kin had. Telkens als de post kwam, maakte Gerties hart een sprongetje van blijdschap.

De brief die ze nu in haar handen had, was de laatste. Die was bezorgd op de dag dat Harry uit het ziekenhuis zou komen. Door een waas van tranen keek Gertie naar de woorden.

Mijn allerliefste,

Er is weer een nacht voorbij en ik denk alleen maar dat het nu weer een nacht korter duurt voordat ik weer bij je ben. De artsen denken dat ik donderdag voldoende aangesterkt zal zijn om naar huis te mogen. Ik kan niet wachten om weer veilig bij jou en Hemingway in ons fijne huisje te zijn. Als je lang in het ziekenhuis ligt, besef je pas hoeveel geluk je hebt, en ik heb ontzettend veel geluk met jou, mijn lieve Gertie. Die dag lang geleden toen ik bij Arnold's naar binnen liep, was de gelukkigste dag van mijn leven. Er gaat geen moment voorbij dat ik het lot niet dank dat het ons bij elkaar heeft gebracht. Ik heb eens nagedacht en ik vind dat we een reisje moeten maken. Misschien naar Parijs om de boekstalletjes te zien? Het enige wat ik weet is dat we bij de dag moeten leven, mijn schat. Het leven is kwetsbaar en ik wil samen met jou van elk moment van mijn leven genieten.

Je liefhebbende man,
Harry

'We hadden nog een heel leven voor ons,' zei ze met een gesmoorde snik tegen Charles en Hedy. Ze kwamen aan weerskanten naast haar zitten, mompelden troostende woorden terwijl Gerties verdriet als een dichte Londense mist om haar heen hing. 'Het was mijn schuld,' zei ze, hun zachte tegenwerpingen negerend. 'Ik had erop moeten staan dat hij eerder naar de dokter was gegaan. Ik had zijn dood kunnen voorkomen.' Ze keek hen om beurten aan toen ze eindelijk het geheim prijsgaf dat ze al zo lang met zich meedroeg. 'Zonder mij had Harry nog geleefd.'

19

De tijd bracht berusting, en een droefgeestigheid
die zoeter was dan gewone vreugde.
Woeste hoogten, Emily Brontë

De kerstrevue was Gerties idee. 'Dat is precies wat we nodig hebben om iedereen op te beuren,' zei ze op een dag tegen Margery toen ze bij elkaar waren om Rode Kruis-pakketten in te pakken. 'We kunnen bewoners vragen om mee te doen. Dan versieren we het dorpshuis met hulstslingers en zwengelen we de Oude Generaal aan om thee te zetten. Wat vind je ervan?'

Margery keek Gertie verwonderd aan. 'Ik vind...' begon ze. Iedereen in de zaal hield de adem in. 'Ik wilde dat ik het zelf had bedacht. Gerald?'

'Ja, lief?' Hij keek op van zijn krant. Na vele wandelingen en dansavonden in het weekend hadden Gerald en Margery nu de duizelingwekkende hoogte bereikt dat ze elkaar bij de voornaam noemden.

'Heb je gehoord wat Gertie zei?'

Gerald vernauwde zijn ogen tot spleetjes om zich te concentreren. 'Kerstrevue, dorpshuis,' zei hij. 'Ik vind het een geweldig idee, maar alleen als jij gaat zingen, Margery.'

Ze keek wat bedeesd. 'Dat weet ik niet, hoor.'

'Doe het, Margery. Niet zo verlegen,' zei Gertie, en ze legde een stapel boeken op het eind van de inpaktafel.

'O, alstublieft, mevrouw Fortescue,' zei Hedy. 'Het zou fantastisch zijn als u dat deed.'

'Ik zal erover nadenken,' zei Margery met twinkelende ogen. 'Goed. Wat gaat er vandaag in de dozen, mevrouw Chambers?'

Elizabeth schraapte haar keel en wees de voorwerpen aan terwijl ze die opsomde. 'Een blik koekjes, een blikje smeltkaas, een reep chocolade, een blikje rijstpudding, een blikje marmelade, een blikje margarine, een blikje geperst rundvlees, een blikje gecondenseerde melk, een stuk zeep, een blikje suiker, een zakje met thee, een blikje erwten, een pakje sigaretten en een blikje kerstpudding.'

'En een exemplaar van *Een kerstvertelling*,' zei Gertie, waarbij ze naar de boeken wees.

'Prima,' zei Margery. 'Aan de slag.' Er hing een sfeer van vrolijk optimisme terwijl ze aan het werk waren. Mensen begonnen te geloven dat de oorlog volgend jaar voorbij zou zijn. Het idee dat dit de laatste kerst was die ze moesten doorstaan zonder kalkoen bij het diner en zonder klokgelui, wat verboden was, maar met eindeloze rantsoenen, luchtaanvallen en verduisteringsperioden, monterde iedereen op.

Ondanks de aanvankelijke bedenkingen van mevrouw Snipp en de logistieke uitdagingen was Gertie ervan overtuigd dat ze een zinvolle bijdrage leverden aan de oorlogsinspanningen, en ze wist dat iedereen in deze zaal daar net zo over dacht. Veel mensen wilden er om persoonlijke redenen voor zorgen dat het leven van krijgsgevangenen op alle mogelijke manieren verlicht werd. De broer van Emily Farthing zat in een kamp in Italië, en de kleinzoon van Ethel Wise was net als Sam in Polen gevangengezet. Ze pakten niet alleen pakketten voor het Rode Kruis in, maar waren ook een sorteerpunt voor pakketten die door familieleden naar krijgsgevangenen werden gestuurd. Emily was nu het pakket van Gerties buurvrouw, mevrouw Herbert, opnieuw aan het inpakken. De man van mevrouw Herbert, Bill, zat gevangen in Berlijn.

De vrouw stond voor haar terwijl Emily de voorwerpen stuk voor stuk controleerde.

'Goed, mevrouw Herbert. Ik ga de zeep scheiden van de chocolade, want we willen niet dat meneer Herbert zeep proeft als hij van zijn traktatie geniet, of wel soms? O, wat een mooie zelfgebreide sokken,' voegde ze eraan toe, terwijl ze die binnenstebuiten keerde. 'Die zullen hem deze winter zeker warm houden.' Ze haalde een exemplaar van *De onzichtbare man* van H.G. Wells uit de doos en schudde de paperback heen en weer.

'Controleert u nou of er verboden spullen in zitten?' vroeg mevrouw Herbert. Ze keek beledigd.

'Sorry, dat zijn de regels,' zei Emily. 'We moeten dat controleren om te voorkomen dat de moffen de hele zending in beslag nemen. Ik wil er gewoon zeker van zijn dat deze spullen ook echt bij meneer Herbert aankomen.'

Mevrouw Herbert bloosde een beetje door het nauwkeurige onderzoek. 'Wat mag er dan niet in?'

'Pasgeleden probeerde iemand een potje zelfgemaakte kersenjam op te sturen,' zei Emily, die de verzegeling op een blikje zwarte schoensmeer controleerde. 'In pakketten die door familie worden samengesteld is chocolade het enige eetbare dat is toegestaan.'

'O, dan is er niets aan de hand. Ik kan geen jam maken, zelfs niet als ik dat zou willen.' Nu was het Emily's beurt om te blozen toen ze een grote wollen onderbroek uit de doos haalde. 'Isolerende onderkleding,' zei mevrouw Herbert. 'Ze zeggen dat de Duitse winters gruwelijk koud zijn.'

'Wacht eens,' zei Emily, die de onderbroek omhoog hield. 'Wat is dit?' Elizabeth, Hedy en Gertie keken geamuseerd hun kant op.

'Het v-teken van de overwinning,' zei mevrouw Herbert met vooruitgestoken kin. 'Onze jongens zullen binnenkort de oorlog winnen en die boodschap wil ik op deze manier luid en duidelijk aan de moffen overbrengen.'

Iedereen lachte en joelde, behalve Margery. 'Mevrouw Herbert, u weet net zo goed als ik dat geschreven berichten in welke vorm dan ook niet zijn toegestaan in deze pakketten,' zei ze met een afkeurende blik.

'Oké,' zei mevrouw Herbert, die de onderbroek van Emily aanpakte. 'Dan zal ik hem zelf moeten dragen en de volgende keer dat de Luftwaffe overvliegt mijn kont in de lucht moeten steken.'

Emily snoof van het lachen en Margery rolde met haar ogen. 'Zeer onfatsoenlijk,' zei ze zonder veel overtuiging.

'Kunnen we het dan nu over *Woeste hoogten* hebben?' vroeg Ethel Wise aan Gertie, nadat mevrouw Herbert was vertrokken.

'O, ja, mevrouw Bingham. Het was een heel goede keuze,' zei Emily. 'Ik zou best met Heathcliff op de hei willen verdwalen.'

'Mevrouw Farthing!' foeterde Margery.

'Sorry, mevrouw Fortescue.'

'Ik vond het een beetje verwarrend,' zei Ethel langzaam.

'Hoezo?' vroeg Gertie.

'Er zijn veel personages met dezelfde naam.'

'Je hebt Catherine Earnshaw en die heeft een dochter die Cathy heet,' zei Cynthia, die rechter op haar stoel ging zitten. Ze deed regelmatig mee aan de besprekingen bij de leeskring en Gertie was altijd blij met haar uitgebreide kennis van de literatuur.

'Is zij verliefd op Heathcliff?'

'Nee, Catherine is verliefd op Heathcliff.'

'O, en is Cathy dan hun dochter?'

'Nee, Catherine trouwt met Edgar Linton. Cathy is hún dochter.'

'Aha, dus Heathcliff trouwt niet?'

'Jawel, hij trouwt met de zus van Edgar, met Isabella Linton, en die hebben een zoon die Linton Heathcliff heeft en die trouwt met Cathy.'

Er lag nu een nog diepere denkrimpel op het voorhoofd van Ethel, die moeite had het allemaal bij te houden. 'Dus Heathcliff trouwt met Cathy?'

Cynthia wierp een smekende blik op de anderen. 'De zoon van

Heathcliff trouwt met de dochter van Catherine, maar dan gaat de zoon dood en trouwt ze met Hareton Earnshaw,' legde Hedy uit.

'En wie is dat dan weer?'

'Dat is de zoon van Hindley, de broer van Catherine.'

Ethel wierp haar handen in de lucht. 'Het is te ingewikkeld. Waarom geeft de auteur iedereen niet gewoon een andere naam, zoals Jim of Bet of Ethel?'

Hedy lachte. 'Dat weet ik niet, maar vond u het een mooi boek?'

'O, ja,' zei Ethel. 'Het was een geweldig verhaal.'

Gertie glimlachte terwijl ze het gesprek aanhoorde. Toen Charles haar jaren geleden vroeg om een kind in huis te nemen, had ze nooit gedacht dat dit haar leven zo zou veranderen. Ze waren tot elkaar veroordeeld geweest, maar hun relatie was veranderd in ware vriendschap.

Die avond dat ze haar schuldgevoelens over Harry's dood had opgebiecht, had Hedy haar armen om haar heen geslagen en had haar stevig vastgehouden terwijl ze huilde. Zoveel troost had Gertie niet meer ervaren sinds haar moeder was overleden. Het was alsof de liefde haar in de palm van haar hand hield.

Ze wist dat ze zonder Hedy nooit de moed zou hebben gehad de uitdagingen van deze oorlog aan te gaan, om te vallen en weer op te staan, om de gemeenschap te steunen, om verlichting en troost te bieden. Gertie was gaan beseffen dat oorlogen niet door generaals en politici worden uitgevochten, maar door legers van gewone mensen die strijden, worstelen, elkaar overeind houden en doorgaan. Gewone mensen die in een ongewone tijd leven maken het verschil door kleine inspanningen en grote moed. Mensen zoals Margery en haar breisters, Gerald en zijn blokhoofden van de luchtbeschermingsdienst en de mensen bij Bingham Books die door de kracht van verhalen een ontsnappingsmogelijkheid boden.

Toen Gertie even later samen met Hedy en Elizabeth naar huis liep, streek er een ijzige wind langs hun oren. Gertie sloeg haar sjaal strakker om haar nek en keek huiverend op naar de witte wolken. 'Zullen we een witte kerst krijgen?'

'In München lag er met kerst altijd sneeuw,' zei Hedy weemoedig.

'Een witte kerst net als in dat liedje "White Christmas",' zei Elizabeth. 'Over liedjes gesproken, gaan jullie optreden bij de kerstrevue?'

'Wees maar niet bang, maar ik verheug me erop om Margery te horen zingen,' zei Gertie.

'Ik weet zeker dat Billy het leuk zal vinden om zijn goocheltrucs te laten zien,' zei Elizabeth.

'Dat moet hij zeker doen,' zei Hedy. 'Die truc waarbij hij een munt laat verdwijnen is heel indrukwekkend.'

Toen ze hun straat in liepen bleef Elizabeth plotseling staan. 'Is alles in orde, liefje?' vroeg Gertie.

'Dat is mijn vader,' zei ze, knikkend naar de glanzende zwarte Daimler die voor haar huis geparkeerd stond. Toen ze dichterbij kwamen, dook er aan de voorkant een chauffeur op. Hij keurde de vrouwen geen blik waardig toen hij het portier voor zijn werkgever openhield. De gestalte die uit de auto stapte bewoog met de zelfverzekerdheid van een man die gewend was dat mensen deden wat hij wilde. Met zijn strak gekamde grijze haar en donkere snor vond Gertie hem wat weg hebben van voormalig premier Neville Chamberlain. 'Elizabeth,' zei hij, waarbij hij kortaf knikte.

'Hallo, vader.'

'Waar is de jongen?'

Elizabeth vernauwde haar ogen tot spleetjes. 'Ik neem aan dat u met "de jongen" uw kleinzoon Billy bedoelt.'

Haar vaders blik was hardvochtig. 'Jij en de jongen moeten direct naar huis komen. Chivers zal je helpen je spullen in te pakken.' Hij knikte naar de chauffeur, waarop die naar het huis liep.

'We gaan nergens naartoe,' zei Elizabeth.

Haar vader wierp een blik op Gertie en Hedy. 'Het lijkt me beter dit gesprek onder vier ogen te voeren.'

'Er valt niets te bespreken, vader. Als u me nu wilt excuseren, ik moet nog wat dingen doen voordat ik Billy uit school ga halen.' Elizabeth draaide hem de rug toe en liep het tuinpad op.

'Je moeder is ziek.' Zijn stem trilde licht toen hij dat zei.

Elizabeth verstijfde, maar hield haar blik nog steeds op het huis gericht. 'Wat mankeert ze?'

'Ik ga dit niet in het openbaar bespreken, Elizabeth.'

Ze draaide zich even om. 'Dan bespreken we het niet.'

Gertie raakte zacht Elizabeths arm aan. 'Zullen we je vader mee naar binnen nemen? Het is nogal koud buiten. Ik kan thee voor ons allemaal zetten.'

Elizabeths vader keek Gertie vol minachting aan. 'Dank u, maar onze zaken gaan vreemden niets aan.'

Elizabeth keek kwaad. 'Ze is geen vreemde. Ze is een lieve vriendin van wie ik meer steun heb gekregen dan van mijn eigen familie.'

Gertie zag even iets van gekwetstheid over zijn gezicht trekken. 'Zal ik dan maar tegen je moeder zeggen dat het je niets kan schelen?'

'Dag, vader,' zei Elizabeth.

Na een korte aarzeling verhardde zijn gelaatsuitdrukking. Hij wenkte zijn chauffeur, die het portier voor hem openmaakte. Even later reden ze weg.

Gertie wisselde een blik met Hedy. 'Dat aanbod van het kopje thee geldt nog steeds, liefje. Of iets sterkers, als je daar meer behoefte aan hebt,' zei ze toen ze Elizabeths trillende vingers zag.

'Dank u,' zei Elizabeth, die achter hen aan naar binnen liep. 'Jullie zullen me wel heel wreed vinden.'

'Als ik iets in mijn ruim zestig jaar heb geleerd, dan is het dat je nooit op uiterlijkheden moet afgaan,' zei Gertie. 'Je moet altijd wachten tot je het hele verhaal hebt gehoord.'

'Ik denk dat het tijd is jullie het hele verhaal te vertellen.'

'U bent ons geen tekst en uitleg verschuldigd,' zei Hedy.

'Dat weet ik, maar ik wil jullie vertellen hoe het zit.' Gertie zette een glas whisky voor Elizabeth neer. Haar gezicht vertrok toen ze een slokje nam. 'Jullie zullen inmiddels wel geraden hebben dat Billy's vader niet in de oorlog vecht.'

'Dat vermoedde ik al, anders had Billy ons daar veel meer over verteld,' bekende Gertie.

'U kent hem goed,' zei Elizabeth met een vertederde glimlach. 'De waarheid is dat zijn vader een zeer vooraanstaand man is, een vriend van mijn vader.'

'Aha.'

'Ja. U kunt zich voorstellen hoe mijn vader reageerde op dat schandaal.' Elizabeth nam een slokje whisky voordat ze verder sprak. 'Aanvankelijk wilde hij me het huis uit gooien, maar mijn moeder hield hem voor dat er dan nog meer ophef over zou komen. Het punt is dat mijn zussen altijd braaf naar mijn ouders hebben geluisterd. Ze trouwden met een man uit een rijke familie, zetten kleinkinderen op de wereld. Helaas werd ik verliefd op een getrouwde man en kreeg ik een buitenechtelijk kind. Aan mijn vaders gedrag zullen jullie wel gemerkt hebben dat hij gewend is zijn zin te krijgen. Hij heeft contact opgenomen met alle kranteneigenaren en heeft het verhaal op die manier uit de publiciteit weten te houden. Het gaat hem alleen om de reputatie van zijn geweldige achternaam. Hij geeft helemaal niets om Billy of mij.'

'En Billy's vader? Ziet die Billy ooit?' vroeg Hedy.

'Hij heeft hem één keer gezien, in het park, toen Billy een baby was. Niet bepaald een gedenkwaardige ervaring waardoor er een vader-zoonband voor het leven ontstaat. Maar goed, hij betaalt mijn huur. Mijn vader en hij hebben een schikking getroffen.'

'Ach toch, Elizabeth,' zei Gertie. 'Wat vervelend dat Billy en jij pionnen in dit spel zijn.'

Elizabeth haalde haar schouders op. 'Dat krijg je ervan als je je inlaat met machtige mannen. En dan heb ik nog geluk. Ik heb Billy, ik heb een dak boven mijn hoofd en ik heb jullie. Wat heb ik verder nog nodig?'

‘En je moeder?’ zei Gertie, die zich naar voren boog. ‘Ik wil niet voor mijn beurt praten, maar toen ze met kerst hier was heb ik gezien hoeveel ze van Billy houdt. En hoeveel hij van haar houdt.’

Elizabeth sloeg haar armen over elkaar. ‘Ze heeft mijn vaders kant gekozen. Ze komt soms langs om Billy te zien, maar altijd in het geheim alsof ze zich voor ons schaamt.’

Gertie legde een hand op die van Elizabeth. ‘Ik snap je verdriet, maar ik zie ook hoe zwaar het voor je moeder is. Het is duidelijk dat ze om jullie geeft.’

Elizabeth verschoof op haar stoel. ‘Vindt u dat ik naar haar toe moet?’

‘Misschien krijgt u er spijt van als u dat niet doet,’ zei Hedy.

Elizabeth keek haar aan. ‘Sorry, Hedy. Je zult me wel een monster vinden. Ik weet dat jij er alles voor over zou hebben om je moeder te zien.’

Hedy schudde haar hoofd. ‘Iedereen is anders. Ik was soms heel boos op mijn moeder, maar er is niemand die zoveel van me houdt als zij. Dat geldt vast ook voor uw moeder. Ik heb haar met Billy gezien. Ze wil de situatie verbeteren, maar weet niet hoe ze dat voor elkaar moet krijgen.’

Er stonden tranen in Elizabeths ogen. ‘Je hebt gelijk. Natuurlijk heb je gelijk. Maar ik heb me tot nu toe zo eenzaam gevoeld.’

‘Misschien is dat voor je moeder net zo,’ zei Gertie.

Elizabeth knikte. ‘Ik moet naar haar toe en ik neem Billy mee. Mijn vader kan de pot op. Dank jullie wel. Ik was bang dat jullie slecht over me zouden denken.’

‘Er zijn op dit moment veel mensen die vreselijke dingen doen in de wereld,’ zei Gertie, ‘maar ik kan je verzekeren dat jij niet in die categorie valt.’

Margery Fortescue had het weer voor elkaar gekregen. In het dorpshuis hing een heerlijke dennengeur van de boom die ze Gerald die ochtend in haar tuin had laten omzagen. De boom stond trots in de hoek op het podium en was versierd met witgeverfde dennenappels en zelfgemaakte guirlandes van restmateriaal. Door de hele zaal hingen slingers van hulst en klimop, die glinsterden dankzij het geniale idee van Emily Farthing om ze in een sterke oplossing van bitterzout te dopen. De Oude Generaal aan de andere kant van de zaal siste en piepte, was er klaar voor om het publiek van thee te voorzien. In de zaal klonk geroezemoes van opgewonden verwachting. Gertie en Hedy gingen bij Elizabeth en Billy zitten, die er heel knap uitzag met zijn goochelaarscape en vlinderdasje.

'Mama, moet ik mijn goocheltrucs doen?' fluisterde hij.

Elizabeth haalde een hand door zijn haar. 'Je hebt de hele week geoefend, Billy.'

'Ik wil je goochelkunsten graag zien,' zei Hedy.

'Wil jij mijn assistente zijn?'

'Dat zou ik een grote eer vinden.'

'We zijn vorige week bij mijn moeder geweest,' fluisterde Elizabeth toen Margery het podium op kwam.

'Hoe gaat het met haar?' vroeg Gertie.

'Een stuk beter, dank u. Het was een geslaagd bezoek,' zei Elizabeth.

'Fijn dat te horen, liefje,' zei Gertie, en ze gaf een klopje op Elizabeths hand.

'Goedenavond, allemaal,' riep Margery met klinkende stem. 'Welkom bij onze kerstrevue. We hebben een geweldig programma vol verrassend talent. De eerste die voor u zal optreden is mevrouw Eleanora Snipp die op een zaag "Ave Maria" zal spelen.'

Gertie keek verwonderd toe toen haar bestellingenmedewerker, die ze al ruim dertig jaar kende, op een bizar instrument begon te spelen, haar gezicht een toonbeeld van opperste concentratie. Het was betoverend en vreemd charmant, en het was het eerste van vele verrassende optredens die avond. Meneer Travers bleek heel goed harmonica te kunnen spelen, Emily Farthing vermaakte hen met een lied en een komische act die Gertie aan Gracie

Fields deed denken. Er was een man die op een eenwieler reed, er was iemand die een balanceeract met bakstenen deed, en er was een vrouw die prachtig tegelijk tapdanste en banjo speelde. Gertie genoot van alle optredens. Toen Billy aan de beurt was, gaf zijn moeder hem een zoen op zijn wang en stak Hedy haar hand naar hem uit.

'Hij is heel zenuwachtig,' fluisterde Elizabeth tegen Gertie. Er klonk gekraak toen de zaaldeur achter hen openging. Gertie keek over haar schouder en zag Elizabeths ouders binnenkomen. Toen Gerald opstond om zijn stoel aan lady Mary af te staan, accepteerde ze het aanbod met een elegant knikje. Haar man stond met een stalen gezicht aan de zijkant van de zaal. Gertie wierp een blik op Elizabeth, maar die had alleen oog voor haar zoon en had daardoor niet gemerkt dat haar ouders er waren. Het publiek at al uit zijn hand toen Billy een koord met vlaggetjes uit Hedy's zak toverde. Hedy gedroeg zich als de ideale assistente door met een mengeling van verbijstering en verrukking op zijn verrichtingen te reageren. Gertie en Elizabeth lachten, net als de rest van de zaal, toen Billy aan Hedy vroeg om als een kip te kakelen terwijl hij met zijn toverstaf over een lege zwarte vilten mand zwaaide. Toen hij vervolgens twee eieren uit de mand haalde, ging er een groot gejuich op in de zaal. Bij zijn laatste goocheltruc stond de zaal op zijn kop toen hij deed of hij een kan met water het publiek in gooide, maar daar bleken zilverkleurige serpentines in te zitten. Elizabeth en Gertie gingen staan, joelden en juichten net als de rest van het publiek. Gertie keek even achterom en zag dat Elizabeths moeder ook meedeed. De ernstige gezichtsuitdrukking van Elizabeths vader had plaatsgemaakt voor stralende geamuseerdheid. Billy en Hedy maakten een paar keer een buiging, waarna hij haar het podium af hielp.

'Oma!' riep hij, en hij rende naar het achterste gedeelte van de zaal zodra hij haar zag. Elizabeth keek verbijsterd toe toen Billy zich in de armen van haar moeder stortte. Ze draaide haar gezicht de kant van haar vader op, die zijn dochter beleefd toeknikte.

Margery verscheen opnieuw op het podium en wachtte tot het publiek bedaard was. 'Ik wil graag al onze artiesten bedanken,' zei ze. 'Ik hoop dat u het met me eens bent dat dit een zeer opbeurende avond was. En ik moet mevrouw Gertie Bingham bedanken die met dit idee gekomen is.' Er werd instemmend gejuicht terwijl het publiek opnieuw klapte. Margery wachtte tot het rumoer verstomd was en sprak toen verder: 'Voor ieder van ons zijn dit zware, sombere tijden, maar ik denk dat we het kunnen volhouden door de mensen om ons heen.' Ze ving Gerties blik. 'We steunen elkaar als mensen dat het hardst nodig hebben en persoonlijk ben ik daar dankbaar voor. Ik wil deze avond graag besluiten met een lied. Een vriendin zei tegen me dat ik vanavond moest zingen, maar ik wil u vragen om mee te zingen, want we kennen de tekst allemaal. Gerald, zou je ons willen begeleiden?'

Gerald ging achter de piano zitten en speelde de beginnoten van 'We'll Meet Again'. Margery begon te zingen. Iedereen was onder de indruk van haar heldere, zoete stem. Langzaam begon de zaal mee te doen in een opzwepend refrein van het lied dat ze zo goed kenden en dat zoveel voor hen betekende. Aan het eind had niemand in de zaal nog droge ogen.

'Wat een geweldige avond,' zei Gertie toen ze de zaal verlieten. 'En het luchtalarm is niet één keer afgegaan.'

'Mogen opa en oma bij ons logeren?' vroeg Billy.

'Vandaag niet,' zei Elizabeth.

'Maar we zien jullie met kerst,' zei lady Mary.

'Echt?' zei Billy. Zijn moeder knikte.

Billy omhelsde zijn oma en daarna automatisch ook zijn opa, die verbijsterd keek, waarna zijn gezicht verzachtte. 'Je bent een goede jongen,' zei hij, en hij klopte op het hoofd van zijn kleinzoon.

Lady Mary pakte Gerties hand vast. 'Dank u wel,' fluisterde ze, 'dat u Elizabeth hebt overgehaald bij ons op bezoek te gaan. Ik weet dat u daar de hand in hebt gehad en daar wil ik u voor bedanken.'

Vanuit haar ooghoek zag Gertie dat Elizabeth met een kus afscheid nam van haar vader. 'Families moeten op elkaar letten als dat kan,' zei ze. 'Vrolijk kerstfeest, lady Mary.'

'Vrolijk kerstfeest, mevrouw Bingham.'

Kerst was een stille bedoening. Elizabeth en Billy waren weg en mevrouw Constantine zat thuis met een verkoudheid, dus alleen Gertie, Hedy en Charles zaten aan het kerstdiner. Zelfs Hemingway leek niet enthousiast over de feestelijke gerechten die dit jaar op tafel kwamen. Lamsvlees gevolgd door peertjes uit blik leek amper een recept voor vrolijkheid, en toch besefte Gertie toen ze aan tafel zaten dat ze veel had om dankbaar voor te zijn. Een onbekende die door het raam naar binnen zou kijken, zou denken dat ze een gezin waren en in veel opzichten voelde dat voor Gertie ook zo. Ze keek toe toen Hedy lachte om iets wat Charles zei en verbaasde zich over de omstandigheden die hen bij elkaar hadden gebracht. En dan te bedenken dat ze dit allemaal gemist zou hebben als ze met pensioen was gegaan. Ze kon zich het leven na de oorlog niet voorstellen, maar belangrijker nog, ze kon zich een wereld zonder deze twee mensen niet voorstellen. Natuurlijk miste ze Harry nog elke dag, maar het verlies was draaglijker geworden sinds de oorlog haar een nieuw doel had gegeven.

Toen ze later aan het afwassen waren, leek Charles stiller dan anders. 'Waar zit je met je gedachten?' vroeg Gertie, terwijl ze hem een bord aangaf om af te drogen.

'Sorry,' zei hij. 'Het lijkt wel of ik elk jaar melancholieker word met kerst. Te veel herinneringen.'

'Maar wel fijne herinneringen.'

Hij knikte. 'Ja, dat is nu juist het probleem. Dat zal voor jou ook zo zijn.'

'Ja, maar ik maak tegenwoordig ook nieuwe herinneringen en de oude herinneringen bieden troost.'

'Tjonge, Gertie, wat klink jij ineens volwassen.'

Ze lachte. 'Dat mag ook wel op mijn vierenzestigste.' Ze wierp een blik op hem. 'Mag ik iets vragen?'

'Natuurlijk.'

'Waarom ben je nooit getrouwd? Komt dat alleen doordat je nooit de ware bent tegengekomen?'

Hij keek uit het raam naar het duister buiten. 'Zoiets ja.'

De telefoon in de gang begon te rinkelen. 'Ik neem hem wel,' riep Hedy.

Gertie raakte zijn arm aan. 'Het geeft niet, Charles. Je kunt me alles vertellen. We zijn al zo lang bevriend. Ik zal niet geschokt zijn.'

Charles deed net zijn mond open om te antwoorden toen Hedy een gekwelde kreet slaakte. Gertie gooide haar theedoek neer en rende naar de gang. 'Wat is er, liefje? Wat is er gebeurd?'

Hedy draaide zich om. Er stonden tranen in haar ogen. 'Sam en Harris hebben geprobeerd uit het kamp te ontsnappen. Harris is door een bewaker neergeschoten. Hij is dood.'

Gertie raakte zacht haar arm aan. 'En Sam?'

'Die wordt vermist, Gertie.' Hedy keek haar met een wilde blik aan. 'Hij is voortvluchtig. Als ze hem vinden, zullen ze hem doodschieten.'

Gertie keek naar Charles terwijl ze Hedy stevig omhelsde. Dat was het enige wat je kon doen, troosten en geruststellen, mompelen dat alles goed zou komen en je vastklampen aan de hoop dat dit waar zou blijken te zijn.

DEEL III

1944

20

Ik ben niet erg bang voor stormen, want ik weet al wel een beetje hoe ik mijn schip moet besturen.
Op eigen wieken, Louisa May Alcott

De huwelijksvoltrekking voor de burgerlijke stand tussen Margery en Gerald kwam als een donderslag bij heldere hemel. Voor een vrouw die nog conservatiever was dan Churchill was het verbazingwekkend impulsief. De bruid zag er prachtig uit in een donkerblauw mantelpakje en had haar gebruikelijk wvs-hoed ingeruild voor een bijpassende vilthoed met veer. De bruidegom droeg zijn beste pak met een roze kerstroos uit zijn eigen tuin, en liep rond met de breedste glimlach die Gertie ooit had gezien. De vrouwen van de wvs, inclusief Gertie en Hedy, vormden met breinaalden een erehaag en Geralds blokhoofden klingelden feestelijk het sein veilig met hun bellen. Tijdens de lunch na afloop bij Margery thuis was er een buffet met sandwiches met sardientjes, hartige taart met kaas en aardappel, allerlei salades dankzij Geralds overvloedige oogst, en een vruchtencake doordat Margery, mevrouw Constantine, Gertie en mevrouw Snipp hun voedselbonnen hadden opgespaard. Gerald was erin geslaagd een vat bier over te nemen van een bevriende plaatselijke caféhouder, wat bijdroeg aan de feestelijke sfeer. Archibald Sparrow, die Cynthia voor zich probeerde te winnen sinds ze bij de leeskring Wodehouse hadden besproken, bleek een getalenteerd pianist te zijn en vond het prima om het gezelschap met pianospel te vermaken. Dat deed hij liever dan met anderen een praatje maken. Cynthia zat glimlachend naast hem op de pianokruk en stak af en toe haar hand uit om een bladzijde voor hem om te slaan.

'Misschien moeten we Bingham Books aanprijzen als plek waar je je grote liefde kunt vinden,' zei Gertie tegen Hedy toen ze naar het verliefde stel keken.

'Misschien komt het wel door u, Gertie,' zei Hedy. 'Zonder u had ik Sam nooit ontmoet.'

Gertie gaf haar een kneepje in haar arm. Sinds zijn ontsnapping was er geen nieuws meer over Sam geweest. Hedy was er gelaten onder, want zo reageerde ze al sinds het begin van de oorlog. Ze rende niet meer naar de brievenbus als de post was geweest en vroeg niet meer of er een telegram was gekomen. Gertie wist dat Hedy het nieuws volgde en de geruchten over de benarde situatie van de Joden gehoord moest hebben. Er was een tijd geweest dat ze geprobeerd zou hebben haar hiertegen te beschermen, maar Hedy was nu volwassen. Je kon de vreselijke waarheid van de oorlog niet verbergen als je er middenin zat. Het enige wat ze konden doen was zich vastklampen aan het cliché dat geen nieuws goed nieuws was. Het leek raar om in een wereld te leven waar je enige hoop gebaseerd was op het feit dat niemand je had laten weten dat die hoop tevergeefs was, maar wat moesten ze anders? Zolang niemand die hoop de grond in boorde, bleef die bestaan, een piepklein zaadje dat gevoed wilde worden.

'Plakje vruchtencake?'

Gertie draaide zich om en zag Margery staan, die haar een gebaksbordje toestak. 'Dank je wel. Hoe voel je je?'

'Lieve Gertie, ik ben nog nooit zo gelukkig geweest. O, dat wilde ik je nog vertellen, ik heb *Jane Eyre* uit.'

Gertie keek haar aan. ‘Margery Fortescue die een boek leest.’

‘Zou je me alsjeblieft Margery Travers willen noemen?’ vroeg ze met een glimlach. ‘Tja, je weet dat Gerald graag leest en jij zei dat het een goed verhaal was.’

‘En? Wat vond je ervan?’

Margery knikte goedkeurend. ‘Ik heb bewondering voor Janes wilskracht. Ze zou een aanwinst zijn voor de WVS.’

Gertie lachte. ‘Dit is een geweldig feest, Margery. Ik ben heel blij voor jullie.’

‘*Carpe diem,* lieve Gertie. We kunnen elk moment uit ons bed geblazen worden. Kansen op geluk moet je met beide handen aangrijpen.’

Gertie vroeg zich af hoe het geluk het vond om met beide handen aangegrepen te worden, maar ze vermoedde dat het zich zou schikken naar Margery’s wensen, want dat gebeurde meestal. ‘Jullie zijn een prachtig stel.’

Tot Gerties verbazing gaf Margery haar een zoen op de wang. ‘En dat allemaal dankzij jou, liefje. Gerald en ik noemen jou onze kleine cupido. Hij is zo’n lieve man. Er zal nooit iemand zijn zoals mijn Edward, maar er zal ook nooit iemand zijn zoals mijn Gerald. Ik prijs mezelf gelukkig dat ik twee keer zo’n goede man heb getroffen. Weet je, Gertie, je zou echt eens aan hertrouwen moeten denken.’

‘Als ik onderweg naar huis Clark Gable tegenkom, zal ik hem zeker vragen.’

‘Ik meen het. Het is nooit te laat voor een tweede kans op geluk.’

Of het nu door Margery’s aansporing kwam of doordat Gertie een glas bier had gedronken om op het gelukkige paar te toosten, die avond besloot ze in een opwelling Charles te bellen. Ze hadden elkaar sinds kerst niet meer gesproken. Gertie dacht aan het gesprek dat toen ruw was onderbroken en besloot dat het tijd was dat gesprek voort te zetten.

‘Gertie? Alles in orde?’ Hij klonk vermoeid.

'Alles is in orde. Ik wil met je praten over waar we het met kerst over hadden.'

'Ik weet niet of dit wel het juiste moment is.'

Gertie was vastbesloten zich niet te laten afschepen. 'Wanneer is het wel het juiste moment, Charles? Als deze rotoorlog voorbij is? Wie weet wanneer dat zal zijn. We moeten bij de dag leven. Of de dag plukken of zoiets.'

'Gertie, heb je gedronken?' Zijn stem klonk vriendelijk, plagerig. De Charles van vroeger. De Charles met wie ze haar diepste gevoelens kon delen.

'Niet veel. Margery en Gerald zijn vandaag getrouwd en het zou kunnen dat ik een glaasje bier op heb om op hen te toosten.'

'Goed zo, Gertie.'

'En daardoor ben ik nogal spraakzaam.'

'Je praat in elk geval nog niet met dubbele tong.'

Gertie lachte. 'Ik hou van je, Charles Ashford.'

'Ik hou ook van jou, Gertie Bingham.'

'Nee, ik bedoel dat ik van je hou zoals Margery van Gerald houdt. Nou ja, niet precies op die manier. Ik zou je nooit commanderen zoals zij dat bij hem doet, maar ik hou van je en ik vind dat het tijd wordt dat we gaan trouwen.' Het bleef stil aan de andere kant van de lijn. 'Charles? Ben je er nog? Heb je gehoord wat ik zei?'

'Ja.'

'O,' zei ze. 'Je houdt niet op die manier van me.'

'Gertie...'

'Nee, het is in orde, Charles. Ik ben een volslagen idioot. Vergeef me alsjeblieft.'

'Gertie, luister. Het geeft niet. Ik voel me gevleid, zeer gevleid, maar het punt is dat ik je nooit gelukkig zal kunnen maken. Ik kan nooit iemand gelukkig maken. Ik mag je ontzettend graag, hou meer van je dan van alle andere vrouwen, maar ik ben niet de man voor je. Het spijt me.'

Gertie was blij dat hij haar gezicht niet kon zien, want ze was ervan overtuigd dat ze net zo rood zag als een van Geralds prijswinnende bieten. 'Het geeft niet, Charles. Ik snap het. Je bent heel belangrijk voor me en ik dacht dat er misschien meer in zat. We zijn toch nog wel vrienden?'

'Natuurlijk. Vrienden voor het leven. Ik hou van je, Gertie Bingham.'

'Dat weet ik. Welterusten, Charles.' Gertie hing op en plofte in haar fauteuil neer, sloeg haar handen tegen haar voorhoofd. Hemingway slenterde naar haar toe en legde zijn kop in haar schoot. Ze streelde zijn donzige vacht en slaakte een zucht. 'Je baasje is zo'n domoor.'

De rondvliegende bommen riepen angstgevoelens bij Gertie op die ze sinds de bomaanvallen op Londen niet meer had gekend. De bommen waren genadeloos en fataal, vielen wekenlang elke nacht. Zelfs als Gertie had willen slapen zou dat niet gelukt zijn, zeker niet op nachten dat Hedy bij de luchtbeschermingsdienst was ingeroosterd. Ze zat rechtop in de schuilkelder. Hemingway lag bij haar voeten maar was alert. Ze miste de geruststellende aanwezigheid van de familie Chambers, maar was blij dat Elizabeth besloten had om met Billy bij haar ouders te gaan logeren. Daar waren ze in elk geval veilig.

Tijdens zulke nachten las Gertie een boek om zichzelf af te leiden. De ondergrondse leesclub en de boeken voor krijgsgevangenen werden steeds populairder naarmate de oorlog voortduurde. Tot voorgewende ergernis van mevrouw Snipp stuurden ze nu boeken naar alle uithoeken van de wereld. Het boek van de leeskring voor deze maand was aangedragen door Cynthia. Toen het op een dag rustig was in de winkel was ze naar Gertie toe gekomen en had ze een exemplaar van *Onder moeders vleugels* over de toonbank geschoven.

'Dit is misschien een goed boek voor de leeskring,' zei ze zonder Gertie aan te kijken. 'Ik vond het heel troostrijk nadat mijn vader was overleden.'

'Wat een geweldig idee,' zei Gertie. 'Marmee doet me altijd aan mijn moeder denken.'

Cynthia keek glimlachend naar de vloer. 'Laurie doet me aan Archie denken.'

Gertie ging helemaal op in de wereld van de zusjes March toen ze de eerste afschuwelijke bom hoorde vallen. Een moordende robot die zijn tanden knarste. Even een ijzige stilte. Een stoomtrein met gierende haast, gevolgd door versplinteren, knallen, vallen, dreunen. Chaos. Een bloedbad. Hele straten weggevaagd. Lichamen uiteengerukt. Kinderen levend begraven. De hel op aarde.

Als Hedy na zo'n nacht thuiskwam, als de zon al voorzichtig tussen de wolken door piepte en de lucht van scharlakenrood via feloranje naar citroengeel kleurde, zat Gertie altijd aan de keukentafel op haar te wachten. Dan zette ze thee en luisterde met tranen in haar ogen naar de verhalen van Hedy, was dankbaar dat ze weer heelhuids thuis was. Gertie was blij dat ze met die verhalen kwam, dat ze die niet verdrong, zodat die in haar hart zouden blijven hangen. Het was beter om snikkend te vertellen over de baby die zo uit zijn wiegje was geblazen en die Hedy met haar jas had bedekt en naar de ambulance had gedragen, of over het oudere stel dat tussen de puinhopen gevonden was en dat elkaar vasthield in het huwelijksbed dat ze ruim vijftig jaar hadden gedeeld. Het was beter om de verschrikkingen en de onmenselijkheid onder ogen te zien, zodat die je niet konden meesleuren naar hun donkere put van wanhoop, zodat je weer kon opkrabbelen en de volgende dag aankon.

Gertie was altijd kalmer tijdens nachten dat Hedy thuis was. Dat kwam niet alleen doordat ze dan gezelschap had, het was vooral de geruststelling dat ze wist waar Hedy was. Als ik haar dicht bij me heb, is ze veilig, hield ze zichzelf voor. Gertie wist dat Hedy haar soms irritant vond. Vijf jaar oorlog eiste zijn tol en het was moeilijk om je geduld niet te verliezen. Toen op een keer kort na middernacht het luchtalarm afging, stapte Gertie haastig uit bed.

'Kom mee naar de schuilkelder, Hedy,' riep ze, en ze klopte op

Hedy's deur. Er klonk gegrom. 'Kom nou, liefje. Opschieten.'

'Nee, deze keer niet, Gertie. Ik wil in bed blijven.'

Gertie duwde de deur open. Haar hoofd tolde van paniek. Ze rukte de dekens van Hedy's bed. 'Je gaat nú mee. Het is te gevaarlijk om in huis te blijven.'

Hedy griste de dekens terug en trok het kussen over haar hoofd. 'Ga weg, Gertie. Ik hoef niet te doen wat u zegt. U bent mijn moeder niet.'

Gertie deed een stap naar achteren alsof ze gestoken was. 'Nee, ik ben je moeder niet, maar ik weet zeker dat die niet zou willen dat jij in je bed blijft liggen terwijl Hitlers bommen in grote aantallen uit de lucht komen vallen.'

Het bleef even stil. Toen kreunde Hedy gelaten. 'Goed, ik ga mee.'

De sfeer was gespannen toen ze zich in de schuilkelder installeerden. Gertie stak de kaars aan terwijl Hedy op een van de stapelbedden in elkaar dook en haar notitieboek pakte. 'Hoe gaat het met je verhaal?' vroeg Gertie.

'Goed,' zei Hedy, en ze schreef verder.

'Sorry dat ik net zo moeilijk deed, maar ik moet er voor je moeder voor zorgen dat je veilig blijft.'

'Dat weet ik.' Hedy schreef verder en dus pakte Gertie haar boek en begon te lezen. 'Gertie?' zei Hedy na een tijdje.

'Ja, liefje?'

Hedy keek op van haar notitieboek. 'Sorry van daarnet.'

'Dat is in orde.'

'Ik word chagrijnig als ik moe ben.'

Gertie glimlachte. 'Ik ook. Ga maar verder met schrijven. Hemingway en ik zijn gewend dat...' Ze verstijfde. 'O nee.' Gertie keek paniekerig om zich heen. 'Hij heeft de sirene denk ik niet gehoord. Hij wordt een beetje doof. Ik ben het zo gewend dat hij vanzelf achter me aan loopt hiernaartoe.'

'Ik zal hem gaan halen,' zei Hedy.

Gertie schudde haar hoofd. 'Nee, jij blijft hier. Ik ben zo terug.

Misschien kun je dan een stukje voorlezen van wat je geschreven hebt. Ik wil weten of het Arno en Gertie lukt om aan de boeman te ontsnappen.'

'Ja, graag,' zei Hedy. 'Ik heb advies nodig over hoe het verhaal verder moet.'

De lucht was een helder baldakijn van blauwe zijde bezaaid met zilverkleurige sterren toen Gertie terugliep naar het huis. De maan verlichtte haar pad. In zulke nachten kon je gemakkelijk vergeten dat het oorlog was. Gertie liet zichzelf binnen via de achterdeur.

'Hemingway? Hemingway?' riep ze. Ze liep door de keuken naar de gang, keek de woonkamer in, maar de hond was nergens te bekennen. 'Hemingway?' riep ze met toenemende ongerustheid toen ze de trap op ging. De maan wierp een flard melkachtig licht op de overloop. Daar lag Hemingway, zijn grote lijf uitgespreid tussen de twee openstaande deuren van de slaapkamer van Gertie en de slaapkamer van Hedy. Een kilte van afschuw verspreidde zich door Gerties aderen toen ze naar zijn vacht keek en die niet door zijn ademhaling op en neer zag gaan. 'Hemingway?' fluisterde ze. De tranen sprongen haar in de ogen. Ze stak aarzelend haar hand uit naar zijn grote, zachte kop. 'Mijn lieve jongen. Niet jij ook. Niet mijn lieve Hemingway.' Zodra haar hand zijn vacht raakte, deed de hond één oog open en hij keek haar vragend aan. Gertie greep naar haar borst. 'O, gelukkig maar,' zei ze, en ze begroef haar gezicht in zijn nek. 'Goddank. Kom mee, jongen. We moeten naar Hedy. Ze zal zich zorgen over je maken.'

Toen ze de trap af gingen, hoorde Gertie een pulserend gezoem. Het geluid leek uit het niets te komen, maar opeens was het alsof er duizenden wespen boven haar huis vlogen. Daarna stilte. Gertie keek naar de keuken. Ze konden nooit meer op tijd bij de schuilkelder zijn. Er was geen tijd om te rennen. Geen tijd om ook maar iets te doen. Ze kon alleen bidden. Ze ging beschermend over Hemingway heen liggen en hield haar adem in. De wereld ontplofte. Het werd donker.

21

Als je iets wilt doen wat wijs en goed is tegelijk, denk dan het beste van ons en niet altijd het slechtste.
Hard Times, Charles Dickens

Gertie weigerde weg te gaan. Ze kon het niet. Zolang Hedy gevangenzat onder de berg puin van het huis dat aan haar tuin had gegrensd, zou ze blijven en zou ze zoeken. De brandweerlieden probeerden op haar in te praten ('Het is niet veilig, mevrouw') en daarna deed Gerald zijn best om haar over te halen ('Ik smeek het u, mevrouw Bingham. Zullen we op het reddingsteam wachten?'). Uiteindelijk stuurden ze Margery Travers op haar af.

'Als je gekomen bent om te zeggen dat het voor een vrouw als ik gevaarlijk is, dan kun je je de moeite besparen,' zei Gertie, die een volgende steen van de enorme hoop haalde waarmee de schuilkelder bedekt was.

'Ik zou niet durven,' zei Margery. 'Ik heb thee meegebracht en een extra paar handen als je dat wilt.'

Gertie keek met knipperde ogen naar het gezicht van deze onttzettend aardige vrouw en voelde haar onderlip trillen. 'Ik had tegen haar gezegd dat ze in de schuilkelder moest blijven, Margery,' fluisterde ze. 'Ik dacht dat ze daar veilig zou zijn. Ik ben teruggegaan om Hemingway te halen.' Ze wierp een blik op de hond die vlakbij lag en zag hoe het drama zich voor zijn wanhopige ogen ontvouwde.

'Nou, nou, Gertie. Daar hebben we nu geen tijd voor. Je hebt gedaan wat jou het beste leek, meer kun je niet doen. We moeten nu al onze energie in de reddingspoging steken.' Ze stak haar hand uit en gaf Gertie een kneepje in haar arm. 'We zullen haar vinden.'

Ze werkten de hele nacht door, zagen de volgende dag aanbreken toen de zon de lucht, die nog dik was van rook en stof, roze en oranje kleurde. Gerald verscheen na zijn wachtdienst met een thermosfles thee en een kalme doelgerichtheid. Met z'n drieën hesen en trokken ze de smerige brokstukken weg tot hun handen ruw waren. Het leek onbegonnen werk, alsof je na een lawine sneeuw probeerde weg te scheppen. Gertie keek van de berg van wat ze al hadden weggehaald naar de hopen die er nog lagen en voelde haar schouders zakken.

'We dachten dat u wel wat hulp zou kunnen gebruiken,' zei een bekende stem. Gertie draaide zich om, knipperde met haar ogen vanwege het stof en zag mevrouw Snipp. Daarnaast stonden mevrouw Crow, Cynthia en enkele andere vrouwen van Margery's wvs, inclusief Emily Farthing. Voor één keer wist Gertie Bingham niet wat ze moest zeggen.

'Heel fijn,' zei Margery, die haar mouwen opstroopte. 'Precies wat we nodig hebben. Goed. Mevrouw Farthing, u gaat vanaf deze kant samen met mevrouw Crow puinruimen. Cynthia, jij gaat met mij en mevrouw Snipp mee. Gertie en Gerald, de anderen zullen jullie helpen.'

Hemingway liep om de groep heen terwijl ze aan het werk waren, snuffelde waar zijn geliefde Hedy was. Na vele uren van puinruimen klonk er een kreet. 'Ik zie verwrongen ijzer!' riep Emily. Hemingway rende naar de plek en begon te blaffen.

'Hier!' riep Margery. 'We moeten hier graven.'

Iedereen haastte zich ernaartoe en ze werkten nog fanatieker op die ene plek, haalden het puin zo vlug mogelijk weg totdat iedereen onder het stof zat en de deur naar de schuilkelder te zien was.

'Goed,' zei Margery. 'Zo hard als jullie kunnen.' Ze trokken aan de deur, die verbogen was en muurvast zat. 'Nog een keer,' zei ze, en ze stak haar kin naar voren. 'Denk maar dat we tegen Hitler zelf strijden.' Iedereen knikte vastberaden naar elkaar. 'Ik tel tot drie. Eén. Twee. Drie!' De deur gaf met een metalig geluid mee toen ze die uit de scharnieren wrikten. Ze tuurden de gitzwarte duisternis in. 'We hebben licht nodig,' riep Margery.

Gerald stak zijn zaklamp uit naar Gertie. Haar vingers trilden toen ze die aanpakte. Margery legde een hand op haar schouder toen ze naar binnen scheen. De schuilkelder zag er nog bijna net zo uit als toen ze was weggegaan. Ze zag matrassen, dekens, haar mok thee en het boek dat ze had zitten lezen. De kaars was op de vloer gevallen. Gertie vernauwde haar ogen tot spleetjes, wanhopig en bang voor wat ze zou zien toen ze met de zaklamp van links naar rechts scheen.

Het eerste wat ze zag was het medaillon, dat glinsterde als een verloren schat. Het medaillon dat Sam Hedy voor haar zestiende verjaardag had gegeven toen de wereld nog intact was, toen het leven nog vol licht was. Ze volgde de lichtstraal en daar, in de hoek, met haar ogen gesloten en diep in slaap, was Hedy.

'Ik zie haar!' riep ze. 'Help me naar beneden. Wil iemand me naar beneden helpen?'

Sterke handen tilden Gertie de duisternis in. Margery scheen met de zaklamp terwijl Gertie voorzichtig naar Hedy liep. Haar hart bonsde in haar keel. *Laat haar alstublieft nog leven*, bad ze. Ze kroop dichterbij, fluisterde. 'Hedy? Hedy, kun je me horen?' De stilte was verstikkend.

'Controleer haar hartslag, Gertie. Voel aan haar pols,' zei Margery dringend.

Gertie knielde bij Hedy neer en stak haar arm door de vochtige duisternis. Ze kreeg Hedy's hand te pakken. Die was ijskoud. 'Het spijt me zo, lieve Hedy,' fluisterde ze. Ze kreeg tranen in haar ogen. 'Het spijt me echt verschrikkelijk.' Ze voelde aan Hedy's pols, volgde met haar vingertoppen de aderen, verlangde naar een teken van leven, hoe klein dan ook. Gertie begon haar hoofd te schudden toen ze besefte dat het zinloos was. 'Nee. Nee, nee, nee.'

'Voel in haar hals,' zei Margery dringend. 'Vlak onder het achterste gedeelte van haar kaak.'

Gertie deed het en snufte haar tranen weg. 'Toe nou, Hedy. Toe nou. De wereld heeft je nodig. Ik heb je nodig.' Ze sloot haar ogen toen ze aan al die mensen dacht van wie ze had gehouden en die haar waren ontvallen. Ze had hen niet kunnen redden en nu zou ze ook dit dierbare meisje verliezen, dat door haar moeder aan haar was toevertrouwd. Een visioen van de heldere gezichten van haar dierbaren danste voor haar ogen: Jack die Gertie plaagde op haar trouwdag, Lilian die haar troostte toen ze ziek was, haar vader die trots glimlachte en Harry. Lieve Harry. Haar enige grote liefde. En op dat moment voelde Gertie iets. Haar eigen hart maakte op datzelfde moment een sprongetje. Een teken van leven. Een zwakke hartslag. Heel zwak, maar het was beslist een hartslag. Ze deed haar ogen open en sprong overeind. 'Ze leeft!' riep ze. 'Ik voel een hartslag, heel zwak. Laat een ambulance komen. Vlug! Ze leeft!'

De prognose van de arts was slecht. 'Ze heeft geluk dat ze nog leeft, maar het gevaar is nog niet geweken. Ze heeft veel stof binnengekregen terwijl ze onder het puin gevangenzat. Haar longfunctie is ernstig aangetast. Ze moet voorlopig rusten en herstellen.'

Gertie ging elke dag op bezoek. Er waren strenge regels wat betreft de bezoekuren, maar afhankelijk van wie er dienst had, werd er soms een oogje toegeknepen en mocht ze wat langer blijven. Verpleegkundige Willoughby was haar favoriet. Die had een dochter die net zo oud was als Hedy.

'Je hebt er alles voor over om te zorgen dat het goed met ze gaat, niet dan?' zei ze. Hedy had haar ogen nog geen enkele keer geopend en afgezien van een lichte zucht was er geen communicatie.

Gertie hield haar blik strak op Hedy's gezicht gericht. 'Ja,' zei ze. 'Alles.'

Verpleegkundige Willoughby streek de deken op het bed glad. 'Ze wordt weer helemaal de oude. Voordat u er erg in hebt, maakt ze u weer hoorndol, mevrouw Bingham. Meisjes zijn heel sterk.'

Margery had Gertie strikte instructies gegeven zich niet druk te maken om de boekwinkel. 'Dat regelen wij wel zolang jij er niet bent. Mevrouw Snipp kan ons wegwijs maken en Cynthia is helemaal opgewonden bij het vooruitzicht er te werken. Het enige waar jij je nu mee bezig hoeft te houden is Hedy's herstel.'

Daar was Gertie blij om. Eerlijk gezegd had ze geen moment aan de boekwinkel gedacht. Er ging de hele dag maar één ding door haar hoofd: Hedy. Ze stond ermee op en ging ermee naar bed. Als ze in het ziekenhuis was, was al haar aandacht op Hedy gericht, en als ze wegging, kon ze alleen maar aan het volgende bezoek denken.

Door een speling van het lot of een wonder had Gerties huis weinig schade opgelopen. De glasscherven van de gesprongen ruiten waren snel opgeveegd en Gerald had er nieuwe ruiten in gezet. Als Gertie thuis was, zat ze urenlang in Hedy's kamer. Ze zat aan de kaptafel die Hedy als bureau gebruikte, legde haar hand op Hedy's notitieboeken, keek uit het raam naar de plek achter de berg puin in haar tuin waar een rij huizen had gestaan. Hemingway week nauwelijks van haar zijde. Hij zat bij de deur op haar te wachten als ze thuiskwam, alsof hij popelde om nieuws te horen, en liep achter haar aan door het huis, sliep elke nacht aan het voeteneind van haar bed.

Op een dag viel Gerties oog op de stapel boeken naast Hedy's bed en daar zat één boek tussen dat haar op een idee bracht. De week daarop werd ze meegevoerd naar het Berlijn uit de jaren twintig van de vorige eeuw en volgde ze de belevenissen van Emiel, Gustaaf en zijn detectives, van Pony Hoedje en de gemene meneer Grondijs. Terwijl ze voorlas, wierp ze van tijd tot tijd een blik op Hedy om te zien of er een sprankje herkenning was. Ze had verhalen gehoord dat mensen die in coma lagen konden horen en had bedacht dat als er één boek was dat ervoor kon zorgen dat Hedy bijkwam, het dit boek was. Toen ze bij de laatste pagina kwam, voelde Gertie zich ontmoedigd. Ze kreeg tranen in haar ogen terwijl ze naar de laatste woorden keek. Op dat moment hoorde ze gemurmel. Ze keek op en tot haar verbazing zag ze Hedy's lippen bewegen.

'Wat is er?' riep ze. 'Wat wil je zeggen, liefje?' Gertie boog zich naar haar toe, deed haar best de woorden te verstaan.

'Geld,' fluisterde Hedy.

'Geld?'

Hedy knikte. 'Dat je geld altijd alleen per postwissel moet versturen.'

Gertie keek naar de bladzijde. 'Dat zegt oma tegen Emiel,' zei ze. 'O, Hedy, je herinnerde je die regel nog.'

'Hoera,' fluisterde Hedy.

Gerties oog viel op de laatste regel van het verhaal. 'Ja! Dat klopt. Hoera, dat staat er.'

Langzaamaan verbeterde Hedy's gezondheid. Gertie ging elke dag bij haar op bezoek, bracht meer boeken mee. Ze lazen Jane Austen, John Steinbeck, Emily en Charlotte Brontë en, omdat oom Thomas daarop stond, Charles Dickens. 'Er gaat niets boven Dickens als men het gestel weer wil opbouwen,' zei hij tegen Gertie toen hij belde om te vragen hoe het met Hedy ging.

Hedy had nu een gestage stroom nieuwe bezoekers. Mevrouw Constantine, mevrouw Snipp, Margery en Cynthia gingen om beurten bij de patiënt op bezoek. Op een dag verscheen Charles toen Gertie er was. Hij was lang weg geweest maar had geregeld gebeld. Hun gesprekken waren overdreven vrolijk, op het gênante af. Gerties hals werd rood van schaamte toen ze terugdacht aan hun gesprek na de bruiloft van Margery en Gerald.

'Charles,' zei Hedy. Haar ogen lichtten op toen ze hem zag. Haar stem was schor en ze was nog steeds zwak, maar Gertie had gezien dat ze met de dag meer kleur op haar wangen kreeg. 'Wat fijn dat u er bent.'

'Het is fijn je weer te zien. Je hebt ons allemaal flink laten schrikken,' zei Charles. Hij wierp een blik op Gertie. 'Ik zie dat je in zeer goede handen bent.'

'Gertie leest me voor,' zei Hedy.

'De helende kracht van boeken. Zo is het toch?' zei Charles.

'Inderdaad,' zei Gertie, die opstond van haar stoel. 'Ik moet maar weer eens gaan. Ik wil je niet te moe maken, Hedy.'

'Ga alsjeblieft niet weg om mij,' zei Charles. Het klonk bijna smekend. Gertie ging weer zitten. Een half uur later begon Hedy te hoesten.

'Neem een slokje water, Hedy,' zei Gertie, en ze zette een tinnen kroes aan Hedy's lippen.

'Goed, het bezoekuur is voorbij,' zei verpleegkundige Willoughby, die vlug de kamer in kwam. 'Zo te zien moet deze dame rusten.'

'Ja, natuurlijk,' zei Charles, en hij stond op. 'Tot ziens, Hedy.'

'Tot morgen,' zei Gertie.

'Bedankt voor het bezoek,' zei Hedy met haperende stem.

'Ze ziet er goed uit,' zei Charles, toen Gertie en hij door de kronkelende gang naar de uitgang liepen.

'Ze heeft nog een lange weg te gaan, maar er zit duidelijk verbetering in. Ik hoop maar dat dat ook voor deze arme stumpers geldt,' zei ze, waarbij ze naar de ziekenzalen vol herstellende soldaten wees. Ze zag de in verband gewikkelde, oorlogsmoeë gezichten die haar uitdrukkingsloos aankeken. Ze passeerden een man op krukken die nog maar één been had, zijn andere been hield op bij de knie.

'Arme stakker,' zei Charles. 'En hij heeft nog geluk gehad. Hij zal alleen de rest van zijn leven met de terugkerende verschrikking moeten leven.'

Gertie zag zijn gezichtsuitdrukking, die nors was van verbittering toen hij dat zei. 'Is dat wat jij sinds 1918 hebt gedaan?'

Charles wierp een blik op haar. 'Ik probeer er niet aan te denken, maar dat lukt niet altijd. Het probleem zit in de nachtmerries. Die kun je niet tegenhouden.'

'Je weet toch dat je er altijd met me over kunt praten?'

Charles slikte. 'Zou je nu tijd hebben?'

'Natuurlijk.'

Ze wandelden over het ziekenhuisterrein, een grote groene open vlakte met her en der eiken, essen en kastanjebomen. 'Ik heb het gevoel dat ik je uitleg verschuldigd ben na ons laatste gesprek,' zei hij.

'Dat is nergens voor nodig,' zei Gertie, die zijn blik meed. 'Ik schaam me vreselijk voor de hele toestand. Het was een moment van verstandsverbijstering. Ik weet niet wat me bezielde.'

Charles pakte haar handen vast. 'Nee, Gertie. Zo was het niet. Het was een aardig en geweldig aanbod en ik voel me zeer vereerd. Je hoeft je nergens voor te schamen. Als de omstandigheden anders waren, had ik die kans direct gegrepen.'

'Wat voor omstandigheden?'

Charles keek naar de grond. 'Ik hou van iemand anders.'

'O, maar dat is geweldig. Wie is het? Ken ik haar? Ik ben zo blij voor je.' Ze schoot naar voren en gaf hem een zoen op zijn wang. Toen had ze pas door dat hij huilde. 'Charles, wat is er?'

'Degene van wie ik hou is overleden,' fluisterde hij. 'Lang geleden al.'

Gerties gezicht verwrong van medeleven. 'O, Charles, wat erg voor je. En wat vreselijk dat je dit verdriet alleen hebt moeten dragen. En dat zoveel jaren.'

'Mijn grote liefde,' zei Charles door zijn tranen heen. 'Niemand is er ook maar bij in de buurt gekomen.'

'Ach, lieverd,' zei Gertie. 'Dat snap ik, maar vanwaar die geheimzinnigheid? Waarom heb je me dit niet eerder verteld? Was ze getrouwd?' Haar gedachten schoten naar de onthulling van Elizabeth. 'Maak je geen zorgen, ik zal niet geschokt zijn.'

Charles schudde zijn hoofd en zijn gezicht rimpelde van angst. 'Ik kan het je niet vertellen, Gertie. Ik dacht dat ik het kon, maar nu denk ik toch van niet.'

Gertie keek hem recht aan. 'Charles, je hebt me ooit verteld dat wij overlevers zijn, degenen die achterblijven. Je was mijn rots in de branding toen ik je het hardst nodig had. Je kunt me alles vertellen. Zeg het alsjeblieft. Wie was het?'

Charles keek haar bedroefd aan. 'Jack,' fluisterde hij. 'Je broer, Jack.'

Gertie voelde haar lichaam schommelen als een boot die opeens door een golf geraakt wordt. 'Jack,' zei ze. Charles knikte. 'Je hield van Jack.'

'Ja, en dat doe ik nog steeds.'

'Sorry, Charles, kunnen we even gaan zitten?' zei ze, omdat alles om haar heen leek te draaien.

'Iets verderop is een bankje,' zei hij, en hij leidde haar ernaartoe.

Gertie had het gevoel dat ze vanuit de lucht op zichzelf neerkeek toen het nieuws van Charles tot haar doordrong. Ze wist wat er in de wet stond, wat de samenleving ervan vond, en toch kon haar dat niets schelen. Ze kende Charles en ze had haar broer gekend. Langzaam schoven de herinneringen in elkaar. Jack die ruzie had met haar vader. Harry die opperde dat het misschien met gokken te maken had. Charles die steeds had gezegd dat trouwen niets voor hem was. Alles viel op zijn plaats. Ze vond het dom van zichzelf dat ze het niet door had gehad. Ze had een vriendin voor Charles kunnen zijn, had troost kunnen bieden toen hij daar behoefte aan had. In plaats daarvan had hij jaren met zijn geheim rondgelopen, had hij niet kunnen zeggen hoe hij zich werkelijk voelde nadat Jack was overleden. Stel je voor dat je degene verliest van wie je het allermeest houdt en dat je dat aan niemand kunt vertellen. Toen Gertie terugdacht aan de nasleep van Harry's overlijden en hoeveel steun ze toen van Charles had gekregen, voelde ze alleen maar schaamte.

'Gertie, zeg alsjeblieft iets.'

'Het spijt me,' zei ze.

'Wat?'

Ze draaide zich naar hem toe en pakte zijn handen vast. 'Ik zei dat het me spijt.'

Charles keek verward. 'Maar waar heb je dan spijt van?'

Ze keek in zijn helderblauwe ogen. 'Het spijt me dat je dit alleen hebt moeten dragen. Verdriet is afgrijselijk. Het is eenzaam en troosteloos. Dat ik het gered heb nadat Harry was overleden, komt doordat jij er voor me was. Ik kan me niet voorstellen hoe het geweest zou zijn als ik er met niemand over had kunnen praten.'

Charles kreeg opnieuw tranen in zijn ogen. 'Ben je niet ontzet?'

Gertie kuste zijn handen. 'De wereld staat in brand. Er gaan dagelijks mensen dood in een oorlog waar maar geen einde aan lijkt te komen. Mensen veranderen in monsters uit pure haat voor hun medemens. Jij hebt je hele leven alleen maar liefde en vriendelijkheid getoond. Je hield van mijn broer, van wie ik zielsveel hield. Waarom zou ik ontzet zijn?'

Charles keek haar even aan en stortte zich toen in haar armen. Gertie hield hem stevig vast en ze snikten allebei, verbonden in liefde en verlies.

Hedy's herstel ging langzaam maar gestaag. De artsen leken er goede hoop op te hebben dat ze binnen een week naar huis mocht. Gertie begon voorbereidingen te treffen voor Hedy's thuiskomst. Ze luchtte het huis van onder tot boven, haalde elk stofje weg, deed schoon beddengoed op Hedy's bed en kocht een gloednieuw notitieboek voor haar. Het nieuws uit Duitsland was deprimerend. Hoewel het Rode Kruis beweerde dat het er vriendelijk aan toeging in de kampen waar de Joden waren ondergebracht, kwamen er uit het oosten geruchten over onvoorstelbare verschrikkingen. Er kwamen geen telegrammen en brieven meer. Het was zwaar dat er niets anders op zat dan wachten en hopen, zoals ze dat al vele jaren hadden gedaan. Gertie zou er veel voor over hebben gehad om iets van goed nieuws te horen. En toen op een dag was er inderdaad goed nieuws.

Ze was in de tuin aardappels aan het rooien toen ze de telefoon hoorde rinkelen. Ze zette de riek in de grond en trok haar handschoenen uit, was tevreden over de opbrengst tot nu toe. De schuilkelder en het gedeelte daarachter waren met puin bedekt na de explosie, maar haar moestuin had niets te lijden gehad. Ze liep haastig naar de gang.

'Beechwood 8153.'

'Mevrouw Bingham?' Gertie wist zeker dat ze de vrouwenstem aan de andere kant van de lijn eerder had gehoord, maar kon die niet plaatsen. 'Ja?'

'U spreekt met Daphne Godwin, de moeder van Samuel en Betty.'

'O, mevrouw Godwin. Hoe gaat het met u?' vroeg Gertie geschrokken.

'Eigenlijk heel goed, Samuel is thuis.'

Eerst dacht Gertie dat ze het verkeerd had verstaan. Het wachten en hopen maakten het lastig die mededeling zo te accepteren. 'Sorry. Kunt u dat herhalen?'

Daphne lachte. 'Ja, ik reageerde precies hetzelfde toen ze het tegen mij zeiden. Het is waar. Samuel is thuis. Dat wilde ik aan u doorgeven, zodat u het tegen Hedy kunt zeggen. Ik heb begrepen dat ze goed herstelt?'

'Dat klopt, en dit zal haar herstel zeker bevorderen. Bedankt voor het doorgeven. Hoe gaat het met Sam?'

Daphne aarzelde voordat ze antwoordde. 'Tja, deze vreselijke oorlog eist zijn tol, dat weet u ook. De nachten zijn soms zwaar.'

Gertie dacht aan haar gesprek met Charles. 'Arme Sam.'

'Hij is momenteel behoorlijk gefrustreerd. Zijn vader heeft hem minimaal een week bedrust voorgeschreven en u kunt zich wel voorstellen dat hij zo snel mogelijk naar Hedy wil.'

'Ja, dat snap ik. De kans is groot dat ze ergens de komende dagen naar huis mag. Ik zal u bellen zodra ik weet wanneer ze naar huis mag. Is dat goed?'

'Dank u wel, mevrouw Bingham. Wilt u Hedy de groeten doen en haar het allerbeste wensen?'

'Dat zal ik doen. En wilt u voor mij datzelfde doen bij Sam? Nogmaals dank, mevrouw Godwin. Ik ga vanmiddag bij Hedy op bezoek. Ik kan niet wachten om haar het goede nieuws te brengen.'

Later die middag huppelde Gertie bijna door de gang van het ziekenhuis. Ze zag Hedy's gezicht al voor zich als ze haar over Sam vertelde. Ze hoopte dat verpleegkundige Willoughby dienst zou hebben, want die zou het heel fijn vinden om te horen dat hij veilig thuis was, maar toen ze de ziekenzaal in liep, bleef ze stokstijf staan. Hedy's bed was leeg. Er waren nergens verpleegkundigen te bekennen. Ze liep haastig terug naar de gang en botste bijna tegen verpleegkundige Willoughby op, die de andere kant op liep.

'O, mevrouw Bingham. Ik had u gebeld maar er werd niet opgenomen.'

'Is er iets mis?' vroeg Gertie, die zag dat haar gebruikelijke opgewektheid getemperd werd door bezorgdheid.

'Loop even met me mee,' zei ze. 'Dokter Fitzroy wil u spreken.'

'Dat is goed,' zei Gertie. Haar hart bonsde in haar keel toen ze achter de verpleegkundige aan liep.

'Mevrouw Bingham,' zei de arts. Hij keek nog ernstiger dan anders. 'Helaas moet ik u mededelen dat mejuffrouw Fischer ernstig ziek is. Ik heb u al eerder verteld dat haar longen ernstig beschadigd zijn. Ik moet u helaas vertellen dat ze longontsteking heeft.'

'Maar ze was aan de beterende hand,' protesteerde Gertie. 'Ik dacht dat ze binnenkort naar huis zou mogen.'

'Het spijt me,' zei de arts. 'Haar immuunsysteem is verzwakt en dat maakt haar erg vatbaar.'

'Ik ben gisteren nog bij haar geweest en toen was er niets aan de hand. Ze had dat vervelende hoestje, maar ze praatte tegen me.' Gertie klonk inmiddels radeloos. Dit mocht niet opnieuw gebeuren. Eerst Harry. Nu Hedy. Een eindeloze cyclus van verlies en wanhoop.

'Haar conditie is vannacht verslechterd. Het spijt me zeer.'

'Maar ze wordt weer beter. Ze moet beter worden.' Verpleegkundige Willoughby sloeg een arm om Gerties schouder.

De arts zuchtte. 'Ze is heel ziek. We weten op dit moment niets zeker, maar u moet rekening houden met het ergste.'

22

Er is niets wat ik niet doe voor mijn echte vrienden. Ik kan niet half van mensen houden, dat zit niet in mijn aard.
De abdij van Northanger, Jane Austen

Margery had soep gemaakt, van bietjes en kool. Zelfs als Gertie honger had gehad, betwijfelde ze of ze de soep had weggekregen. De geur en kleur stonden haar tegen. Ze was bang geweest dat haar vriendin erop zou staan dat ze in haar bijzijn een kom zou leegeten, maar Margery had de kom opzijgeschoven, was thee gaan zetten en had brood geroosterd, dat ze dik met Gerties zelfgemaakte pruimenjam besmeerde. Gertie zat aan tafel en zag Margery met troostrijke vertrouwde efficiëntie door de keuken lopen.

'En als ze nou doodgaat, Margery?'

Margery verstijfde terwijl de vraag in de lucht hing. Ze draaide zich om naar Gertie. Haar gebruikelijke norse uitdrukking verzachtte tot iets wat in de buurt kwam van medeleven. 'Het heeft geen zin om over zulke dingen na te denken,' zei ze. Ze zette een kopje thee voor Gertie neer en ook een bord met geroosterd brood.

'Ze is alles voor me,' zei Gertie. 'Alles.'

Margery ging op de stoel tegenover haar zitten. 'Dat weet ik en dat is precies de reden dat je sterk voor haar moet blijven, Gertie. Hedy heeft er niets aan als jij instort.'

'Ik had haar nooit in haar eentje in de schuilkelder moeten achterlaten.'

'Was het beter geweest als jij samen met haar onder het puin had gelegen?'

Gertie knipperde met haar ogen. 'Dat denk ik niet.'

'Nee, dat denk ik ook niet,' zei Margery. 'Echt, Gertie. Ik laat je op dit moment zwelgen in zelfmedelijden, want je bent mijn vriendin, maar dat zal ik niet nog eens toestaan. Je schiet er namelijk niets mee op in deze sombere tijden, schat. Hedy heeft je nodig. Wij hebben je allemaal nodig.' Gertie keek haar aan en gaf een nauwelijks waarneembaar knikje. Margery gaf haar een klopje op haar hand. 'Goed zo. En eet nu dat geroosterd brood op voordat het koud wordt.'

Gertie deed het. Ze wist dat Margery gelijk had en toch drukte de verantwoordelijkheid voor Hedy zwaar op haar. Ze dacht terug aan toen ze als kind roodvonk had. Haar ouders hadden er tegen haar nooit iets over gezegd, maar Jack kwam al vlug met een demonische blik in zijn ogen melden dat hij hun moeder had horen huilen, omdat Gertie er bijna niet meer was geweest. Gertie herinnerde zich dat Lilian haar *Onder moeders vleugels* had voorgelezen toen ze aan het herstellen was. Een week lang waren ze ontsnapt naar de wereld van het gezin March. Ze genoten van hun theatrale capriolen, hapten naar adem toen Jo haar haar afknipte en hielden hun adem in toen Amy door het ijs zakte. Toen ze bij het stuk kwamen dat Beth doodgaat, had Lilian haar armen om haar dochter heen geslagen terwijl ze allebei snikten.

'Waarom liet Marmee Beth naar dat huis met die zieke kinderen gaan?' had Gertie jammerend gevraagd.

Lilian had haar hand uitgestoken en had met een zakdoek over Gerties ogen geveegd. 'Moeders doen er alles aan om hun kinderen te beschermen, maar je kunt niet in de toekomst kijken. Je kunt alleen maar doen wat op dat moment het beste lijkt.'

Gertie knikte en hing tegen het warme, zachte lichaam van haar moeder. 'Het gaat goed met me, mama. U hoeft zich geen zorgen meer te maken. Ik ben weer beter.'

Lilian had haar dochter in haar armen genomen en had haar dicht tegen zich aan gedrukt, terwijl ze stille tranen huilde. Nu snapte Gertie pas hoe haar moeder zich had gevoeld.

Sam ging bij Hedy in het ziekenhuis op bezoek zodra hij daartoe in staat was. Gertie hoopte op een Doornroosje-moment, waarin de knappe prins de prinses wakker zou kussen uit haar diepe slaap, maar de helse achtergrond van de oorlog was geen aanleiding voor een sprookjeseinde. Toen Gertie de ziekenzaal binnenkwam, zat Sam aan Hedy's bed. Hij hield haar hand vast, keek, hoopte. Gertie had de deur zachtjes opengedaan en toen hij zich omdraaide, moest ze haar schrik wegslikken. Sams jonge gezicht was getekend en verweerd. Hij had nog altijd een twinkeling in zijn ogen, maar die was doffer, als een stervende ster in de lucht. Die stomme rotoorlog, dacht Gertie. Hoe durfde die jonge mensen zo gehavend en gekneusd achter te laten?

'Mevrouw B,' zei Sam met een stem vol vermoeidheid. 'Wat fijn om u te zien.'

Gertie spreidde haar armen en omhelsde hem stevig. 'O, Sam. Het is ook fijn om jou weer te zien, maar ik zou willen dat het onder betere omstandigheden was.'

Sam maakte zich van haar los en knikte. 'Ik kijk de hele tijd naar haar gezicht, hopend op een teken. We mogen de moed niet verliezen. Zo is het toch?'

Gertie volgde zijn blik naar Hedy's zachte gezicht. 'Precies, Sam. We mogen de moed niet verliezen.'

De dagen werden weken. Gertie en Sam wisselden elkaar af, zorgden ervoor dat Hedy elke dag bezoek had en belden elkaar 's avonds om verslag te doen. Elke dag voelde voor Gertie als een stap vooruit. Het leek wel alsof deze hele oorlog een doorlopende strijd was om in leven te blijven. Als je weer een dag overleefde, was dat reden tot blijdschap.

Op een dag begroette de arts Gertie met minder opbeurend nieuws. 'Hedy móét binnenkort bijkomen. Hoe langer ze buiten bewustzijn is, hoe verder ze verzwakt.'

Gertie keek naar Hedy toen ze haar vaste plek bij het bed innam. Ze deed haar handschoenen uit en legde een koele hand op Hedy's gloeiende voorhoofd. Ze lag er heel vredig, heel ontspannen bij. Het leek onmogelijk dat ze tussen leven en dood zweefde. Gertie haalde diep adem, was er klaar voor om aan haar dagelijkse verslag te beginnen.

'Hemingway lijkt zijn eetlust terug te hebben. Gisteren heb ik hem betrapt toen hij een plakje madeiracake van het aanrecht pakte en opat.' Ze gniffelde even. 'Hij slaapt tegenwoordig elke nacht in jouw kamer.' Gertie vertelde er niet bij dat hij naar Hedy smachtte, als een dolende ziel door het huis liep. Dat gold trouwens ook voor haar. 'En mevrouw Snipp heeft een nieuwe bewonderaar. Meneer Higgins. Hij zet dieren op, wat zeg je daarvan? Volgens Emily zijn ze heel schattig samen.' Gertie speurde Hedy's gezicht af voor iets van een reactie. *Kom alsjeblieft bij me terug*, dacht ze. *Toe nou, Hedy. De tijd raakt op.*

Gertie haalde diep adem. 'Margery wil weer een kerstrevue organiseren. Gisteren heb ik Elizabeth gesproken. Je moet uiteraard de groeten hebben. Zo te horen hebben ze het goed naar hun zin op het platteland. Ze zegt dat Billy zijn goochelkunsten weer wil laten zien, maar alleen als jij zijn assistente bent.' Er prikten tranen in Gerties ogen. Ze veegde ze weg. 'Wat nog meer? O, ja, Betty is verloofd! Met haar Amerikaanse soldaat. Ze is helemaal in de wolken, dat kun je je wel voorstellen. Daphne Godwin zegt dat ze haar voedselbonnen al aan het opsparen is voor de bruidstaart. Ze hoopt dat ze genoeg voedselbonnen voor twee bruidstaarten nodig zal hebben.' Gertie pakte Hedy's handen vast. 'Ik wil dat ze twee bruidstaarten moet maken, Hedy. Dat is mijn grootste wens.' Ze boog haar hoofd. 'Weet je, toen Charles me vroeg om een kind in huis te nemen had ik mijn bedenkingen. Ik vond mezelf te oud, te moe en te verdrietig na het overlijden van Harry. Dat jij in mijn leven bent gekomen kun je gerust een wonder noemen. Je hebt me zoveel geleerd, maar je hebt me vooral geleerd om weer te leven. Zonder jou had ik deze oorlog nooit kunnen doorstaan. Nooit. Je bent een dochter, een zus en een moeder voor me geweest. Laat me alsjeblieft niet in de steek. Je hebt zoveel om voor te leven. Sam houdt van je. Ik hou van je. Iedereen houdt van je, Hedy. Laat ons alsjeblieft niet in de steek.' Gertie snikte terwijl ze naar Hedy's gezicht keek, op een teken van leven hoopte.

De deur ging open en verpleegkundige Willoughby verscheen. 'Goedemiddag, mevrouw Bingham. Ik moet Hedy helaas meenemen voor wat onderzoeken.'

Gertie knikte, streek met een zakdoek over haar ogen en stond op. 'Natuurlijk.' Toen ze zich door de gang sleepte, was het alsof haar schoenen met keien verzwaard waren en de hoop in drijfzand wegzakte, bij elke stap verder verdween. Ze was bijna bij de deur toen er achter haar geroepen werd.

'Mevrouw Bingham!' riep verpleegkundige Willoughby. 'Kom vlug. Hedy is bijgekomen.'

Gertie haastte zich door de gang alsof ze weer vijf was. Hedy's gezicht straalde van blijdschap toen Gertie de zaal binnenkwam. 'Ik had zo'n mooie droom, Gertie,' zei ze. 'We liepen met mijn moeder door de Englischer Garten. Het was een prachtige zonnige dag en jullie waren beste vriendinnen geworden. Dat maakte me zo blij.'

1945

23

We hebben het verleden geërfd; we kunnen de toekomst creëren.
Anoniem

Hedy en Sam trouwden in het voorjaar. Gertie klopte het stof van haar beste tweed mantelpakje en glom van trots toen het paar de trouwbelofte aflegde.

Zodra de trouwdatum was vastgesteld, was Gertie naar de zolder geklommen. Ze had de spinnenwebben met een veren plumeau weggeveegd en had een grote, verschoten crèmekleurige doos gepakt. Ze had de doos mee naar beneden genomen en had die voor Hedy neergezet, die op de bank lag en in haar notitieboek schreef. 'Ik weet dat je had gewild dat je moeder hier was om een trouwjurk voor je te maken, maar nu dat niet kan, dacht ik dat je hier misschien iets aan zou hebben.' Hedy haalde het deksel eraf en trok het parelwitte vloeipapier weg, waardoor er een ivoorkleurige trouwjurk met kanten mouwen werd onthuld. Hedy keek naar de jurk en keek toen op naar Gertie. 'Hij zal misschien aangepast moeten worden,' zei Gertie, 'maar daar kan Margery's leger van naaisters ons vast wel bij helpen. Maar als je liever een moderne trouwjurk hebt...'

Hedy sprong van de bank en vloog Gertie om de nek. 'Bedankt, Gertie.'

'Lieverd, ik hoop dat je op je trouwdag net zo gelukkig zult zijn als ik op mijn trouwdag was,' zei Gertie, en ze hield haar dicht tegen zich aan.

Margery's naaisters verrichtten wonderen bij het aanpassen van de jurk, voegden her en der wat tierlantijnen toe en zorgden ervoor dat hij paste alsof hij voor Hedy gemaakt was. Ze droeg een hoofdtooi die Betty gemaakt had van kersenbloesem en klimop en straalde als een Griekse godin. Sam keek haar zo vol bewondering aan dat Gertie dacht dat haar hart uit haar borst zou springen. Zo voelen moeders zich, dacht ze toen ze naast Daphne stond en keek terwijl het stel voor foto's poseerde.

De receptie werd bij de familie Godwin thuis gehouden en het voelde voor Gertie als de eerste van vele feesten. De wereld gonsde van verwachting, want elke dag bracht de mogelijkheid van vrede dichterbij. Het nieuws dat de Rijn was overgestoken was voor iedereen reden tot grote blijdschap. De donkere wolk van fascisme, die zich als een virus over Europa had verspreid, begon op te lossen.

Daphne en Margery kenden elkaar van het operagezelschap van Beechwood, dus het verbaasde Gertie niet dat Margery de leiding had genomen over het regelen van de receptie. Dankzij Betty's verloofde was er volop ingeblikte ham, die in allerlei vormen gepresenteerd werd, en er waren aardappels, die op drie manieren waren bereid. De bruidstaart zat in een kartonnen buitenring die met bloesem en klimop was versierd. Gerald had weer een vat bier weten te bemachtigen en Margery en haar wvs-collega's zetten liters en liters thee.

'Is het geen fantastische bruiloft, mevrouw B?' vroeg Betty, die bij Gertie kwam staan terwijl Sam de platenspeler aanzwengelde en de eerste noten van 'On the Sunny Side of the Street' te horen waren.

'Het is geweldig,' zei Gertie. 'De volgende keer ben jij de bruid.'

Betty wierp een blik op haar verloofde, die haar uitgelaten moeder over de geïmproviseerde dansvloer leidde. Ze gniffelde. 'Ik kan niet wachten tot het zover is. En u, mevrouw B? Wat gaat u doen als dit allemaal voorbij is?'

Gertie aarzelde. Daar had ze tot nu toe amper over nagedacht. De jaren waren in beslag genomen met overleven, hopen en wachten. Er was weinig tijd voor andere zaken geweest. Nu ze aan de vooravond van vrede stonden, had ze geen idee wat ze zou gaan doen. Sam en Hedy zouden bij haar intrekken, maar dat was tijdelijk. Sam was in het krijgsgevangenenkamp doorgegaan met zijn rechtenstudie en hoopte binnenkort af te studeren. Dan zouden ze een eigen huis gaan zoeken. Ze zouden naar de toekomst kijken en Gertie moest naar haar eigen toekomst kijken. Het punt was dat ze geen idee had hoe die eruit zou zien. Het was alsof ze op het strand stond, in de mist tuurde en niet kon zien wat er verderop was. Voor de oorlog had ze met pensioen gewild. Tijdens de oorlog had de boekwinkel haar een doel gegeven. Ze had echter geen idee wat een leven daarna haar zou brengen. 'Op dezelfde voet verdergaan, denk ik,' zei ze, hoewel haar dat gek genoeg een onbevredigend gevoel gaf. 'Kijk je ernaar uit om naar Amerika te emigreren?'

Betty grinnikte. 'Ik heb er zo'n zin in, maar dat moet u maar niet tegen mijn moeder zeggen. Telkens als het over Amerika gaat, barst ze in tranen uit.' Ze wierp een blik op haar verloofde en haar moeder, die samen lachten. 'Soms denk ik dat ze William meer zal missen dan mij.'

'Nou, ik zal je ontzettend missen,' zei Gertie.

'Wat hebben we samen veel meegemaakt, hè?'

'Zeg dat wel, liefje.'

'Pardon,' zei William, die een buiging naar hen maakte. 'Zou ik mijn verloofde mogen lenen om met haar te dansen?'

Betty grinnikte. 'Ik dacht dat je het nooit zou vragen. Ik spreek u later nog, mevrouw B.'

Gertie zwaaide joviaal naar hen en besloot naar buiten te gaan voor wat frisse lucht. Ze had een glas van Geralds bier op en had er behoefte aan haar hoofd leeg te maken. Ze duwde de tuindeuren open en zag Hedy onder de appelboom zitten.

'*Don't sit under the apple tree with anyone else but me*,' zong ze, terwijl ze over het gras naar haar toe liep.

'Gertie!' Hedy's gezicht klaarde op. 'Ik was een beetje moe en dacht dat wat frisse lucht me goed zou doen.'

'Twee zielen, één gedachte,' zei Gertie, terwijl ze naast haar ging zitten. Ze zag dat Hedy rode ogen had alsof ze had gehuild. Ze legde automatisch haar hand op die van Hedy en zo zaten ze gemoedelijk zwijgend bij elkaar.

Na een tijdje zei Hedy: 'Mijn moeder is vandaag jarig. Ze wordt zevenenveertig.' De woorden hingen in de lucht, er klonk bezorgdheid in door. Gertie vond het zeer frustrerend dat ze Else Fischer niet tevoorschijn kon toveren of de juiste woorden kon vinden om Hedy te troosten. Die woorden bestonden namelijk niet. Ze gaf een kneepje in Hedy's hand, ook al voelde dat gebaar volstrekt ontoereikend. 'Ik wil het gewoon weten, Gertie. Ik wil hoe dan ook weten wat er met hen is gebeurd.'

Gertie knikte. 'Ik zal er alles aan doen om je te helpen. Dat beloof ik.'

De muziek van The Andrews Sisters schalde uit de eetkamer toen Sam de deur opendeed. 'Lieverd, mijn moeder vindt dat we nu de bruidstaart moeten aansnijden.'

'Ik kom eraan,' riep Hedy, en ze stond op. Hedy draaide zich om naar Gertie. 'Weet u, ik heb gehoord wat u tegen me zei toen ik in het ziekenhuis lag.'

'O?'

Hedy knikte en legde haar hand in die van Gertie. 'Het voelt voor mij precies hetzelfde.'

Binnen vond Gertie Charles bij het buffet. 'Ik voel me vandaag een trotse moederkloek,' zei ze tegen hem.

Hij keek naar Hedy, die met Sam stond te lachen. 'En ik voel me een toegewijde vader.'

Gertie raakte zijn arm aan. 'We moeten Hedy helpen om erachter te komen wat er met haar ouders en broer is gebeurd. Kun jij iets doen?'

Charles' gezicht werd ernstig. 'Laat het maar aan mij over. Het kan even duren, maar ik zal mijn uiterste best doen.'

Er werd gejuicht toen Hedy en Sam de bruidstaart aansneden. Charles bood Gertie zijn arm aan. 'Kom,' zei hij, 'zullen we een dansje wagen? Het is per slot van rekening een feest.'

'Weet je zeker dat je tenen dat aankunnen?'

'Ik heb voor de zekerheid schoenen met stalen neuzen aangedaan.'

Gertie lachte. 'In dat geval graag, meneer Ashford.'

Het eerste verslag vanuit de concentratiekampen kwamen een paar weken later. Het werd op een avond uitgezonden als onderdeel van het nieuws.

'Weet je zeker dat je dit wilt horen?' vroeg Sam toen Gertie, Hedy en hij in de woonkamer bij de radio zaten.

'Natuurlijk,' antwoordde ze.

Terwijl Richard Dimbleby de feiten op afgemeten en dringende toon opsomde, keek Hedy strak voor zich uit. Niemand leek adem te halen, terwijl ze de 'nachtmerrieachtige wereld' probeerden te bevatten waar vlektyfus, buiktyfus en dysenterie woedden, waar 'levende skeletten' op het randje van de dood balanceerden, waar geesten versuft ronddoolden, waar de beschaving al lang weg was en het monsterlijk kwaad het voor het zeggen had. Het was een verhaal zonder woorden van troost, zonder sprankje hoop, zonder lichtpuntjes in de beangstigende duisternis. De wereld was geïmplodeerd. De mensheid was dood. Toen de radio-uitzending was afgelopen, hing er een oorverdovende stilte. Hedy had al die tijd naar één punt gekeken, terwijl Sam met een blik van wanhoop en verlangen naar zijn vrouw keek. Gertie wist hoe hij zich voelde. Ze zou er alles voor overhebben om Hedy deze verschrikking te besparen.

'Ze zijn dood, hè?' fluisterde Hedy na een tijdje. 'Mama. Papa. Arno. Ze zijn allemaal dood.'

'Dat weten we niet,' zei Gertie, die haar handen ineensloeg. 'Er zijn mensen die het overleefd hebben. De soldaten doen er alles aan om hen te helpen.'

'Ze hebben tienduizend mensen levend verbrand,' zei Hedy. Ze keek van Gertie naar Sam. 'Hoe is het mogelijk dat mensen tot zulke haat in staat zijn?'

'Ik weet het niet, mijn schat,' zei Sam, met een stem doortrokken van woede. 'Maar ze zullen berecht worden. Hier komen ze niet mee weg.'

Hedy stak haar hand uit en streek over zijn gezicht. 'Lieve Sam, ze zijn er al mee weggekomen.'

Gertie had nog nooit zoveel vlaggen gezien, zelfs niet toen de Eerste Wereldoorlog was geëindigd. Elke straat, elk huis en elke straatlantaarn was met rood-wit-blauwe vlaggen versierd die in het meizonnetje heen en weer wapperden. Margery had beloofd het grootste en beste bevrijdingsfeest van het hele land te houden en had voor dat doel het dorpshuis gevorderd. Met dank aan Gerald waren er twee luidsprekers op het podium neergezet en een potpourri van favoriete oorlogsliedjes, van Gracie Fields tot Vera Lynn en anderen, schalde door het dorp. Emily Farthing had op een groot laken vrouwe Britannia geschilderd en had erbij gezet dat Engeland altijd zou blijven bestaan. Het laken hing als een soort gordijn tegen de achterwand van het podium. Maar het hoogtepunt was het eten. De vrouwen die de leiding over een huishouden hadden, hadden hun voedselbonnen opgespaard en hadden gezamenlijk een feestmaal bereid. Een stuk of zes schragentafels bogen bijna door onder het gewicht van sandwiches, taarten, geleipuddingen en roompuddingen.

Gertie betwijfelde of Hedy naar het feest zou willen. Het einde van de oorlog bracht uiteraard vrede, maar het woord 'overwinning' leek niet passend doordat er zoveel mensen hadden geleden en nog steeds leden. Er was niets triomfantelijks aan het groeiend aantal verhalen dat mondjesmaat uit het oosten doorsijpelde nu het ene na het andere concentratiekamp werd bevrijd. Het was niet het einde van een verhaal. Het was slechts het begin.

Ze was dan ook verbaasd toen Hedy op de dag van het feest in een blauwe rok, witte blouse en rode zijden sjaal verscheen. Sam stond naast haar, zag er knap uit in zijn burgerpak. 'We moeten de mensen eren die hebben gevochten en niet meer onder ons zijn,' zei ze.

'Ik ga me omkleden,' zei Gertie, en ze veegde haar handen af aan haar schort.

Gertie had het idee dat het hele dorp was uitgelopen voor het feest. Mevrouw Snipp straalde, was verkleed als vrouwe Britannia. Meneer Higgins liep naast haar, was verkleed als een zeer overtuigende Winston Churchill en maakte naar iedereen het overwinningsteken. Elizabeth en Billy waren teruggekomen voor het feest, samen met lady Mary.

'Ik kan geen betere plek bedenken om feest te vieren dan hier,' zei ze tegen Gertie.

Billy was opgetogen dat hij Hedy weer zag, al werd algauw duidelijk dat hij behoorlijk kwaad was op Sam. 'Ik zou Hedy Fischer ten huwelijk vragen voordat u kwam,' zei hij met een norse frons tegen Sam.

'Billy!' zei zijn moeder streng.

Sam legde een hand op Billy's schouder. 'Dan ben ik blij dat ik haar het eerst heb gevraagd, want ik zie dat ik anders geen schijn van kans had gehad.'

Billy keek even aandachtig naar Sams gezicht alsof hij zijn rivaal opnam en knikte toen tevreden. 'Wilt u een goocheltruc met een munt zien?'

'Heel graag,' zei Sam.

Billy bleef het grootste deel van de dag vlak bij zijn nieuwe vriend en Hedy. Gertie glimlachte toen ze hen zo samen zag en bedacht dat Sam en Hedy geweldige ouders zouden zijn.

Toen de schemering inviel, werden er in de tuinen rondom het dorpshuis vreugdevuren ontstoken en iedereen ging naar buiten om daar verder te feesten, aardappels te roosteren in de vlammen, te dansen en te zingen. Een paar kinderen hadden een beeltenis van Hitler gemaakt en gooiden die in de vlammen. Zodra Hedy de brandstapel zag, wendde ze zich tot Sam. 'Ik wil hier weg,' zei ze.

'Natuurlijk. Dan zien we u straks thuis, mevrouw B.'

Gertie zag het afgrijzen in Hedy's ogen en snapte het. 'Nee, ik ga ook naar huis,' zei ze. Ze haakte haar arm door die van Hedy toen ze de avond in liepen en het gejuich en geschreeuw ver achter zich lieten.

De wereld verrees blinkend in het naoorlogse zonlicht en Gertie volgde, wist niet wat ze moest verwachten. Na zes jaar was het lastig om zich te herinneren wat vredestijd inhield. Leven zonder verplichte verduistering, zonder sirenes en luchtaanvallen was reden voor een groot feest, maar de rantsoenering hield aan en bleef een vloek in het alledaagse leven.

'Waar hebben we dan voor gevochten als we nog steeds niet van die afgrijselijke rijen en voedselbonnen verlost zijn?' klaagde mevrouw Crow bij aankomst voor de leeskring. Als Gertie al bevestiging nodig had dat de wereld echt op zijn kop stond, hoefde ze maar naar mevrouw Crow te kijken, die onder leiding van mevrouw Snipp een nieuwe passie had gevonden en nu dol was op lezen.

'Ach, hou toch je mond, Philomena. De oorlog is voorbij. Kun je daar dan niet op z'n minst blij om zijn?' zei mevrouw Snipp. Het was Gertie opgevallen dat mevrouw Snipp de laatste tijd een positievere instelling had en dat schreef Gertie toe aan de invloed van een zekere meneer Higgins.

'Hmm,' zei mevrouw Crow, die het niet gewend was om op haar

nummer gezet te worden. 'Je zult wel gelijk hebben.' Ze haalde een boek uit haar boodschappenmand. 'Maar goed, *De boerderij der dieren*. Ik vond het een leuk boek want ik ben dol op varkens, dat zijn heel intelligente beesten. Mijn moeder hield varkens toen ik klein was. Ik heb alleen geen flauw idee waar het boek over ging.'

'Hopelijk zijn jullie niet zonder mij begonnen,' zei mevrouw Constantine, die haastig binnenkwam. 'Ik ben zeer gecharmeerd van dit boek. Het is een vernuftige satire op de Russische Revolutie en op dat monster van een Stalin. Meneer Orwell is een genie.'

'O,' zei mevrouw Crow gretig. 'Dus Napoleon...'

'Dat is Stalin,' bevestigde mevrouw Snipp.

'Krijg nou wat.'

Even later verscheen meneer Reynolds, samen met Emily Farthing en de nichtjes van mevrouw Snipp. Gertie hield zich wat afzijdig, luisterde. Emily Farthing was diep onder de indruk toen meneer Reynolds haar vertelde dat hij Karl Marx ooit had ontmoet. Sylvie en Rosaline bekenden dat ze het boek niet hadden gelezen, maar dat hun moeder hen hiernaartoe had gestuurd omdat ze haar voor de voeten liepen. Het werd een levendige en boeiende discussie, maar Gertie merkte dat haar gedachten afdwaalden naar de toekomst.

Met Bingham Books ging het z'n gangetje, net als vroeger. De vaste klanten kwamen nog geregeld in de winkel en voorlopig had mevrouw Snipp nog voldoende werk aan de bestellingen per post en de leeskring.

Toch had Gertie het gevoel dat er iets ontbrak. Ze liep dagelijks langs het nu leegstaande pand dat het fort was geweest van Margery en haar WVS-leger, en dan keek ze met een steek van verlangen naar binnen. Ze hadden dan wel niet aan de frontlinie gevochten, maar hun werk was belangrijk geweest. Dat bleek wel uit de brieven die ze nu en dan van dankbare krijgsgevangenen ontvingen. Met name een van die brieven had een gevoelige snaar geraakt bij Gertie.

Ik denk niet dat ik overdrijf als ik zeg dat de boeken die jullie me gestuurd hebben mijn redding zijn geweest. Ik zat diep in de put en toen ik die grappige verhalen over Jeeves en Wooster las, vergat ik waar ik was. Dat ik aan de grimmige realiteit kon ontsnappen en een paar uur in mezelf kon gniffelen, was een balsem voor mijn ziel.

Gertie had de brief voorzichtig weer opgevouwen en tussen de bladzijden van haar eigen geliefde exemplaar van Wodehouse gestoken.

'Mevrouw Bingham!'

Gertie richtte haar blik weer op mevrouw Snipp, die haar over haar bril heen fronsend aankeek. 'Sorry, mevrouw Snipp. Wat zei u?'

'De boekbespreking is afgelopen en we willen weten wat het volgende boek wordt.' Gertie keek naar de mensen om haar heen, wist niet wat ze moest zeggen, betwijfelde of zij dat wel moest bepalen. 'Als u nog geen volgend boek gekozen hebt, wil ik met alle plezier een bespreking van *De onbeduidende Jude* leiden,' bood ze aan.

'Nou, ik heb pasgeleden echt een geweldig boek gelezen,' zei Emily. '*Op jacht naar de liefde* van Nancy Mitford. Een heel grappig boek.'

'O, zo te horen is dat echt iets voor ons,' zei Rosaline, die haar zus aanstootte.

'Ja, misschien gaan we dat boek zelfs wel lezen,' zei Sylvie giechelend.

'Goed, het wordt *Op jacht naar de liefde*,' zei Gertie, die de boze blik van mevrouw Snipp negeerde. 'Bedankt, Emily.'

Toen ze die avond naar huis liep, besefte Gertie dat ze niet alleen de vrouwen van de WVS miste. Hedy was nog steeds heel zwak en was snel moe. Ze werkte een paar ochtenden per week in de winkel en was de rest van de tijd thuis, schreef aan haar verhalen. Sam was druk bezig zijn studie af te ronden en wilde als hij eenmaal was afgestudeerd bij een advocatenkantoor stage gaan lopen.

'Ik heb altijd gedacht dat ik zo'n advocaat met een prachtige pruik zou worden,' zei hij op een keer onder het avondeten tegen hen. 'Maar nu besef ik dat ik liever een baan dicht bij huis heb.' Hij wierp een vertederde blik op Hedy. 'We moeten binnenkort een huis zien te vinden. U wilt niet voorgoed met ons opgescheept zitten, mevrouw B.'

Heimelijk sloeg de angst Gertie om het hart. 'Jullie kunnen zo lang blijven als jullie willen,' zei ze, waarbij ze haar best deed opgewekt te klinken. 'Maar ik snap dat jullie een eigen huis willen. Dat willen alle getrouwde stellen.'

'Dan zien we elkaar nog wel,' zei Hedy. Ze liet het als een vraag klinken, alsof ze bevestiging zocht.

'Natuurlijk,' zei Gertie. Ze hadden samen zoveel meegemaakt, meer dan de meeste mensen in hun hele leven. Afgezien van Harry was er niemand die zoveel voor Gertie betekende als Hedy. Ze kon zich niet voorstellen hoe haar leven er zonder haar uit zou zien. Gertie betwijfelde of ze terug wilde naar de situatie van voor de oorlog. Bingham Books. Dit huis. Dag in, dag uit in haar eentje, met alleen Hemingway als gezelschap. Het was tijd om een beslissing te nemen. De wereld was wéér veranderd en Gertie moest een manier zien te vinden om mee te veranderen.

Zoals gewoonlijk stonden Hedy en Sam erop om na het eten af te ruimen en de afwas te doen, terwijl Gertie in de woonkamer ontspande. Ze pakte de krant en probeerde haar hoofd erbij te houden terwijl ze over de arrestatie van lord Haw-Haw las, maar ze was te ongedurig.

'Ik ga met Hemingway wandelen,' riep ze. 'Ik blijf niet lang weg.' De hond keek op. Hij had een van zijn lievelingszinnetjes gehoord, maar wist niet of hij wel van zijn lievelingskleed af wilde komen. 'Kom mee, luiwammes,' zei Gertie, terwijl ze hem zijn riem omdeed. 'We gaan een frisse neus halen.' De lucht had lavendel- en moerbeikleurige schakeringen toen Gertie en Hemingway de voordeur uit stapten. Hemingway wilde al de kant van het centrum op lopen. 'Vanavond niet, jongen. We gaan ergens anders naartoe,' zei Gertie, en ze leidde hem de andere kant op. De bebouwing hield al snel op, maakte plaats voor groen. Dat had Gertie altijd leuk gevonden aan dit deel van Londen. Het ene moment was je in het dorp, het volgende moment liep je op het platteland van Kent. Ze liepen een tijdje onder een bladerdak van berken en bleven toen staan voor een lange oprijlaan naar een groot huis dat deels door klimop aan het zicht onttrokken was. HET DORCAS FITZWILLIAM TEHUIS VOOR VROUWEN.

Gertie was verbijsterd toen haar moeder op een dag tegen haar zei dat ze bij tante Dorcas ging wonen, zoals het tehuis in de volksmond werd genoemd. Ze was er altijd van uitgegaan dat Lilian in het huis zou blijven wonen waar ze bijna vijftig jaar met Gerties vader had gewoond. Arthur Arnold was tien jaar daarvoor overleden, was de dood van zijn zoon nooit helemaal te boven gekomen. 'Het punt is dat ik eenzaam ben,' zei ze op een dag tegen Gertie. 'En het kost veel geld om het huis te onderhouden. Ik krijg mijn natje en mijn droogje, meer heb ik niet nodig. En ze hebben daar een geweldige bibliotheek,' voegde ze er met pretlichtjes in haar ogen aan toe.

Gertie had genoten van haar zondagse bezoekjes aan haar moeder rond lunchtijd. Ze herinnerde zich die keer dat er heerlijk malse rosbief met superluchtige yorkshirepudding op het menu stond. Het was een voortreffelijke maaltijd en toch kon Gertie er om de een of andere reden niet van genieten.

'Is er iets, liefje?' vroeg Lilian, waarbij ze naar Gerties amper aangeraakte bord keek.

Gertie keek haar moeder aan. Ze had altijd met haar kunnen praten, haar kunnen vertellen wat ze op haar hart had. 'Ik voel me...' Ze zocht naar de juiste woorden om de zin af te maken. '... anders dan anders.'

Lilian trok een wenkbrauw op. 'Anders dan anders? In welk opzicht?'

Gertie verschoof op haar stoel. 'Dat is moeilijk te zeggen. Ik ben rusteloos.'

'Hoe gaat het met Harry?'

Gertie haalde haar schouders op. 'Harry is Harry. U weet hoe hij is. Standvastig. Betrouwbaar.'

'Je laat het klinken alsof dat slechte eigenschappen zijn.'

Gertie zuchtte. 'Dat was niet mijn bedoeling. Hij is zo'n lieverd. Maar ik heb de laatste tijd het idee dat mijn leven een sleur is geworden.'

Lilian pakte haar dochters hand vast. 'Weet je wat ik geleerd heb in de ruim zeventig jaar dat ik leef?'

'Nou?'

'Dat je blij moet zijn als het rustig is. Er komt altijd weer een volgende storm. Er dient zich aan de horizon altijd weer een strijd aan. Je moet leren om van de rust te genieten voordat die weer verdwenen is.'

'Stel ik me aan?' vroeg Gertie.

Lilian schudde haar hoofd. 'Nee, schat. Ik dacht precies hetzelfde toen ik zo oud was als jij.'

'En wat hebt u toen gedaan?'

Lilian keek weemoedig. 'Ik heb een hond genomen.'

Gertie lachte. 'Bedoelt u Pip?'

Lilian knikte. 'Hij heeft mijn huwelijk gered, Gertie.'

'Tjonge.'

Lilian draaide zich naar haar dochter toe. 'We moeten leren om tevreden te zijn met wat we hebben, maar we hoeven niet lijdzaam toe te zien als we ongelukkig zijn. De grond is heet onder onze voeten. Daarom is het verstandig om in beweging te blijven.'

Hemingway jankte halfslachtig, trok Gertie weer in het heden. Ze aaide over zijn kop. 'Je hebt volkomen gelijk,' zei ze, en ze trok hem mee. 'We moeten in beweging blijven. Slimme hond.'

24

Het heeft geen zin om terug te gaan naar gisteren, want toen was ik iemand anders.
Alice in Wonderland, Lewis Carroll

De vrouw op het kantoor van het Rode Kruis putte zich uit in verontschuldigingen.

'Op dit moment hebben we die informatie eenvoudigweg niet. Het spijt me heel erg,' zei ze tegen hen. Gertie keek haar aan en richtte haar blik toen weer op Hedy's lijkbleke, afgetobde gezicht. Het eind van de oorlog had veel mensen vrede gebracht, maar voor Hedy betekende het alleen maar onzekerheid. Aan wie ze het ook vroegen en hoe ze ook hun best deden, niemand leek antwoord te kunnen geven op de vraag waar haar familieleden terecht waren gekomen en of ze nog leefden. Het enige wat Gertie wilde, was haar helpen de waarheid te ontdekken. Ze had Hedy van een energiek meisje in een onverschrokken jonge vrouw zien veranderen. Nu leek Hedy's vechtlust uit haar weg te stromen en de hoop die ze vele jaren had gekoesterd verbleekte als een foto in de zon.

'Wanneer denkt u die informatie wel te hebben?' vroeg Gertie, die graag weer iets van die hoop wilde aanwakkeren.

De vrouw schudde haar hoofd. 'Dat weet ik niet. U kunt uiteraard een formulier invullen en dan zal ik mijn uiterste best doen om jullie te helpen.' Ze schoof Hedy een formulier toe. 'Het spijt me ontzettend.'

‘Dank u wel,’ zei Hedy met een klein stemmetje. Gerties hart verkrampte van frustratie. Iedereen had met hen te doen. Een verontschuldiging. Een blijk van medeleven. Een bezorgde gezichtsuitdrukking. Naarmate de verschrikkingen van de systematische Jodenvervolging algemener bekend werden, was dat het enige wat mensen konden doen. Maar dat was niet genoeg. Dat zou nooit genoeg zijn. Gertie wist het en ze zag hoe erg Hedy eronder gebukt ging.

Toen ze later op een bankje aan de Theems zaten en naar de sloepen en boten keken die daar voeren, vroeg Hedy: ‘Denkt u dat ik er ooit achter zal komen wat er met hen is gebeurd?’

Gertie pakte haar hand vast. ‘Dat weet ik niet, maar ik weet wel dat ze niet zouden willen dat het jou zou belemmeren om te leven.’ Hedy kreeg tranen in haar ogen. Gertie sloeg een arm om Hedy’s schouders en zo zaten ze zwijgend naar het zilte grijze water te kijken. Toen Hedy begon te hoesten, gaf Gertie haar een zakdoek. Ze klopte haar op de rug tot het hoesten ophield, keek grimmig naar de rokende schoorstenen en de met rook vervuilde lucht.

‘Ik vind dat jullie moeten overwegen uit Londen weg te gaan,’ zei ze later die avond tegen Hedy en Sam. ‘Dat zou veel beter zijn voor Hedy’s gezondheid.’ Ze dacht aan Harry en de raspende hoest die hem uiteindelijk fataal was geworden.

Sam keek zijn vrouw aan. ‘Wat vind je daarvan, mijn schat?’

‘En de boekwinkel dan?’ zei ze. ‘Ik kan Gertie niet in de steek laten.’

Gertie wuifde haar bezorgdheid weg. ‘Jouw gezondheid is veel belangrijker. Ik red me wel. Je hoeft over mij niet in te zitten.’

Nadat ze later welterusten hadden gezegd en Gertie in de keuken aan het opruimen was, hoorde ze achter zich een geluid. Ze draaide zich om en zag Hedy in de deuropening staan. ‘Liefje, wat is er?’

Hedy gaf geen antwoord. Ze sloeg haar armen om Gerties nek

en omhelsde haar. Gertie hield haar lange tijd dicht tegen zich aan. Het bleke maanlicht viel door de ruit op hun wangen.

Het witte huisje met de felblauwe voordeur was precies wat ze zochten. Het was een oud vissershuisje, een van een rij van zes, en lag vlak bij het kiezelstrand. In de tuin groeiden rozemarijn, crocosmia en kruiddistel, en vanaf het raam boven kon je de zee zien. Sam had erop gestaan dat Gertie mee zou gaan voor de bezichtiging. De zondagse rit had haar gedachten teruggevoerd naar dat geweldige uitstapje vlak voor de oorlog. Wat was er in die zes jaar veel gebeurd. De wereld was op zijn kop komen te staan en had het allerbeste en het allerslechtste in mensen naar boven gehaald.

'Wat vind je ervan?' vroeg Sam, nadat de makelaar hen had rondgeleid. 'Het is maar tien minuten rijden naar het dorp waar ik mijn kantoor zal hebben en het is heel dicht bij het strand. De zeelucht zal een gunstig effect op je gezondheid hebben.'

'Ik vind het een heel mooi huis,' zei Gertie.

Hedy keek van de een naar de ander. 'Zolang er genoeg ruimte is voor Gertie en Hemingway om te komen logeren, vind ik het prima.'

Pakweg een week later kwam mevrouw Snipp met een ernstige blik op Gertie af. 'Er is een dringende kwestie die ik met u moet bespreken, mevrouw Bingham,' zei ze. Hoewel ze elkaar al heel lang kenden, waren ze nooit overgestapt op elkaar bij de voornaam noemen. In bepaalde opzichten vond Gertie dat geruststellend. Er veranderde toch al zoveel en ze was op de plichtsgetrouwe aanwezigheid van mevrouw Snipp gaan rekenen.

'Natuurlijk,' zei Gertie. 'Maar ik mag hopen dat u niet uw ontslag indient, want ik weet niet of ik dat aankan.'

Mevrouw Snipp keek verbouwereerd. 'Heeft Philomena het aan u verteld?' vroeg ze.

‘O,’ zei Gertie. ‘Nee, nee, dat heeft ze niet gedaan. Het was een grapje, maar nu snap ik het.’

‘Ja,’ zei mevrouw Snipp, die tot Gerties verbazing begon te blozen. ‘Meneer Higgins heeft me ten huwelijk gevraagd en het leek me niet meer dan billijk u tijdig in te lichten.’

Gertie keek haar even aan, schoot toen naar voren en kuste een verbijsterde mevrouw Snipp op beide wangen. ‘O, dat is geweldig nieuws. Ik ben zo blij voor jullie.’

Mevrouw Snipp schonk haar een zeldzame glimlach. ‘Dank u, mevrouw Bingham. Ik moet zeggen dat ik heel gelukkig ben.’

‘Dat verbaast me niets. Meneer Higgins is een fijne man.’

‘Inderdaad,’ zei mevrouw Snipp met glinsterende ogen. ‘Dank u wel.’ Ze wilde al weglopen, maar bleef staan. ‘Mag ik nog iets anders zeggen?’

‘Natuurlijk.’

Mevrouw Snipp zweeg even alsof ze de juiste woorden zocht, zoals je schelpen op het strand zoekt. ‘Ik wil tegen u zeggen dat het een genoegen is geweest om voor u en uw dierbare overleden man te werken.’

‘O,’ zei Gertie. ‘Dat vind ik heel fijn om te horen.’

Mevrouw Snipp knikte. ‘En het is nooit te laat, mevrouw Bingham.’

‘Te laat?’

‘Om geluk te vinden.’ Ze hield Gerties blik even vast, waarna ze een exemplaar van *Op jacht naar de liefde* pakte om op te sturen naar een klant. ‘Je moet alleen weten waar je moet zoeken,’ zei ze over haar schouder.

Het onkruid tierde welig bij Harry’s graf sinds Gerties laatste bezoek. Ze trok het kleefkruid uit de grond en haalde zoveel mogelijk madeliefjes en paardenbloemen weg, waarna ze de bloemen van de week ervoor verving door zoetgeurende perzikkleurige rozen. ‘Ik heb ze vanmorgen voor je geknipt, mijn schat,’ zei Gertie, terwijl Hemingway in de zon lag te hijgen. Het was haar opgevallen dat hij de laatste tijd steeds trager werd en ze had haar tempo aan hem aangepast.

Hij ging niet vaak meer mee naar de boekwinkel, bleef liever thuis, zat bij Hedy terwijl die schreef. Haar eerste boek was af en ze had een exemplaar aan Elizabeth gegeven, die nu met de illustraties bezig was. Hedy had zelf ook een exemplaar gehouden en had het aan Gertie te lezen gegeven. Gertie werd gegrepen door het verhaal. Het was een prachtige mengeling van avonturen en magie. Ze wist dat kinderen dit geweldig zouden vinden. Volgens Billy was het 'nog beter dan *Winnie de Poeh*'. Zonder het tegen Hedy te zeggen, had Gertie haar exemplaar naar oom Thomas opgestuurd, zodat die het aan mensen in het uitgeefwereldje kon laten zien.

'Voel u niet verplicht er iets mee te doen,' zei ze. 'Maar het is haar eerste boek, vandaar.'

'Ik snap het, liefje,' zei Thomas. 'Uitgevers zijn nogal wispelturig, dus verwacht er niet te veel van.'

Hij belde haar een dag later. 'Ze willen weten of ze dit jaar nog zo'n boek kan schrijven en dan in een later stadium nog twee. Dan zou het een geweldige serie voor jonge lezers zijn. Zeg maar tegen Hedy dat ik met alle plezier haar agent wil zijn. Mijn commissie is twintig procent.' Gertie hoestte luid. 'Oké, tien procent dan, maar alleen omdat je mijn lievelingsnichtje bent.'

'U gaat helemaal geen commissie rekenen. U mag blij zijn dat u zo'n getalenteerde jonge vrouw mag vertegenwoordigen,' zei Gertie.

'Mogen de heiligen me behoeden voor lastige vrouwen,' zei Thomas. 'Dan doen we het zo. Je hoort nog van me.'

Gertie veegde met haar zakdoek het vuil van Harry's grafsteen en liet haar vingers over de letters glijden. 'Er is de afgelopen weken veel gebeurd in ons huis, mijn schat. Hedy's boek, Sams nieuwe baan, hun huisje aan zee...' Haar stem stokte. 'En mevrouw Snipp gaat trouwen en ons verlaten. Alles verandert weer.' Ze zuchtte. 'O, Harry. Eerlijk gezegd weet ik niet wat ik moet doen.' Gertie veegde een verdwaalde traan weg. 'Wat ben ik toch een oude malloot, maar het voelt alsof ik word achtergelaten. Zelfs mevrouw Snipp heeft tegen me gezegd dat het nooit te laat is. Dat is allemaal leuk en aardig, maar zulke dingen duiken niet opeens voor je op als een duveltje uit een doosje.' Ze keek om zich heen, dacht aan het rondwaaiende krantenartikel dat er zoveel jaar geleden voor had gezorgd dat Hedy in haar leven was gekomen. Vandaag was alles rustig. Er stond amper een zuchtje wind. De lucht was strakblauw en er vlogen bijen en vlinders boven haar hoofd. 'Vandaag dus geen goddelijke interventie, mijn schat,' zei ze. Ze klopte een laatste keer op de grafsteen en hees zichzelf overeind, vertrok van de gewrichtspijn. 'Dag, mijn schat, dan ga ik maar weer. Kom, jongen,' zei ze tegen Hemingway, die al even moeizaam overeind kwam. Samen liepen ze gemoedelijk door de zonnestralen van de nazomer.

Toen Gertie via de voordeur naar binnen ging, begon te telefoon te rinkelen.

'Beechwood 8153.'

'Mevrouw Bingham?'

'Daar spreekt u mee.'

'Goedemiddag, mevrouw Bingham. U spreekt met Alfreda Crisp. Het is lang geleden dat we elkaar voor het laatst hebben gesproken. Ik bel u om te vragen of u uw boekwinkel nog wilt verkopen.'

De vraag overviel haar. 'O, tjonge, eh...'

'Dat geeft niet. U hoeft niet direct te beslissen. Het punt is dat ik een jong stel heb dat een boekwinkel wil overnemen, en toen dacht ik automatisch aan u. Wilt u kennis met hen maken? Geheel vrijblijvend uiteraard.'

Gertie wierp een blik in de woonkamer, keek naar de foto van

Harry, die haar bemoedigend toelachte. 'Weet u, mevrouw Crisp, ik wil heel graag kennis met hen maken.'

'Geweldig. Zou het morgen om tien uur kunnen?'

'Tien uur is prima.'

Toen Gertie Flora en Nicholas Hope Bingham Books binnen zag lopen, had ze het gevoel dat ze terugging in de tijd. Flora's heldere ogen waren zo alert als die van een roodborstje en de grote passen van Nicholas brachten haar terug naar Arnold's Booksellers aan het begin van deze eeuw.

'Kijk, Nicky, P.G. Wodehouse,' zei Flora, en ze pakte een exemplaar van de plank. Ze gniffelde naar Gertie. 'Ik heb liever Nancy Mitford, maar Wodehouse is verreweg Nicky's favoriet. Zo is het toch, schat?'

'Niemand haalt het bij Plum,' zei Nicholas. 'Sorry voor mijn vrouw. Ze reageert nogal enthousiast als ze een boekwinkel binnenstapt. Goedemorgen, mevrouw Bingham. Nicholas Hope is de naam.' Hij maakte een lichte buiging naar haar en stak zijn hand uit.

'Het geeft niet,' zei Gertie, die achter de toonbank vandaan kwam om hun een hand te geven. 'Ik snap dat gevoel volkomen.'

1946

25

Gertie wist dat ze de enige was die Arno kon redden. Ze moest dapperder zijn dan ze ooit in haar leven was geweest. Ze pakte het enorme roodfluwelen boek met beide handen vast, sloeg het open en liet de magische katapult de lucht in vliegen, zoals er vuur uit de neus van een draak komt.
De avonturen van Gertie en Arno, Hedy Fischer

Gertie keek naar de planken vol met boeken en sloot haar ogen, snoof de dierbare geur op van wat haar laatste ochtend als eigenaar van Bingham Books zou zijn. Ze deed haar ogen weer open en liet haar vingertoppen over de geliefde boekenruggen gaan. Er was niets zo spannend als een boekwinkel zonder klanten vroeg in de ochtend, als de zon door het raam scheen en de vergulde letters deed sprankelen van belofte.

Uiteindelijk was de beslissing eenvoudig geweest. Ze had niet het idee dat ze het opgaf, het voelde alsof ze het stokje doorgaf. De afgelopen weken was ze erg gesteld geraakt op Flora en Nicholas. Ze zouden vanavond naar het feest komen. Gertie kon haast niet wachten tot het zover was. Ze pakte een exemplaar van *De avonturen van Gertie en Arno* van de toonbank, keek vol bewondering naar het bleekgroene omslag waarop een prachtige, door Elizabeth gemaakte illustratie van de twee personages stond. Ze sloeg het boek open en las met een zweem van droefheid de opdracht: *Voor mama, papa en Arno. Voor altijd in mijn hart.*

De speurtocht van Hedy en Gertie had niets opgeleverd, maar Charles kwam wel iets te weten. Hij kwam op een zondag om een uur of één bij Gertie langs, die in de voortuin haar rozen aan het verzorgen was. Zodra ze zijn gezicht zag, wist Gertie genoeg. 'Heb je nieuws?'

Hij knikte, liep achter haar aan naar binnen. 'Is Hedy thuis?'

'Nee, Sam en zij zijn een eindje rijden. Het is niet goed, hè?'

Charles haalde een document uit zijn zak en stak het haar toe. Gertie zag de namen Johann en Else Fischer staan. 'Wat is dit, Charles? Wat betekenen al die kolommen?'

Charles slikte. 'Het zijn bladzijden uit een *Totenbuch*, een boek waarin de overleden gevangenen genoteerd werden.'

Gertie sloeg een hand voor haar mond. 'Hoe kom je hieraan?'

'Via mijn contacten bij het Rode Kruis.'

Ze keek hem even aan. Het viel haar opnieuw op dat Charles een raadselachtige kant had. Ze voelde aan dat ze verder geen vragen moest stellen. 'Wat staat er nog meer in?'

'Voldoende om te weten dat ze in 1943 in Auschwitz zijn overleden. Een van de gevangenen hield dit verslag bij en verstopte het met gevaar voor eigen leven. Het boek is een paar maanden geleden gevonden in een septische tank in het kamp.'

Gertie pakte de papieren van hem aan en liet zich op een stoel zakken.

'En Arno?'

Charles ging op de stoel tegenover haar zitten en wreef over zijn slapen. 'Ik weet alleen dat de nazi's de fabriek waar hij werkte hebben gesloten. Ik ben er nog niet achter wat er met de Joodse arbeiders is gebeurd.'

Gertie ging rechter op haar stoel zitten. 'Als hij niet in dit boek staat, is er toch nog hoop?'

'De meeste lijsten met overledenen zijn vernietigd,' zei Charles ernstig. 'Ik vind het vreselijk om te zeggen, Gertie, maar het is zeer waarschijnlijk dat hij in een concentratiekamp terecht is gekomen.'

'Dus je denkt dat hij ook dood is?'

'Het spijt me.' Hij stak zijn hand naar haar uit en ze pakte die stevig vast. 'Wil je dat ik het aan Hedy vertel?'

Gertie schudde haar hoofd. 'Nee, ik vind dat ze het van mij moet horen.'

Bij gebrek aan een echte laatste rustplaats was de opdracht in haar boek Hedy's eerbetoon aan haar familie. Gertie kon geen betere manier bedenken om je verloren dierbaren te gedenken dan hen onsterfelijk maken op de bladzijden van een boek. Ze was net extra exemplaren van Hedy's boek aan het uitpakken toen er op de voordeur werd geklopt. Ze keek op en zag Betty door de ruit lachen. Gertie ontgrendelde de deur en Betty rende de winkel in als een puppy die net van de riem is gelaten.

'Bent u klaar voor een laatste feestje, mevrouw B?' riep ze.

'Zo klaar als ik er maar voor zijn kan, liefje.'

Voor Gertie was het de hele dag alsof ze door haar herinneringen aan de afgelopen ruim dertig jaar ging. Betty en mevrouw Snipp waren er uiteraard, en al haar beste en fijnste klanten kwamen langs om afscheid te nemen. Meneer Reynolds moest een paar keer zijn neus snuiten, overmand door de gedachte dat Gertie er niet meer zou zijn om een geschikt volgend spannend boek over militaire geschiedenis voor hem te vinden.

Mevrouw Constantine was gelaten als altijd en bracht Gertie bijna in tranen toen ze haar een broche met smaragden gaf die van haar moeder was geweest. 'Omdat je als een dochter voor me geworden bent,' zei ze tegen haar.

'U komt straks toch wel naar Hedy's feestje?'

Mevrouw Constantine schonk haar een stralende glimlach, die Gertie aan haar eigen moeder deed denken. 'Ik zou het voor geen goud willen missen, liefje.'

Margery kwam iets over vieren met haar gebruikelijke team van vrijwilligers en tot Gerties grote blijdschap reed ze de Oude Generaal naar binnen, die goed van pas zou komen bij het theezetten. 'En, Gertie,' zei ze, toen ze de winkel gingen versieren met papieren vlaggetjes die nog over waren van de bevrijdingsfeesten van vorig jaar. 'Wat ga je doen als Hedy weg is?'

Gertie was het gewend dat Margery geen blad voor de mond nam, maar deze vraag overrompelde haar toch. 'Eh, ik denk dat ik met pensioen ga.'

'Met pensioen?' Margery trok haar wenkbrauwen op.

'Ja.'

'En wat ga je dan doen? De hele dag onder een dekentje zitten?'

'Nee, ik ga in de tuin werken.'

'Hmm.'

Gertie zette haar handen in haar zij. 'Voor de draad ermee. Wat vind je dat ik moet doen dan?'

Margery haalde diep adem en keek haar veelbetekenend aan. 'Het verbaast me gewoon dat je niet dichter bij Hedy gaat wonen.'

Gertie sloeg haar armen over elkaar. 'Margery, die arme Sam en Hedy wonen al een jaar bij me in. Ze zijn getrouwd. Ik kan me niet voorstellen dat ze het fijn zouden vinden als ik in hetzelfde dorp ga wonen.'

Margery haalde haar schouders op. 'Ik zou mijn Cynthia niet zo ver weg willen hebben.'

'Cynthia is je dochter. Hedy is mijn...'

'Is jouw wat?'

Gertie keek haar streng aan. 'Ze is niet mijn dochter, Margery.'

'Dat klopt, maar je bent al die jaren als een moeder voor haar geweest.'

'Ik ben haar moeder niet.'

Margery stak haar handen in de lucht. 'Goed, dan moet je het zelf weten. Zoals jij altijd zegt, ik zal er geen woorden meer aan vuilmaken.'

'Dank je.'

'Bovendien zou ik je missen, Gertie Bingham.'

Gertie lachte. 'En ik jou, Margery Fortescue.'

'Travers.'

'Voor mij zul je altijd de grote, gebiedende Margery Fortescue blijven.'

Margery knikte tevreden. 'Goed, maar nu moeten we doorwerken, want de gasten komen zo.'

Het werd het gezellige feestje waar Gertie op had gehoopt. De redactrice van Hedy en Elizabeth, Eleanor, hield een kort maar gloedvol betoog over het boek en zei dat ze niet kon wachten tot lezers de wereld van Arno en Gertie zouden ontdekken. Iedereen klapte en Sams ogen glommen van trots toen hij zijn vrouw kuste. Billy liep een groot deel van de avond met een exemplaar van het boek rond en zei tegen iedereen: 'Mijn moeder heeft de tekeningen gemaakt, en dat daar is de echte Gertie.'

Gertie dronk het allemaal in, als een laatste heerlijk kopje van Margery's thee. Mevrouw Snipp stond in een hoek met mevrouw Crow te fluisteren, oom Thomas nodigde mevrouw Constantine uit om eens met hem bij zijn club te gaan lunchen, en meneer Higgins trakteerde Betty en William op verhalen uit de tijd dat hij als onderdeel van zijn opleiding tot preparateur een gordeldier moest opvullen.

'Waar denk je aan?' vroeg Charles, die naast haar kwam staan.

'O, ik geniet gewoon van mijn laatste momenten als boekverkoper.'

'Spijt?'

Ze keek naar hem op en keek toen weer naar de vrolijke mensen. 'Beslist niet.'

'Mag ik even uw aandacht?' Gertie keek verbaasd om zich heen en zag Hedy de aanwezigen toespreken. Ze glimlachte toen iedereen stil werd. 'Elk verhaal heeft een begin, een midden en een eind. Dat geldt ook voor Bingham Books.' Ze keek naar Gertie. 'Er is één vrouw die ruim dertig jaar in dat verhaal zit. En ik weet dat dit feestje bedoeld is om het uitkomen van mijn en Elizabeths boek te vieren, maar dit is Gerties laatste dag in de boekwinkel en ik stel voor dat we proosten op alles wat ze voor ons heeft gedaan.'

'Hoera voor Gertie Bingham!' riep Billy. Daar werd luid en gemeend gehoor aan gegeven. Gertie knipperde haar tranen weg toen ze naar de blije gezichten om zich heen keek. Ze wilde dat ze een foto van dit moment kon nemen. Zelfs mevrouw Snipp moest de zakdoek van meneer Higgins lenen.

Gertie mompelde een gebedje aan Harry. 'Het is ons gelukt. Wat hebben we het goed gedaan, hè, schat?'

Hedy en Gertie gingen als laatsten weg, want Sam had aangeboden mevrouw Constantine naar huis te brengen. Nadat ze voor het laatst de deur van Bingham Books op slot had gedaan, bleef ze even staan en ze keek op naar het uithangbord. 'Flora en Nicholas hebben besloten de naam te houden. Had ik dat al verteld?'

Hedy glimlachte. 'Het verhaal gaat door.'

'Een nieuw hoofdstuk,' zei Gertie, toen Hedy haar een arm gaf. 'Bedankt dat je tot het eind bent gebleven, liefje.'

'Gertie, ik wil u een geheimpje verklappen.'

Gertie zag de sprankeling in Hedy's ogen. 'Je bent zwanger.'

Hedy lachte. 'Ja, Gertie. Er worden steeds weer nieuwe verhalen geschreven.'

WEST SUSSEX, 1947

26

Zolang we intensief leven kunnen we volgens mij onze verwachtingen en wensen nooit opgeven. Er zijn dingen waarvan we beseffen dat ze mooi en goed zijn, en het kan niet anders of daar verlangen we naar.
De molen aan de Floss, George Eliot

Het kind kreeg de namen Else Gertrude Godwin en het was een wolk van een baby. Hedy had Gertie dagelijks gebeld. Vlak voor de uitgerekende datum was ze in paniek toen ze Gertie aan de lijn had.

'Ik heb u nodig, Gertie. Kunt u alstublieft komen logeren? Ik kan dit niet zonder u.'

'Mag ik je er even op wijzen dat ik de verleiding heb kunnen weerstaan om "ik zei het toch?" tegen je te zeggen?' zei Margery, toen Gerald en zij haar twee dagen later met de auto naar West Sussex brachten.

'Tot nu dan, hè, schat?' zei Gerald, die zijn wenkbrauwen optrok naar Gertie, die met Hemingway achterin zat.

'Een vrouw heeft haar moeder nodig als ze zwanger is.'

'Ik heb het al eerder tegen je gezegd: ik ben haar moeder niet, Margery,' zei Gertie.

Margery wapperde met haar handen. 'Ja, maar je hebt lange tijd de moederrol vervuld. Weet je, ook zonder bloedband kun je familie zijn. Kijk naar Gerald, die is een echte vaderfiguur voor mijn Cynthia geworden. Hij gaat vaak naar Archie en haar toe om in hun huis te klussen.'

'Pasgeleden heb ik de jongeman geleerd hoe hij boekenplanken moet ophangen,' zei Gerald trots. 'En ik heb Cynthia geholpen trellis voor haar pronkbonen te maken. Het volgende project is dat ik een broeikas voor ze ga maken.'

'Zie je nou wel?' zei Margery. 'Kijk wat je allemaal voor Hedy hebt gedaan. Je bent als een moeder voor haar geweest.'

'Misschien,' zei Gertie, 'maar ik zou nooit proberen de rol van Else Fischer over te nemen.'

'Dat vraagt ook niemand van je, Gertie. Tjonge, voor een slimme vrouw zeg je soms behoorlijk domme dingen.'

'Margery,' zei Gerald op licht berispende toon.

Margery wuifde zijn opmerking weg. 'Ach, hou toch je mond, Gerald. Gertie is het gewend dat ik zeg waar het op staat.'

'Ik kan me niet voorstellen hoe het zou zijn om zonder hen te leven, Margery,' zei Gertie, en ze keek naar buiten, naar het heuvellandschap van Sussex.

De weeën begonnen op een avond toen ze bijna klaar waren met eten. Hedy slaakte een luide kreet en greep naar haar buik. Sams gezicht werd lijkbleek toen hij naar haar toesnelde. 'Gaat het, schat?'

Hedy knikte toen de pijn afzwakte. 'Het is begonnen,' zei ze.

De regionale vroedvrouw heette Nelly Crabb en ze rookte tijdens haar theepauzes Player's Navy Cut-sigaretten. 'Het gaat een lange nacht worden, mensen,' zei ze tegen hen nadat ze Hedy had onderzocht. 'Een eerste bevalling duurt meestal lang.' Ze stuurde

Sam de kamer uit. 'U blijft beneden en zorgt ervoor dat er altijd thee in de theepot zit, jongeman. De moeder en ik zullen op uw vrouw letten, dus maakt u zich geen zorgen.' Gertie ving Hedy's blik, maar ze corrigeerden de vroedvrouw niet.

Hedy onderging de weeën en de bevalling met dezelfde vastberaden moed die ze getoond had bij al het andere dat ze in de afgelopen acht jaar had moeten doorstaan. Gertie hield haar hand vast, sprak haar moed in, streek met een verkoelende flanellen doek over haar voorhoofd en keek vol ontzag toe toen deze jonge vrouw deed wat duizenden vrouwen dagelijks deden. Toen baby Else ter wereld kwam en haar komst met krachtig huilen kenbaar maakte, voelde Gertie de wereld om haar heen opnieuw veranderen. Nieuw leven. Nieuwe hoop. De toekomst die voor hen openging.

'Dat is een stem die gehoord wil worden,' zei Nelly, toen ze de navelstreng doorknipte. 'Dit meisje is er klaar voor om het tegen de wereld op te nemen.' Gertie en Hedy grinnikten naar elkaar en keken toen naar Else, die naar hen opkeek en direct haar ogen sloot alsof ze er gerust op was dat alles in orde was. Toen Nelly de deur opendeed, viel Sam bijna naar binnen. 'Kom verder, vader,' zei ze. 'Gefeliciteerd.'

Gertie stapte naar achteren om Sam bij zijn vrouw en pasgeboren dochter te laten. 'O, Hedy,' zei hij. 'Wat is ze mooi. Goed gedaan, mijn schat.'

'Zonder Gertie had ik het nooit gekund.'

'Dank u wel, mevrouw B,' zei Sam.

'Goed,' zei Nelly, die de kamer weer in stormde. 'Ik moet de moeder verzorgen. Jullie nemen de baby mee naar beneden, maar blijf in de keuken om haar warm te houden.'

Gertie kreeg tranen in haar ogen toen ze Sam zijn dochter zag vastpakken en hem vertederd naar haar zag kijken. 'Hallo, mooi meisje van me,' zei hij.

Gertie ging water koken terwijl Sam met Else in zijn armen zat.

Hemingway snuffelde aan het bundeltje, waarna hij rechtop naast hen ging zitten alsof hij dit kostbare wezentje met zijn leven zou beschermen. 'Weet u, mevrouw B, mijn dochter is het beste wat er uit deze hele rotoorlog is voortgekomen. Ik had het bijna opgegeven, maar zij geeft me weer hoop.'

Gertie sloeg een arm om zijn schouder en keek naar de baby. Die deed haar oogjes even open en keek hen verbaasd aan. 'Ik weet precies wat je bedoelt, Sam. Ik ben zo blij voor jullie. Het zal lastig zijn om naar huis te gaan.'

'Doe het dan niet.'

'Wat?'

'Ga niet naar huis, Gertie. Blijf alstublieft. Dat zouden we heel fijn vinden.'

'Weet je het zeker?'

Sam knikte. 'Ik heb er eerder niets over gezegd, omdat ik dacht dat u van uw pensioen wilde gaan genieten, maar nu ik u hier met Hedy zie, valt alles op zijn plaats.'

'Ik wil jullie niet voor de voeten lopen,' zei Gertie.

'We hebben drie slaapkamers en ik weet dat Hedy heel blij zal zijn met hulp met de baby. Blijf anders wat langer logeren en kijk hoe dat bevalt. Ik ken een makelaar hier. Ik weet zeker dat hij een huis voor u zal kunnen vinden als u liever zelfstandig woont.'

Gerties hoofd gonsde van mogelijkheden. Sam had gelijk. Alles viel op zijn plaats en toch kon ze zich niet voorstellen dat ze het dorp zou verlaten waar ze met Harry had gewoond, waar ze Bingham Books hadden opgericht, waar ze zo gelukkig waren geweest. De baby slaakte een kreetje alsof ze daar anders over dacht. Gertie glimlachte. 'Ik blijf nog wat langer hier. Dank je wel, lieverd.'

Al snel ontstond er een bepaalde routine. Hedy voedde Else zodra ze wakker werd, Sam ging naar zijn werk en Gertie deed het huishouden en ontbeet samen met Hedy als de baby sliep. Als Else jengelig was, ging Gertie met haar wandelen. Dan verbaasde ze zich erover dat het geluid van de zee de baby in slaap suste. Ze brachten met z'n drieën heerlijke dagen in de tuin of op het strand door, genoten ervan om Else te zien groeien. Haar eerste lachje. Haar eerste gniffel. Zoals ze Gerties vinger vastgreep en weigerde los te laten. Zoals ze naar Hedy keek alsof die de enige in de wereld was. Gertie had sterk het gevoel dat ze precies was waar ze hoorde te zijn.

Elke dinsdag klokslag zes uur belde ze met Margery. 'Gertie, ik heb een voorstel voor je,' zei haar vriendin toen Else een paar maanden oud was.

'O,' zei Gertie met een toenemend gevoel van angst. Margery kreeg eigenlijk altijd haar zin.

'Gerald en ik willen je huis kopen.'

'Wat?'

'Je huis, liefje. Het is ideaal. Sinds Cynthia getrouwd is verdwaal ik in dit oude huis als een knikker in een regenpijp, en Gerald is altijd al dol geweest op je tuin.'

'Aha. En heb ik daar zelf ook nog iets over te zeggen?'

Margery zuchtte. 'Gertie, wil je zeggen dat je van plan bent terug te komen en Hedy en de baby achter te laten?'

'Tja, ik weet het niet.'

'Precies. Zoals ik al zei, het is een voorstel, maar we weten allemaal dat dit de beste oplossing is.'

'Ik zal erover nadenken.'

'Doe dat. En doe de groeten aan dat geweldige gezinnetje. Tot ziens, Gertie.'

'Tot ziens, Margery.'

Gertie zag de man voor het eerst een eind verderop op het strand, maar dacht er verder niet over na. Ze liep daar met Else terwijl Hedy een dutje deed. De baby kreeg tandjes. Haar tandvlees zag vuurrood en het was een lange nacht geweest. Nu, dankzij een wonderzalfje van de geweldige Nelly Crabb, sliep de baby en genoot

Gertie van een wandeling in de vroege ochtend. Ze bleef staan, keek om zich heen en zoog de verse, zilte lucht in haar longen terwijl de meeuwen over haar hoofd scheerden, een vissersboot volgden die naar de kust voer. De enorme wolk die er gehangen had toen ze wakker werd begon te breken en liet de eerste zonnestralen door. Sinds ze hier woonde, was Gertie tot de conclusie gekomen dat, afgezien van de bedwelmende geur van boeken, de fijnste geuren toch beslist de zoete geur van een babyhoofdje en de verkwikkende geur van de zee waren.

Ze richtte haar blik op het eind van het strand en zag de man op haar af komen. Het was lastig om van zo'n afstand zijn leeftijd in te schatten, maar hij straalde iets wilds uit en had een grote bos krullen en een ruige baard. Gerties hartslag versnelde toen ze doorhad dat hij recht op haar af kwam. Ze sloeg haar arm automatisch beschermend om de baby heen, waarna ze vlug de andere kant op liep. *Er is niets om bang voor te zijn*, hield ze zichzelf voor. *Je bent vlak bij huis.* Ze keek over haar schouder en zag dat hij sneller was gaan lopen doordat zij dat ook deed. Gertie raakte in paniek. Ze haastte zich over het strand naar het pad naar het huis.

'Alstublieft! Wacht!' riep de man.

Gertie keek niet om. Ze ging nog sneller lopen zodra ze bij de rand van het strand was en trok Else dicht tegen zich aan. Het pad was smal. Aan weerszijden groeiden overhangend fluitenkruid en schorrenzoutgras, wat het lastig maakte om door te lopen en met Else in haar armen wilde ze niet rennen.

'Alstublieft,' riep de man toen hij bij het pad kwam. 'Ik wil alleen maar met u praten.'

Iets in zijn stem zorgde ervoor dat Gertie bleef staan. Hij had een Duits accent. Ze draaide zich om en deed haar best om de bazige toon van Margery Travers na te bootsen toen ze hem aansprak. 'Wat wilt u?' vroeg ze.

De man liep hijgend naar haar toe. Onder zijn baard en slobberende kleding bespeurde ze een tengere gestalte en een bleke gelaatskleur. Hij keek haar met een radeloze blik aan. Iets aan zijn ogen kwam haar bekend voor. 'Weet u waar Hedy Fischer woont?' vroeg hij.

Er trok een gevoel van opwinding en herkenning door Gerties hart. 'U bent Arno.'

De man trok verbaasd zijn wenkbrauwen op. Toen kreeg hij een ingeving. 'U bent Gertie Bingham.'

Gertie knikte.

Zijn blik gleed van haar gezicht naar de baby in haar armen. 'En dit is...' Hij fluisterde nu.

Gertie stak de baby naar voren zodat hij haar goed kon zien. 'Dit is Else.'

Arno slaakte een kreet die een mengeling was van grote blijdschap en diep verdriet. Hij greep naar zijn borst en keek naar het gezichtje van de baby. 'Kunt u me bij Hedy brengen? *Bitte*?' fluisterde hij, alsof hij niet durfde te geloven dat dit mogelijk zou zijn.

Gertie ging hem voor over het pad en bleef bij het tuinhekje staan. Arno keek haar even aan. 'Loop maar verder en klop op de deur,' zei ze. 'Ik blijf hier.'

Hij knikte, waarna hij naar het trapje bij de voordeur liep. Gertie keek toe toen hij aanbelde en wachtte. Toen Hedy de deur opendeed, verstijfde ze toen ze hem zag. Broer en zus keken elkaar zwijgend aan, konden niet bevatten dat dit echt was. Toen rende Hedy naar voren en ze sloeg haar armen om haar broer heen. Ze zakten op de grond neer in een hereniging vol vreugde, verdriet en liefde.

Toen ze later aan de keukentafel zaten, zag Gertie een nieuwe sprankeling in Hedy's ogen. Hedy ging vlak bij haar broer zitten en hing aan zijn lippen alsof ze bang was dat hij elk moment weer kon verdwijnen. 'Wanneer heb je papa en mama voor het laatst gezien?'

Arno's gezicht betrok bij de herinnering. 'In 1943. We waren in Theresienstadt, dat was voordat we naar het oosten werden gestuurd. Ze zochten jongemannen om in de fabriek te werken en ik werd uitgekozen. We wisten dat dit waarschijnlijk de laatste keer was dat we elkaar zagen.' Hij keek naar het kopje voor zich. Hedy pakte zijn hand. 'Moeder heeft brieven geschreven.' Hij keek van Hedy naar Gertie. 'Voor jullie allebei.' Hij stak zijn hand in zijn zak en haalde er twee verschoten bruine enveloppen uit. 'Ze zei tegen me dat ik het moest overleven, zodat ik jou kon zoeken en die brieven kon bezorgen. Dat heeft me de moed gegeven om door te gaan. Ze zei dat als we elkaar vonden, we moesten bedenken dat papa en zij altijd bij ons zijn, dat we 's avonds maar naar de lucht hoeven kijken om hen te vinden.' Hedy knikte door haar tranen heen terwijl ze de brief aanpakte. Hij gaf de andere brief aan Gertie. 'Bedankt dat u voor mijn zus hebt gezorgd,' zei hij.

'Uw zus heeft voor mij gezorgd,' zei ze tegen hem.

Gertie wachtte met lezen tot ze thuis was. Haar huisje lag iets verderop aan hetzelfde pad als waar het huisje van Sam en Hedy aan lag en had een schitterend uitzicht op de zee. De oranje zon kuste de horizon toen Gertie en Hemingway via de voordeur naar binnen gingen. Gertie zette thee en nam die mee naar de tuin, genoot van de stille koelte aan het begin van de avond. Ze snoof de geur van lavendel op, bleef even staan om naar een nieuwe roze roos te kijken die die dag was gaan bloeien. Daarna ging ze op het bankje zitten dat Sam op de ideale plek had neergezet om uit te kijken over de zee. Toen het donkerder werd keek Gertie omhoog en ze zag in de verte twee heldere sterren. Ze dacht aan de belofte van Else en glimlachte toen ze begon te lezen.

Theresienstadt, 14 januari 1943

Beste Gertie,

Ik hoop dat u het niet erg vindt dat ik u zo aanspreek, maar door Hedy's brieven voelt het alsof u een vriendin bent. Ik heb geen idee wanneer of hoe deze brief u zal bereiken, maar ik heb hem aan mijn dierbare zoon meegegeven, want als iemand ervoor kan zorgen dat die bij u terechtkomt, dan is hij het wel. Mijn gevoel zegt me dat dit de laatste brieven zijn die ik ooit zal schrijven. Mijn handen trillen bij die gedachte, want dat betekent dat ik mijn lieve dochter nooit meer zal zien. Het doet me veel verdriet dat ik nooit meer haar mooie gezicht zal zien, haar in mijn armen kan houden of haar een zoen op haar zachte wang kan geven. Ik hoop dat ze zelf ooit moeder zal worden en dat ze dan zal snappen hoeveel ik van haar hou. Hedy en Arno hebben mijn man en mij onmetelijke blijdschap en liefde gebracht. Ik heb nooit een liefde gevoeld die daarmee te vergelijken is. Zo groot als de oceaan en zo constant als de nachtelijke lucht. Een liefde voor altijd, wat er ook gebeurt. Die liefde is ook de reden dat we besloten hadden Hedy naar Engeland te sturen. U moest eens weten hoe moeilijk het was die beslissing te nemen. Ik heb nachten wakker gelegen, nachten waarin ik me afvroeg of we het wel moesten doen. Die arme Johann werd gek van mijn gepieker. De dag dat Hedy vertrok was ik ontroostbaar. Ik herinner me haar lieve gezicht toen ze uit het treinraam keek, zo dapper, zo gelaten. Elke nacht zag ik in mijn dromen weer voor me hoe ze huilde, ons smeekte haar te laten blijven. Dan werd ik badend in het zweet wakker, zat in angst om wat er van haar was geworden. Maar toen kwamen er brieven. Hedy schreef over u, hoe aardig u bent. Ik zag voor me hoe jullie met z'n tweeën, met Hemingway erbij, in de tuin zaten. Daardoor moest ik aan onze lieve Mischa denken.

Toen wist ik dat we de juiste beslissing hadden genomen. Het is een nachtmerrie om je kind te verliezen en te weten dat je haar nooit meer zult zien, maar de gedachte dat u voor haar zorgde, dat u optrad als de moeder die ik door omstandigheden niet kon zijn, betekent alles voor me. Ik kan u nooit genoeg bedanken voor wat u hebt gedaan. Het biedt oneindige troost voor me als moeder te weten dat mijn dochter met liefde en vriendelijkheid omringd wordt. In radeloze tijden, als er alleen maar duisternis in de wereld is, is dat alles wat we nodig hebben.

Met vriendelijke groet,
Else Fischer

BINGHAM BOOKS NIEUWSBRIEF, KERST 1952

Een hartelijke groet aan alle oude en nieuwe leden van onze leeskring.

Zoals jullie weten is het een druk jaar geweest, waarin we twee nieuwe vestigingen van Bingham Books in Hoxley en Meerford hebben geopend. We zijn blij u te kunnen mededelen dat Cynthia en Archibald Sparrow de rol van respectievelijk manager en assistent-manager op zich hebben genomen van de allereerste vestiging van Bingham Books in Beechwood.

We hebben geweldige boeken gelezen en fijne bijeenkomsten van de leeskring gehad onder leiding van onze nieuwste medewerker, Will Chambers (zoon van kinderboekenillustratrice en inwoner van Beechwood Elizabeth Chambers). Hoogtepunten waren het bezoek van Barbara Pym die haar boek *Geweldige vrouwen* kwam bespreken, en de bijeenkomst van de kinderleeskring waarbij *Charlotte's web* besproken werd en alle kinderen een varkensmasker hebben gemaakt!

Met leedwezen hebben we kennisgenomen van het overlijden van Thomas Arnold, die ruim vijftig jaar de leiding heeft gehad over Arnold's Booksellers en alom gerespecteerd werd in de boekenwereld. Gertie Bingham, onze goede vriendin en nicht van meneer Arnold, heeft ons gevraagd u te bedanken voor uw medeleven en de condoleancekaarten. Ze is u daar zeer dankbaar voor. Ze geniet van haar pensioen aan de kust van Sussex, waar ze vlak bij onze favoriete kinderboekenauteur Hedy Fischer woont. Tot onze blijdschap kunnen we u mededelen dat niemand minder dan Walt Disney plannen heeft om de bestseller van Hedy Fischer, *De avonturen van Gertie en Arno* (met illustraties van eerdergenoemde Elizabeth Chambers), als tekenfilm uit te brengen.

Verder willen we voormalig boekverkoper van Bingham Books, Betty Hardy, en haar man William, die na de oorlog naar Florida zijn verhuisd, feliciteren met de geboorte van hun tweede kind, Jimmy, broertje van Scarlet. Ook willen we voormalig medewerker van de bestellingenafdeling van Bingham Books, Eleanora Higgins, feliciteren. Zij en haar man Horatio Higgins hebben sinds kort een eigen bedrijf waar men dieren kan laten opzetten. Ook onze hartelijke felicitaties aan het adres van mevrouw Constantine en meneer Reynolds, twee van onze trouwste leden, die pasgeleden beiden negentig zijn geworden. Tot slot, maar daarom niet minder belangrijk, willen we meneer Gerald Travers feliciteren, die ook regelmatig deelneemt aan de leeskring, omdat hij de prijs voor beste moestuin van Kent 1952 heeft gewonnen. Ook feliciteren we zijn vrouw Margery Travers, die onlangs tot voorzitster van het landelijk vrouweninstituut is benoemd. Ze zoekt nog iemand die haar functie op lokaal niveau wil overnemen. Geïnteresseerden kunnen via telefoonnummer Beechwood 8153 contact met haar opnemen voor een sollicitatiegesprek.

We kijken ernaar uit u bij de volgende bijeenkomst van de leeskring van Bingham Books te verwelkomen. Dat zal zijn op donderdag 15 januari om 19.00 uur in onze vestiging in Beechwood. We bespreken dan de nieuwe spionageroman *Een schot in het donker* van Philip du Champ. Zoals velen van u weten is dat het pseudoniem van Charles Ashford, een oude vriend van Gertie Bingham.

Bij dezen willen we u vrolijke, gezegende en vredige kerstdagen toewensen.

Met vriendelijke groet,
Florence en Nicholas Hope

BOEKENTIPS VAN DE LEESKRING VAN BINGHAM BOOKS

Geliefde klassiekers:
De vertellingen van duizend-en-één-nacht
Trots en vooroordeel, Jane Austen
De huurster van Wildfell Hall, Anne Brontë
Jane Eyre, Charlotte Brontë
Woeste hoogten, Emily Brontë
De goede aarde, Pearl S. Buck
Een kerstvertelling, Charles Dickens
Grote verwachtingen, Charles Dickens
Middlemarch, George Eliot
Regency Buck, Georgette Heyer
Sprookjes van Grimm, Gebroeders Grimm
Tess of the d'Urbervilles, Thomas Hardy
Onder moeders vleugels, Louisa May Alcott
Hoe groen was mijn dal, Richard Llewellyn
Moby Dick, Herman Melville
Gejaagd door de wind, Margaret Mitchell
Op jacht naar de liefde, Nancy Mitford
De druiven der gramschap, John Steinbeck

Spannende boeken:
De 39 treden, John Buchan
Ontmoeting met den dood, Agatha Christie
De hond van de Baskervilles, Arthur Conan Doyle

Rebecca, Daphne du Maurier

Humoristische boeken:
Alle detectiveromans over speurder lord Peter Wimsey, Dorothy L. Sayers
Het blazoen van de Woosters, P.G. Wodehouse

Favoriete kinderboeken:
Peter Pan, J. M. Barrie
De avonturen van Alice in Wonderland, Lewis Carroll
De avonturen van Gertie en Arno, Hedy Fischer, geïllustreerd door Elizabeth Chambers
De geheime tuin, Frances Hodgson Burnett
Emiel en zijn detectives, Erich Kästner
Schateiland, Robert Louis Stevenson
Winnie de Poeh, A.A. Milne
Mary Poppins, P.L. Travers

BRONNEN

Aan het schrijven van dit verhaal is veel onderzoek voorafgegaan. Als gevolg van de coronapandemie heeft dat onderzoek grotendeels online en op afstand plaatsgevonden. Ik heb vooral inspiratie geput uit de volgende bronnen:

Boeken:
Millions Like Us, Virginia Nicholson, Penguin, 2011
The Truth About Bookselling, Thomas Joy, Sir Isaac Pitman & Sons Ltd, 1964
1939: A People's History, Frederick Taylor, Picador, 2019
Blitz Spirit, samengesteld door Becky Brown uit het Mass-Observation Archive, Hodder & Stoughton, 2020

Films/tv:
I Was There – BBC-documentaire, YouTube, 2020
Blitz Spirit – Lucy Worsley, BBC, 2021
Into the Arms of Strangers: Stories of the Kindertransport, geschreven en geregiseerd door Mark Jonathan Harris, 2000

DANKWOORD

Dank aan mijn agent, Laura Macdougall, die toen ik haar over het idee voor dit boek vertelde zei: 'Hoe vlug kun je het schrijven?' Ze is mijn steun en toeverlaat, is altijd eerlijk en altijd geniaal. Dank ook aan Olivia Davies voor haar wijsheid en aanmoediging. Enorm veel dank aan het grotere team van United Agents voor hun hulp om dit boek in de winkel te krijgen. In het bijzonder wil ik Lucy Joyce bedanken, die mijn vele vragen heeft beantwoord, en ook Amy Mitchell en het geweldige team dat zich bezighoudt met de uitgeefrechten in het buitenland.

Dank aan Emily Krump en het team van William Morrow in de Verenigde Staten, die met zoveel liefde en zorg *Eudora* hebben uitgegeven en nu dezelfde toewijding voor Gertie en Hedy tonen.

Dank aan Sherise Hobbs die mijn visie voor dit boek deelde en dank aan iedereen bij Headline voor hun enthousiasme en passie.

Dank aan mijn uitgevers over de hele wereld die het verhaal over Gertie en Hedy lazen en er direct weg van waren. Jullie zijn nu allemaal officieel lid van de leeskring van Bingham Books.

Veel dank aan Catherine Flynn, senior archivaris bij Penguin Random House Archive, die me een ongelooflijke hoeveelheid waardevolle informatie heeft toegestuurd over de geschiedenis van de boekverkoop. En dank aan Lindsay Ould, archivaris bij het Museum of Croydon, die me attent maakte op Ward's Directories, een geweldige gids waarin per straat alle inwoners worden vermeld, wat ertoe leidde dat ik de al even geweldige bedrijvengids

Kelly's Directories ontdekte. Dank aan Raphaelle Broughton bij Hatchards die me het fascinerende boek van Thomas Joy, *The Truth About Bookselling*, aanraadde en dank aan Melissa Hacker, voorzitter van de Kindertransport Association, die me veel informatie heeft gegeven en me op andere informatiebronnen attent maakte. Dank ook aan de Facebookgroep Bromley Gloss voor foto's en feiten over de plaatselijke geschiedenis en boekwinkels.

Liefs voor en dank aan mijn collega-schrijvers die altijd gul zijn met hun steun en me verstandige adviezen geven. In het bijzonder wil ik de volgende auteurs noemen: Celia Anderson, Kerry Barrett, Laurie Ellingham, Fiona Harper, Kerry Fisher, Ruth Hogan, Andi Michael, Helen Phifer en Lisa Timoney.

Dank aan alle boekverkopers, bibliothecarissen en online lezerscommunity's die stug doorlezen, recensies schrijven en hun liefde voor verhalen en lezen delen. Jullie passie vormde de inspiratie voor dit boek.

In het bijzonder wil ik Jenna Bahen (@flowersfavouritefiction) bedanken voor haar vriendelijkheid en ongelooflijke enthousiasme voor mijn boeken in de Bookstagram-community.

Dank aan mijn vrienden en vriendinnen die me bij elke stap in het proces aanmoedigen. Carol, bedankt voor de bramenjam, de lycheemartini's en uitstapjes naar auteursbijeenkomsten. Jan, bedankt voor het kletsen en lachen bij het tennisveld. Melissa, bedankt voor je dagelijkse woordspelletjes, je vriendelijkheid en geweldige tips voor culturele uitstapjes. Nick, Becs, Eva en James, bedankt voor al jullie liefde (proost!). Julia, bedankt voor je vriendelijke woorden en het lachen. Helen (en Kobe) bedankt voor de wandelingen met de hond in alle weersomstandigheden, want die hielpen om mijn hoofd leeg te maken. Gill, bedankt dat je in me geloofde vanaf de dag dat je bijna tien jaar geleden mijn eerste boek las. Pammie en Rip (BBHBS), bedankt voor de potjes Perudo en jullie vriendelijkheid. Sal, bedankt voor de plotwandelingen en je voortreffelijke wijnkeuze. Sarah, bedankt dat je me altijd een berichtje stuurde op het moment dat ik dat het hardst nodig had en belangrijker nog, bedankt dat je de tijd hebt genomen om me te vertellen hoe je familie in de jaren dertig van de vorige eeuw uit Duitsland is weggevlucht.

Met veel liefde en dankbaarheid denk ik aan mijn lieve vriendin, Helen Abbott, die in juni 2022 overleed toen ik met de laatste loodjes van dit boek bezig was. Ze heeft me door de jaren heen telkens aangemoedigd om door te gaan met schrijven en dus draag ik dit boek vol trots op aan haar nagedachtenis.

Hartelijk dank aan mijn overleden ouders, Margaret en Graham, die me een levenslange liefde voor boeken en lezen hebben bijgebracht.

Tot slot enorm veel dank aan de allerliefsten – Rich, Lil en Alfie – voor de liefde, de lachbuien en de talloze afleveringen *Taskmaster* en *Better Call Saul*. En natuurlijk dank aan Nelson voor alle plotwandelingen.